Bernat Rosner/Frederic C. Tubach

EINE UNGEWÖHNLICHE FREUNDSCHAFT

Bernat Rosner/Frederic C. Tubach
in Zusammenarbeit mit Sally Patterson Tubach

EINE UNGEWÖHNLICHE FREUNDSCHAFT

Zwei Leben im Schatten
des Holocaust

. . .

*Aus dem Amerikanischen
von Sylvia Höfer*

VERLAG C.H.BECK

Die amerikanische Originalausgabe ist unter dem Titel
An Uncommon Friendship – From Opposite Sides of the Holocaust
bei University of California Press, Berkeley/Los Angeles/London
erschienen.

Mit zweiundzwanzig Abbildungen

Die Deutsche Bibliothek – CIP-Einheitsaufnahme

Rosner, Bernat : Eine ungewöhnliche Freundschaft:
zwei Leben im Schatten des Holocaust / *Bernat Rosner* /
Frederic C. Tubach. In Zusammenarbeit mit Sally Patterson Tubach.
Aus dem Amerikan. von Sylvia Höfer. – 1. Aufl. – München :
Beck, 2002. Einheitssacht.: An uncommon friendship <dt.>
ISBN 3 406 49332 7

Satz: Janß, Pfungstadt
Druck und Bindung: Friedrich Pustet KG, Regensburg
Gedruckt auf säurefreiem, alterungsbeständigem Papier
(hergestellt aus chlorfrei gebleichtem Zellstoff)
Printed in Germany
ISBN 3 406 49332 7

www.beck.de

Unseren Kindern

. . .

Michael Rosner
Andrew Rosner
Owen Rosner
Karen Tubach
Michael Tubach

. . .

Inhalt

Vorwort

Zwei europäische Jungen aus kleinen Dörfern – der eine ein ungarischer Jude und der andere ein Deutscher – wuchsen diesseits und jenseits jener tödlichen Grenze auf, die Deutschland unter den Nazis gezogen hatte. Der eine überlebte seine Gefangenschaft in verschiedenen Konzentrationslagern nur mit knapper Not, während der andere zu den Versammlungen des Deutschen Jungvolks in der Hitler-Jugend ging. Der Vater des einen wurde in Auschwitz umgebracht, während der Vater des anderen Offizier der Spionageabwehr der deutschen Wehrmacht war. Nach dem Krieg folgten die beiden Jungen dem Ruf ihres Schicksals und ihrem Tatendrang, jeder auf seine Weise. Sie verließen Europa, überquerten den Atlantik und wurden durch die umgestaltende Kraft der Vereinigten Staaten von ihrem jeweiligen, ganz besonderen europäischen Schicksal befreit. Diese Kraft eröffnete ihnen die Chance zur Selbstfindung und zu Karrieren und Familien, die nichts zu tun hatten mit den Verletzungen ihrer Jugend. Aus zwei Europäern wurden Amerikaner, auch wenn die Turbulenzen der Vergangenheit auf ihrer Seele Narben hinterließen.

Bernat Rosner und Fritz Tubach trafen sich als Erwachsene zufällig in der San Francisco Bay Area und wurden Freunde. Aber es dauerte länger als ein Jahrzehnt, ehe sie anfingen, sich über ihre Vergangenheit auszutauschen, und beschlossen, ihre Lebensgeschichten aufzuschreiben. Um von seinem früheren Leben als Opfer Distanz zu halten, wollte Bernie, daß seine Geschichte als Überlebender von Auschwitz in der dritten Person von seinem deutschen Freund erzählt werden sollte. Die verantwortungsvolle Aufgabe, die Geschichte seines jüdischen Freundes niederzuschreiben, half Fritz, sich mit seiner eigenen Vergangenheit in Nazi-Deutschland, mit der seiner Familie und mit dem Dorf seiner Kindheit auseinanderzusetzen. Sowohl Bernie als auch Fritz waren der Überzeugung, daß sie sich um der Toten, der Lebenden und der Unschuldigen, aber auch um der Schuldigen willen auf ihr Leben im ländlichen Europa vor dem Holocaust besinnen mußten.

Letztlich weigerten sich beide Männer, sich von Hitlers nationalsozialistischem Programm ihr Leben bestimmen und ihre Freundschaft verhindern zu lassen. Ihre Geschichten handeln vom Brückenbauen und stehen im Gegensatz zu der ‹ethnischen Zwietracht›, die das Erbe von «Blut und Boden» sät. In diesen Doppelmemoiren versucht Bernat Rosner, mit einer lange Zeit verdrängten Vergangenheit zurechtzukommen; für Fritz Tubach ergibt sich die Chance zu einer Befreiung dadurch, daß er die Geschichte eines der Opfer Nazi-Deutschlands mit seiner eigenen erzählend verknüpft.

Aber lassen wir die beiden hier miteinander verflochtenen Geschichten für sich selbst sprechen.

Sally Patterson Tubach

. . .

Dank

Viele Freunde, Kollegen und Bekannte haben uns während des Abenteuers, diese Doppelmemoiren zu schreiben, geholfen. Wir profitierten nicht nur von klaren Urteilen, sondern auch von einer sachkundigen verlegerischen Beratung hinsichtlich der Frage, wie wir unsere Geschichten am besten erzählen sollten. Da war zunächst Fred Amory, der als erster die Rohfassung eines Anfangskapitels las, und am Ende unser Lektor von der University of California Press, Stan Holwitz, mit seiner einfühlsamen und zugleich gründlichen Durchsicht der endgültigen Fassung des Manuskripts. In der dazwischenliegenden Zeit wurden wir bei unserer Arbeit von vielen ermutigt und erhielten von vielen Seiten Hilfestellung. Zu nennen sind hier: Martin Ebel, Christa Karpenstein-Eßbach, Wolfgang Eßbach, Gerd und Kirsten Hillen, Marty Markinson, Shelley McEwan, Susan Rosner, Johan Snapper, Christa und Gerhard Wolf sowie Martha Patterson Wynegar. Wir sind auch Leonard Nathan, Julie Christensen, Eli Katz, Susanne Löwenthal und dem Staatsarchiv in Wertheim für ihre Hilfe und Beratung dankbar. Zu den anderen Mitarbeitern der University of California Press, deren Arbeit und Fachwissen für uns unentbehrlich waren, damit unser Manuskript in ein fertiges Buch umgewandelt werden konnte, gehörten Sheila Berg, Dan Dixon, Diana Feinberg, Barbara Jellow, Steve Renick, Amy Torack und vor allem Suzanne Knott, unsere Programmplanerin. Besonderen Dank schulden wir Charles Merrill jun., Mark Magowan und Peter Magowan für ihre aufmerksame und engagierte Durchsicht des Manuskripts.

Deutschen Freunden, die uns bei der Organisation unserer Reise im Jahr 1997 unterstützten und uns zu vielen Erkenntnissen über das heutige Deutschland verhalfen, sind wir ebenfalls zu Dank verpflichtet: Manuela Bayer, Bernhard Holl, Ursula Strozynski, Kurt Schüssler, Manfred Zink, Alfred Ernst und Erika zu Löwenstein. Wir sind auch dem Cosmos Club der University of California in Berkeley und der Deutschen Wirtschaftsgilde e. V. unter Vorsitz von Hansjörg Weitbrecht dankbar, die uns Foren boten, von denen aus wir bei öffentlichen Lesungen und Diskussionen vorläufige Exzerpte unseres gemeinschaftlichen Unternehmens präsentieren konnten.

Unseren Dank verdienen auch die vielen amerikanischen Leser unterschiedlichster Herkunft – unter ihnen auch viele jüdische Amerikaner, Deutschamerikaner sowie eine große Anzahl Veteranen des Zweiten Weltkriegs –, bei denen wir ein vielstimmiges, positives und insgesamt überwältigendes Echo auf unser Buch fanden. Diese Leserinnen und Leser, aber auch die Medien – Presse, Rundfunk und Fernsehen – haben uns durch ihre Anteilnahme an unserer Geschichte der Aussöhnung tief bewegt. Uns ist durch sie, aber auch durch die aktuellen weltweiten Ereignisse, klar geworden, daß Aussöhnung auch in anderen Zusammhängen immer wieder neu definiert und formuliert werden muß, und mehr noch, daß Aussöhnung ein stets in Entwicklung begriffener Prozeß ist, der eine fortdauernde Herausforderung darstellt.

Wir möchten uns auch ganz besonders herzlich bei Carol Sanger, Columbia University, dafür bedanken, daß sie unser Manuskript Zeile für Zeile kritisch gelesen und uns konstruktive Hinweise gegeben hat. Als wir schon glaubten, kurz vor dem Abschluß zu stehen, veranlaßten uns ihre Kommentare, einige grundlegende Aspekte unserer Arbeit zu überdenken; sie trug damit entscheidend zum Gelingen dieses Vorhabens bei.

Unser Dank gilt nicht zuletzt Sylvia Höfer, die den Text engagiert und feinfühlig ins Deutsche übertragen, sowie Heinrich Kässbohrer, der wichtige Hinweise für die Übersetzung gegeben hat. Auch möchten wir den ebenso kooperativen wie kompetenten Mitarbeiterinnen und Mitarbeitern – besonders Stefan von der Lahr – des Verlags C. H. Beck danken, in dessen zeitgeschichtlichem Programm wir die deutsche Ausgabe unseres Buches gut aufgehoben wissen.

Für alle möglichen Mängel, die bestehen blieben, und jegliche Kontroverse, die das Buch vielleicht auslösen wird, sind wir jedoch allein verantwortlich. Wir haben diese Erinnerungen nicht geschrieben, um paradigmatisch irgendeinen politischen Standpunkt zu vertreten oder uns bei einer bestimmten Lesergruppe beliebt zu machen. Wir waren in erster Linie von dem Wunsch bestimmt, unsere *persönlichen* Geschichten, also die Geschichten von Bernie und Fritz, zu erzählen, und sind dankbar, daß wir bei einem Projekt, das sich als schwieriger erwies, als wir uns am Anfang vorgestellt hatten, von so vielen Menschen ermutigt und unterstützt wurden. Sie haben uns um eine Erfahrung bereichert, die wir nie vergessen werden.

Schließlich wird bei einem Versuch, zwei Lebensgeschichten miteinander zu verbinden – und zwar gerade solche, die zum Teil durch eine verhängnisvolle Trennlinie bestimmt waren –, den Verfassern eine besondere Art der

Zusammenarbeit und ein besonderes Maß an Einfühlungsvermögen abverlangt. Aus diesem Grund möchte jeder von uns beiden dem Gesagten noch einige persönliche Danksagungen hinzufügen.

. . .

Ich, Fritz Tubach, glaube, es ist nur Bernies außergewöhnlicher Aufgeschlossenheit und Flexibilität zu verdanken, daß seine Geschichte an die Oberfläche steigen und jetzt mit meiner Stimme erzählt werden kann. Diese Eigenschaften waren es, die den Ton unseres Projekts bestimmten. Es war von dem schlichten Glauben eines Menschen an einen anderen Menschen getragen.

Abgesehen von meiner Freundschaft mit Bernat Rosner gaben mir vor allem zwei Menschen die innere Kraft, das Vertrauen zu rechtfertigen, das er in mich gesetzt hat. Wenn ich in die Vergangenheit zurückblicke, so verdanke ich sie meiner Stiefmutter, Maria Tubach, geborene Zink, die einer der wenigen mir als Kind und Heranwachsendem bekannten Menschen war, die den Mut hatten, sich der Nazi-Hysterie zu widersetzen; und mit Blick auf die Gegenwart gilt dies für meine Frau Sally, die mir die notwendige professionelle Distanz verschaffte und mich durch ihre ständige Präsenz entlastete, denn meine Arbeit ging mir oft unter die Haut. Sie feilte an meiner ungeschliffenen Prosa, und die Zusammenarbeit mit ihr war in allen Phasen des Projekts von entscheidender Bedeutung.

. . .

Ich, Bernat Rosner, möchte dem Schwung, den mein Freund und Partner bei dieser Unternehmung, Fritz Tubach, mir verlieh, meine Anerkennung zollen. Die meiste

Zeit meines Erwachsenendaseins war ich stolz darauf, daß ich mit einem Minimum an Gepäck reise. Jetzt begreife ich, daß dies einer der Mechanismen war, deren ich mich unbewußt bediente, um mit meiner Vergangenheit fertigzuwerden. Unser Vorhaben hat mir zu der Einsicht verholfen, daß die menschliche Erfahrung nicht voll ausgelebt und eingeschätzt werden kann, wenn man die Vergangenheit nicht in das Mosaik des Ganzen einpaßt. Die Form, in die das Projekt schließlich gegossen wurde, war ursprünglich Fritz' Idee, und seine und Sallys Begeisterung, Hingabe und Initiative gaben mir den Elan, den ich brauchte, um meine angeborene Trägheit zu überwinden.

Einige Leser fragen sich vielleicht, warum meine Geschichte in der dritten Person erzählt wird, von einem anderen Erzähler. Dies läßt sich hauptsächlich damit erklären, daß der «Bernie» der Geschichte nicht dieselbe Person ist, die ich heute bin. Jeder Überlebende hat eine andere Art, mit seiner Vergangenheit umzugehen. Meine Art ist es gewesen, so zu tun, als sei das ganze Grauen der Vergangenheit einem anderen widerfahren. Daß Fritz meine Geschichte in der dritten Person erzählt, ist nur ein anderer Aspekt meiner Art, sie zu bewältigen.

Von meiner Natur her und von Berufs wegen bin ich ein leidenschaftlicher Verfechter von Genauigkeit und Wahrheit. Ich wollte, daß die Geschichte, die ich erzählte, wahr und genau wird. Denn schließlich und endlich sind Wahrheit, Genauigkeit, Vernunft und Logik die einzigen zuverlässigen Maßstäbe, mit denen jede menschliche Erfahrung, einschließlich der Greuel des Holocaust, beurteilt und verstanden werden kann. Obwohl ich versucht habe, Emotionen aus der Niederschrift fernzuhalten, ist mir dies im Hinblick auf einen Punkt unmöglich: Was ich seit dem Krieg erlebt habe und was ich geworden bin, konnte in keinem anderen Land als den Vereinigten Staaten geschehen. Dieses Land bedeutet mir mehr, als ich wohl in Worte fassen kann.

Zu guter Letzt wird in diesen Erinnerungen deutlich werden, welche Bedeutung Charles Merrill jun. für mich und mein Leben hatte. Ich werde ihm niemals die Großzügigkeit, Güte und vor allem den Mut vergelten können, den er an den Tag legte, als er einen heimatlosen, entwurzelten Jungen, der im Nachkriegseuropa auf irgendwelchen abseitigen Straßen umherstreifte und der ein völlig verstörtes menschliches Wesen hätte sein können, von der Straße auflas und in sein Haus und seine Familie aufnahm. Was er für mich und so viele andere getan hat, beweist, daß es durchaus auf einen einzigen Menschen ankommen *kann*.

ERSTES KAPITEL

▪ ▪ ▪

Die Rückkehr der Vergangenheit

> Denn menschlich ist die Welt nicht schon darum, weil sie von Menschen hergestellt ist, und sie wird auch nicht dadurch menschlich, daß in ihr die menschliche Stimme ertönt, sondern erst, wenn sie Gegenstand des Gesprächs geworden ist. Wie sehr wir von den Dingen der Welt betroffen sein mögen, wie tief sie uns anregen und erregen mögen, menschlich werden sie für uns erst, wenn wir sie mit unseresgleichen besprechen können.
>
> HANNAH ARENDT[1]

Das Ende der Reise kam fünf Tage, nachdem der Zug Kaposvár verlassen hatte. An einem diesigen Julimorgen des Jahres 1944 quollen Menschen aus den vollgestopften Viehwaggons auf den Bahnsteig des Konzentrationslagers Auschwitz-Birkenau. Die Körper derjenigen, die unterwegs gestorben waren, wurden in den Eisenbahnwagen zurückgelassen, deren schwere Schiebetüren während der ganzen Reise mit Eisen und Stacheldraht verbarrikadiert gewesen waren. Licht war nur durch schmale Lüftungsschlitze eingefallen, und jetzt blinzelten die verängstigten Opfer im Tageslicht und suchten auf dem Bahnsteig nach Freunden und Familienmitgliedern. Sie riefen ungarische Namen – Pista, Józsi, Sanyi, Kató. Aber SS-Wachen befahlen ihnen zu schweigen und schlugen mit Gewehrkolben auf jeden ein, der nicht schnell genug aufhörte, nach einem vertrauten Gesicht zu suchen oder einen Namen zu rufen.

Der zwölfjährige Bernat Rosner wurde zusammen mit seinem Vater, seiner Mutter und seinem jüngeren Bruder aus einem Viehwaggon getrieben. Bernat versuchte, sich an das Häufchen mit den Habseligkeiten der Familie zu klammern und es von den anderen fernzuhalten. Er erhaschte einen flüchtigen Blick auf seinen Onkel Willy und auf Jenő, einen seiner älteren Vettern und Spielkameraden von zu Hause. Dann verlor er sie in der Menge aus den Augen.

All jene, die von der mit ihrer Deportation beauftragten SS-Mannschaft vor ihrer Abreise zu Waggon-«Führern» bestimmt worden waren, erhielten den Befehl, sich bei der Lagerleitung zu melden. Als Führer ihres Güterwagens meldete sich Bernats Vater und verschwand – für immer. Bernat und sein zehn Jahre alter Bruder Alexander mischten sich bald unter die Männer und Jungen, aber zuvor noch hatte ihre Mutter sie ermahnt, beisammen zu bleiben. Dann verschwand auch sie für immer. Jetzt standen die beiden Brüder in einer Gruppe von Männern auf dem Bahnsteig des Lagers – einem trostlosen, öden Gelände, umgeben von einem schweren Maschendrahtzaun, über dem ganze Rollen von Stacheldraht aufgetürmt waren.

. . .

Im Sommer 1983 war ich bei Bernat Rosner, einem Überlebenden von Auschwitz, der mit einer Freundin meiner Frau aus Highschool-Tagen verheiratet war, eingeladen. Sally war ihrer Freundin nach zwanzig Jahren zufällig über den Weg gelaufen. Als Susan Rosner uns zu sich nach Hause zum Abendessen einlud, dachte ich darüber nach, daß die meisten Deutschen, die meiner Generation angehörten oder jünger waren, persönlich gar keine Juden gekannt haben – oder falls doch, dann nur flüchtig –, denn als wir unsere Jugend in Deutschland verbrachten, waren die Juden aus unserer Mitte entfernt und ausgelöscht worden. Als in Amerika geborener Deutscher war ich nach dem Krieg in die Vereinigten Staaten zurückgekehrt, hatte studiert und an der University of California gearbeitet und unter Amerikanern gelebt, von denen einige auch Juden waren.

Während meiner Jahre in Berkeley habe ich nur wenige Menschen kennengelernt, die im Konzentrationslager waren und ihren Aufenthalt dort überlebt hatten. Eine solche Begegnung fand beispielsweise bei einem akademischen Festzug unter dem Campanile auf unserem Campus statt. Wir gingen paarweise, und meine Partnerin war eine tschechische Dozentin, die in einer Menge von Professoren auf den Marsch zum Greek Theater wartete, wo eine Abschlußfeier abgehalten oder ein zu Gast weilender Würdenträger gefeiert werden sollte. Die Frau, Ende dreißig, mit kastanienfarbenem Haar, war eine freundliche Kollegin, die auf der fünften Etage in der Dwinelle Hall arbeitete. Mein Arbeitszimmer befand sich im Germanistischen Seminar und ihres um die Ecke im Slawistischen Seminar, eine Konstellation, die wir beide scherzhaft als «Polnischen Korridor» bezeichneten. Dort, unter dem Campanile, trugen wir jetzt alle unsere Talare und die typischen Akademikerhüte, und die Atmosphäre war feierlich. Als die Brise, die von der San Francisco Bay heraufwehte, plötzlich den Ärmel ihrer Robe anhob und die Nummer eines Konzentrationslagers auf ihrem Arm freilegte, erschrak ich tief. Sie enthielt, neben anderen Ziffern, eine Sieben mit dem charakteristischen deutschen Querstrich. Im Rückblick habe ich mich manchmal gefragt, ob ich sie mit meiner Frage, wo und wann man ihr die Zahl auf den Arm tätowiert habe, kränkte. Sie antwortete einfach: «In Auschwitz.» Dann fuhr sie fort, ganz beiläufig über andere Dinge zu sprechen. Sie hatte auch an ihrem Kinn eine tiefe sichelförmige Narbe, die durchaus von dem Schaftstiefel eines Wachpostens gestammt haben könnte; doch zu jener Zeit gelang es mir noch nicht, die beiden Dinge in meinem Kopf zusammenzubringen.

Zurück zu den Gedanken, die ich mir über den Abend bei der ehemaligen Studienkollegin meiner Frau und ihrem Mann machte. Es würde leichter sein, sich einen Dokumentarfilm anzusehen oder an einer akademischen Diskussion über den Aufstieg der Nazis und den Holocaust teilzunehmen. Bei diesem Abendessen zu viert aber könnten ungeladene Gäste auftauchen – eines der toten Mitglieder seiner oder meiner Familie. Vielleicht würde ein entfernter Onkel von mir erscheinen, der SS-Offizier, der ein Flüchtlingslager nahe Würzburg geleitet hatte und bei Kriegsende von den überlebenden Insassen gehenkt worden war. Oder vielleicht würde sich sogar mein Vater in seiner Parteiuniform an den Tisch zum Abendessen setzen oder der Vater und die Mutter meines Gastgebers sich aus der Asche des Krematoriums erheben.

Als ich Bernie vorgestellt wurde – wie Bernat Rosner sich jetzt nennt –, war ich überzeugt, daß er älter ist als ich. Er sah aus, als habe ihn seine Tätigkeit als Hauptanwalt der Lebensmittelkette Safeway mit Stammsitz in Oakland ausgelaugt. Seine Tage in der Firmenzentrale waren offensichtlich hektischer verlaufen als meine als Professor an der Universität im nahegelegenen Berkeley. Kein Wunder. Die revolutionären Tage der 1960er und 1970er Jahre waren vorbei. Die Atmosphäre auf dem Campus war wieder «akademischer» geworden, obwohl Berkeley niemals ein ruhiger Ort der Beschaulichkeit war. Aber Bernie war der leitende Anwalt auf einem Gebiet, in dem es um hohe finanzielle Einsätze ging. Wir an der Universität hatten unsere Schlachten gehabt, aber – wie Henry Kissinger einst das Paradox in Harvard beschrieben hatte – die Revierkämpfe an den Universitäten waren nur so wild, weil dabei so wenig auf dem Spiel stand.

Obwohl das Thema Konzentrationslager beim Abendessen nicht angeschnitten wurde, mußte ich zwangsläufig daran denken. Ich bemerkte, daß Bernie hellblaue Augen hatte. Worte aus der *Todesfuge* des jüdischen Dichters Paul Celan, eines Überlebenden des Holocaust, der später in Paris Selbstmord beging, drängten sich mir auf: «Der Tod ist ein Meister aus Deutschland, sein Auge ist blau.» Ich wiederholte sie mehrmals im Stillen und beschwor damit im Geiste die an ein Ritual erinnernde Eindringlichkeit herauf, mit der sie in dem Gedicht wiederholt werden. Als Kind hatte man mir gesagt, daß ich die blauen Augen meiner Mutter geerbt hätte, die noch vor dem Krieg starb, als ich drei Jahre alt war.

Als ich mich aus diesen um mich selbst kreisenden Träumereien aufrüttelte, blickte ich wieder auf unseren Gastgeber und bemerkte, daß auch Wahrnehmungen nur als ein Werk des Moments entstehen. Denn jetzt kam es mir so vor, als habe er die aufgeworfene Oberlippe von Frank Sinatra und könne leicht als sein Vetter, wenn nicht sogar als sein Bruder durchgehen. Bis jetzt also noch kein Hinweis auf Auschwitz. Ich stellte fest, daß er und ich, beide eher kurz geraten, ungefähr gleich groß waren. Er war schlank und drahtig, während ich auf mein Gewicht achten mußte. Die wenigen Haare, die er noch hatte, waren sandbraun, während ich noch mein volles, dunkles, wenn auch allmählich ergrauendes Haar hatte. Für Leute, die Menschen als Stereotype wahrnehmen, sah ich wahrscheinlich «jüdischer» aus als er. Ich dachte an meinen Vater, der mir einmal erzählte, daß er entsetzliche Angst vor einem Friseur in Deutschland ausgestanden hatte, der ihn gefragt hatte, ob er Jude sei. Mein Vater verneinte und sagte mit Nachdruck, daß der Schein manchmal trüge, aber er hatte das Gefühl, daß der Friseur ihm nicht glaubte und ihm am liebsten mit dem Rasiermesser die Kehle durchgeschnitten hätte. Beim Abendessen rauschte die Konversation mit den Rosners eine Zeitlang an mir vorbei, aber niemand schien mein

Schweigen zu bemerken. Und meine Gedankenassoziationen über blaue Augen, den äußeren Schein und Friseure lösten sich auf. In Wirklichkeit ist Bernie sogar ein Jahr jünger als ich.

Wie sich herausstellte, vergingen die Stunden an jenem lauen Sommerabend in Nordkalifornien, an dem die untergehende Sonne alles in ein blaßgoldenes Licht tauchte, wie im Flug. Der Zweite Weltkrieg lag zwei Generationen hinter uns. Die Vergangenheit war scheinbar in weiter Ferne. Wir blieben lange, nippten am Cognac und sahen uns eine Auswahl von Bernies Videoaufnahmen großer Opern an. Die Rosners hatten ein Fernsehgerät mit Großbildschirm, und Bernie konnte, wenn er auf ein paar Tasten der Fernbedienung drückte, die schönsten Arien von Mozart und Verdi erklingen lassen. Klassische Musik erfüllte das Wohnzimmer, während wir Ausschnitten aus Strauss' *Der Rosenkavalier* lauschten. Wen würde es in unserem Alter nicht beeindrucken, wenn die Marschallin singt: «Die Zeit ist ein sonderbar' Ding»? Wäre es für uns beide nicht am besten, mit Hilfe des entrückten Glanzes großer Musik um unsere jeweilige Vergangenheit einen großen Bogen zu schlagen?

. . .

Nach diesem ersten Dinner wußte ich nicht, ob wir die Rosners noch einmal wiedersehen würden. Aber als wir die Einladung erwiderten und die Rosners annahmen, entwikkelte sich eine angenehme, wenn auch oberflächliche Freundschaft, die zunächst von unseren Frauen gepflegt und aufrechterhalten wurde. Sie hatten einen gemeinsamen Hintergrund: Beide kamen aus Südkalifornien und entstammten der oberen Mittelschicht, und außerdem hatten sie noch einige gemeinsame Freunde aus der Highschool, die sie Anfang der 1960er Jahre in Pacific Palisades besucht hatten. Als Ehepaare hatten wir ähnliche Interessen – an gutem Essen und an Wein, an Tennis, an Reisen sowie am Kultur- und Zeitgeschehen. Wenn es um unsere Vergangenheit ging, so konnten Bernie und ich problemlos über unsere frühe Kindheit sprechen. Bernie war in einem ungarischen Dorf namens Tab, südwestlich von Budapest, geboren, wo er auch aufwuchs und wo seine Eltern Obst und Walnüsse anbauten und verkauften. Und obwohl ich in San Francisco auf die Welt gekommen war, wuchs auch ich, seit meinem vierten Lebensjahr, in einem Dorf auf – in Kleinheubach am Main, etwa 75 Kilometer südöstlich von Frankfurt. Wir kannten beide jene trägen Sommertage, wenn sich am Mittag nichts bewegte bis auf die Schwalben, die mit gellendem Gekreisch über die roten Ziegeldächer schwärmten oder tief über dem Kopfsteinpflaster flogen, um ein Gewitter anzukündigen, das sich am späten Nachmittag entladen würde. Wer in einem Dorf aufwächst, entwickelt einen besonderen Sinn für die Örtlichkeiten und das Aussehen der Dinge – für den Glanz abgetretener Steinstufen, den durchdringenden Geruch von Bohnerwachs und Lysol in den Schulgebäuden, den grimmigen Anblick der Vogelscheuchen, die die Kirschen auf den Bäumen der Nachbarn schützen sollten, aber kleinen Kindern viel mehr Angst einjagen als den frechen, allgegenwärtigen Spatzen.

Die Dörfer unserer Jugend waren zwar klein, aber durch die Züge, die mehrmals am Tag dort hielten, mit der Außenwelt verbunden. Dieser eingeschränkte Verkehr verhinderte nicht, daß zwischen einigen Gleisen das Unkraut wucherte. Da wir den Fahrplan der Züge kannten, konnten wir die Gleise als Abkürzung zum nächstgelegenen Fischweiher benutzen und so die staubigen Straßen umgehen. In unseren Dörfern gab es wenige Straßenlaternen, so daß man genau zwischen Tag und Nacht unterschied, ebenso wie zwischen den Jahreszeiten. Was unsere Kindheit prägte, war ein ruhig dahinfließendes Leben.

Aber die Ähnlichkeiten in unser beider Leben endeten abrupt, als eines Tages im Frühjahr 1944 die SS und ihre ungarischen Helfershelfer nach Tab kamen und den zwölf Jahre alten Bernie, seine Familie und die übrigen jüdischen Bewohner seines Dorfes nach Auschwitz deportierten. Im Sommer desselben Jahres lebte ich in Kleinheubach, war dreizehn Jahre alt, Mitglied des Deutschen Jungvolks und Hitler-Junge *in spe*. Mein Vater, ein Vollzeitangestellter der NSDAP, wurde Leutnant der Wehrmacht. Die meisten Angehörigen meiner Familie, einschließlich meines Vaters, überlebten den Krieg. Bernies Familie kam um. Er ist der einzige Überlebende.

▪ ▪ ▪

Wenn man nach Amerika auswandert, blättert man die Seiten des eigenen Lebens rasch um. Wer das nicht selbst tut, für den erledigt es das Land, oder er wird, wie man dort sagt, «Geschichte». Das ist Amerika. Im Gegensatz dazu behauptete einmal ein deutscher Gegenwartsschriftsteller, daß seit Auschwitz kein Tag vergangen sei. Das ist Deutschland. Während sich unsere Bekanntschaft zu einer Freundschaft vertiefte, waren Bernie und ich über ein Jahrzehnt zwischen unserer europäischen Vergangenheit und unserer amerikanischen Gegenwart gefangen, und weder unsere frühen Kindheitserinnerungen noch die vielen Dinge, die wir jetzt gemeinsam haben, reichten aus, um die Kluft zu überbrücken, die uns während der Jahre, die Hitler an der Macht war, voneinander getrennt hatte.

▪ ▪ ▪

Über Bernies Erfahrung in Auschwitz und das Verschwinden seiner Familie einerseits und über meine deutsche Erziehung und meinen Nazi-Vater andererseits konnten wir uns nicht so einfach beim Abendessen, über den Eßtisch hinweg, unterhalten. Ich konnte nicht sagen: «Wie war es?» oder: «Erzähl mir davon, Bernie.» Es ergab sich keine passende Gelegenheit, das Thema anzuschneiden. Aber wir konnten diese Tatsachen auch nicht ignorieren, und wann immer wir uns trafen, waren sie irgendwie präsent.

Der Holocaust war inzwischen ein wichtiger Gegenstand akademischer Forschung geworden, aber trotz all der Erkenntnisse, die möglicherweise dabei gewonnen wurden, ist der Abstand zwischen dem Trauma selbst und den Reflexionen darüber zwangsläufig immer größer geworden. Auf einer Cocktailparty bei uns zu Hause hörte ich einmal zufällig, wie ein sehr bekannter Berkeley-Professor zu Bernie sagte, er sei gerade aus Hamburg, von einer Konferenz über Auschwitz, zurückgekehrt. Bernie antwortete: «Ich war dort – in Auschwitz, meine ich.» Es folgte ein Moment des Schweigens, und dann wechselte mein gelehrter Kollege das Thema. Die Kluft zwischen dem Auschwitz-Opfer – einem ungewöhnlich beredten Mann – und dem normalerweise kommunikativen Gelehrten, der in den gegenwärtigen akademischen Diskursen über den Holocaust sehr versiert ist, wirkte frappierend. Diese beiden Partygäste hatten einander wenig zu sagen.

Nachdem ich Bernie etwa ein Jahr kannte, floß Auschwitz einmal unbeabsichtigt in unsere Unterhaltung ein. Aber Bernie sträubte sich dagegen, bei diesem Thema zu verweilen. Er sagte uns, er habe im Laufe der Jahre vielen Leuten in Amerika erklärt, daß er zwei verschiedene Leben gelebt habe – eine Kindheit in Europa und ein Erwachsenendasein in Amerika – und daß sein erstes Leben mit dem zweiten nichts zu tun habe. Dabei wollte er es offensichtlich belassen.

. . .

Am Ende eines unserer Abendessen – im Herbst 1989 – erwähnten die Rosners, daß sie beabsichtigten, im folgenden Sommer Ungarn und Bernies Heimatdorf Tab zu besuchen. Sie schlugen vor, wir könnten sie doch begleiten, und wir stimmten zu. Ich sollte ein Sabbatjahr in Europa verbringen, und wir hatten bereits geplant, ungarische Freunde in Budapest zu besuchen, und so paßten unsere Zeitpläne zusammen. Wir beschlossen, uns in Budapest zu treffen und von dort gemeinsam nach Tab zu fahren.

Als Sally und ich am vereinbarten Tag spätnachmittags in Budapest eintrafen, waren wir sehr froh, als wir erfuhren, daß unsere Freunde bereits heil angekommen waren und sich in ihrem Zimmer im Hotel Buda aufhielten. Am nächsten Morgen breiteten wir auf der Motorhaube unseres Mietwagens eine Straßenkarte aus und legten die Route von Budapest in Richtung Südwesten bis nach Tab fest. Sally, die wir zu unserer Fahrerin erkoren hatten, löste ihre Probleme mit dem ungarischen Verkehr, während Bernie uns in die Gegend lotste, in der er geboren war. Auf dem Weg dorthin muß Bernie über sein Leben nachgedacht haben. Doch bevor wir in Tab eintrafen, schien es, als hätten wir übrigen drei kaum Gedanken an die Tatsache verschwendet, daß wir nicht nur das Dorf seiner Kindheit besuchen würden, sondern damit auch den Ort, aus dem die Nazis ihn und seine Familie mit Gewalt gerissen hatten. Erst viel später wurde mir klar, daß Bernie, als er diese Reise vorschlug, mit Absicht deren touristischen Aspekte hervorgehoben hatte. Zu jener Zeit hatte er sein Leben als Opfer der Nazis weit, wenn nicht gar völlig von sich geschoben

– jedenfalls weit von der Person entfernt, die er für die Außenwelt, einschließlich seiner Freunde und seiner Familie, war. Es sollte sich aber herausstellen, daß dies für Bernie und mich der Beginn einer Reise war, die uns sehr weit über einen Tagesausflug in sein Heimatdorf hinaus führen würde.

Etwa eineinhalb Stunden, nachdem wir Budapest verlassen hatten, näherten wir uns Tab. Kleine Seitenstraßen, die zu Gemüsegärten, gepflügten Äckern und Hainen führten, zerschnitten die wellige Landschaft. In Tab angekommen, stellten wir das Auto in der Nähe des Bahnhofs ab, und Bernie übernahm die Führung. Unsere Urlaubsstimmung ließ nach, und unsere lebhafte Unterhaltung versandete, als die Wirklichkeit von Bernies Vergangenheit immer mehr in den Brennpunkt rückte. Wir gingen die Hauptstraße so langsam hinunter, als würden wir unseren Weg durch ein von der Geschichte gelegtes Minenfeld suchen. Bernie orientierte sich, indem er die Stellen identifizierte, an denen vor vielen Jahren das eine oder andere Haus gestanden hatte. Am Ende der Straße befand sich ein Wirtshaus von der Art, wie man sie überall in Europa findet, voller Männer, die bei einem vormittäglichen Schnaps darüber reden, wie es mit der Welt bestellt ist. Sie hatten, als wir eintraten, um die Toilette zu benutzen, kaum von uns Notiz genommen und Bernie, der sich in seinem stockenden Ungarisch nach dem Weg erkundigt hatte, nur erklärt, wie er zum jüdischen Friedhof finden würde.

Wir gingen die unbefestigte Straße hinauf, die an einer Reihe unscheinbarer Häuser vorbeiführte. Zwischen zwei dieser Häuser deutete Bernie auf eine breite Steintreppe, die oben abrupt endete – an der Stelle, an der einst die Synagoge gestanden hatte. Jetzt war hier nichts – kein Denkmal, keine Gedächtnistafel –, nur diese zerbröckelnden, verformten und teilweise mit Grasbüscheln bedeckten Stufen. Wir machten uns nicht die Mühe, sie hinaufzusteigen. Als Junge muß Bernie sie viele Male auf seinem Weg zu und von dem Gebäude benutzt haben. Ich dachte an die Eisenbahngleise im Film *Shoah*, die am Eingang des Vernichtungslagers von Treblinka endeten, Gleise, die in eine Sackgasse mündeten, wie diese Stufen, die jetzt nur zu einem brachliegenden Stück Land, einer grasbewachsenen Fläche, führten.

Beim Weitergehen sprachen wir wenig. Graue Wolken zogen über die fernen Felder dahin. Wir ließen die letzten Häuser des Dorfes hinter uns und spazierten auf einer unbefestigten Straße hinaus zum jüdischen Friedhof. Umgeben von einem wackligen Zaun und teilweise von Bäumen überschattet, lag er verlassen und unkrautüberwuchert da. Wir bahnten uns unseren Weg durch die umgebenden Hekken und ein Loch im Zaun. Viele der Grabstätten waren unter dem hohen Gras verborgen, das immer noch feucht war vom Morgentau. Bernie suchte nach Namen, an die er sich vielleicht erinnerte, Namen von seiner Familie und von Freunden, und er fand ein paar. Er las, was auf den Steintafeln stand, und sagte uns, was dieser oder jener von Beruf gewesen war, und erzählte in sachlichem Ton ein paar Anekdoten – Bruchstücke aus jenem Leben, wie es in seiner normalen Kindheit war, damals, bevor sich alles schlagartig änderte. An dem einen Ende des Friedhofs, beinahe unter den Bäumen versteckt, stießen wir auf einen verlassen daliegenden Leichenwagen, mit dem man die Toten aus dem Dorf zu ihrer letzten Ruhestätte transportiert hatte. Der Karren war so robust gebaut, daß die Holzbretter auch nach über fünfundvierzig Jahren noch kaum verwittert waren. Bernie wurde richtig lebhaft, als habe er einen archäologischen Fund gemacht. Er hatte Leute gekannt, die man auf diesem Wagen zu ihrem Grab gefahren hatte. Mir war dieses selbstvergessene ungarische Dorf unsympathisch, weil es diesen Friedhof so verwahrlosen ließ, weil es den Leichenwagen so achtlos und den Naturelementen preisgab, weil es seine früheren Mitbürger vergessen hatte und zuließ, daß das Unkraut über ihre Gräber wucherte.

Bernie bat uns, ihn im Friedhof eine Weile allein zu lassen. Darum verließen Susan, Sally und ich den Ort durch den löchrigen Zaun, gingen die Hauptstraße hinunter und zurück in Richtung Dorf unter den sich ständig verändernden Wolken, die am Himmel entlang wanderten. Es begann aufzuklaren. Wir gingen langsam, damit Bernie uns einholen konnte. Wie er so aus der Entfernung auf uns zu kam, wirkte er klein und einsam. Ich begriff, daß er vielleicht der einzige Jude war, der überlebt hatte und dieses Dorf wieder besuchte. Mit Staunen bemerkte ich, daß sein Schritt, während er uns einholte, eine unerwartete Festigkeit verriet. Wir redeten über völlig andere Dinge, und ich hatte plötzlich das Gefühl, als würden vier amerikanische Freunde, deren gegenwärtiges Leben kaum etwas mit diesem Ort zu tun hatte, wie Touristen zur Hauptstraße von Tab zurückspazieren. Jetzt ist mir klar, daß Bernie es so wollte.

Wir kehrten noch einmal in das Wirtshaus zurück. Die gleichen Männer redeten und tranken noch immer miteinander. Wieder schienen sie kaum Notiz von uns zu nehmen. Hätte es ihnen etwas ausgemacht, wenn sie gewußt hätten, warum wir nach Tab gekommen waren? Einige von ihnen mochten alt genug gewesen sein, um den zwölf Jahre alten Bernat oder seinen zehnjährigen Bruder oder seine Mutter oder seinen Vater gekannt zu haben, ehe sie abtransportiert wurden. Warum machte es sie nicht neugierig, als sie diesen Touristen aus dem Ausland gebrochen Ungarisch reden hörten?

Der Weg an der Hauptstraße entlang dehnte sich. Ich dachte an die drei Friedhöfe in Kleinheubach, im Dorf meiner Kindheit. Da war der protestantische Friedhof, der auffallendste, der auch am nächsten zum Dorfkern gelegen war, der katholische Friedhof, neben einer Hauptstraße, der etwa zehn Minuten zu Fuß von den letzten Häusern entfernt lag, und schließlich der jüdische Friedhof, der, nicht viel anders als jener in Tab, im Wald gelegen war. Bei meinem letzten Besuch in Kleinheubach war ich am jüdischen Friedhof vorbeispaziert. Er war teilweise hinter hohen Mauern versteckt und fest verschlossen. Am Tor hing ein Schild, auf dem stand, daß Friedhofsschänder gesetzlich verfolgt würden. Diese Warnung war vom früheren Bürgermeister von Kleinheubach, Herrn Lippert, unterzeichnet, der während des Zweiten Weltkriegs Polizei-Ausbilder gewesen war.

Die Hauptstraße von Tab führte uns zurück zum Bahnhof, einem halbverlassenen, zweistöckigen Gebäude mit abblätternder Farbe. Über einigen Türen hingen Spinnweben. Die Schilder waren vom Alter vergilbt. Dieser Bahnhof, der so heruntergekommen aussah wie viele Zugstationen im ganzen ländlichen Europa, erwachte auch im Jahr 1990 nur zweimal am Tag. Als wir kamen, wirkte der Bahnhof still und verlassen. Genau wie in Bernies Jugend stand auf dem Gebäude in Großbuchstaben «TAB». Unser Auto war noch dort, wo wir es abgestellt hatten. Die einzigen Geräusche waren das metallische Zirpen der Sommergrillen und das Summen der tief herabhängenden Telegraphendrähte. Die Wolken waren verschwunden, und die Sonne brannte herunter. Nichts bewegte sich. Schweigen hüllte uns einen langen Augenblick ein. Mit schußbereiten Kameras standen wir vier da und fragten uns, was wir vor unserer Abreise denn knipsen sollten. Wir beschlossen, uns selbst zu photographieren, vor dem Bahnhof und neben den teilweise überwachsenen Gleisen.

Nachdem wir die Aufnahme gemacht hatten, bemerkte

ich, daß Bernie auf ein paar verwahrloste Ziegelgebäude starrte, die von einem hohen Kamin neben einer Baumgruppe im Westen überragt wurden. Er rührte sich nicht, nur seine Hände schirmten seine Augen gegen das blendende Sonnenlicht ab. Plötzlich sagte er: «Das ist die Ziegelei. Das ist die Stelle, wo das Grauen begann.» Niemand sagte ein Wort. Während wir wieder ins Auto stiegen und aus dem Dorf hinausfuhren, hing die beiläufige Bemerkung noch in der Sommerhitze.

...

Nach unserer Reise nach Tab gingen mir im Lauf der folgenden Jahre immer wieder Bruchteile der Gespräche, die ich mit Bernie über seine Vergangenheit geführt hatte, durch den Kopf. Trotz dieses Besuchs kannte ich von seinem früheren Leben noch immer nur Fragmente. Er hatte noch nie jemandem seine ganze Geschichte erzählt und zog es vor zu glauben, daß der Naziterror einem «Bernie» in Anführungszeichen, einem anderen Bernie, widerfahren sei. Würde er mir eines Tages genug vertrauen, um mir mehr zu erzählen? Vielleicht war unser gepflegter, etwas unverbindlicher kalifornischer Lebensstil für eine solche Kommunikation nicht geeignet. Oder bildete meine deutsche Herkunft eine unausgesprochene Barriere? Doch seine nicht erzählte Geschichte, seine «andere Seite», die mir verschlossen war, ließ uns nicht los. Zunächst entsprach das Schweigen sicherlich seinem Wunsch, denn es half ihm, die Trennlinie zu erhalten, die er zwischen seinem gegenwärtigen und seinem vergangenen Leben gezogen hatte. Doch in mir blieb der Wunsch bestehen, eine Brücke zu schlagen; allerdings standen mir dafür nur wenige Mittel zur Verfügung.

...

Wenn man zwölf ist, hält man sich für unsterblich. Bernie und ich hatten damals dieses Gefühl. So viel hatte er mir erzählt. Ich erinnere mich, daß ich mir, als ich im Haus meiner Großeltern durch einen Belüftungsschlitz im Ziegeldach schaute, unverwundbar vorkam, während ich zusah, wie die tieffliegenden amerikanischen Mustangs mit ihren Bordwaffen die Landschaft bestrichen. Ich frage mich, ob Bernie sich ebenso furchtlos fühlte, sich sogar für unverwundbar hielt, als er nach Auschwitz transportiert wurde – zumindest so lange, bis er in direkten Kontakt mit der Todesmaschinerie kam. Ist dieses Gefühl der Unsterblichkeit ein Vorrecht der Jugend – unabhängig davon, wie groß die Gefahren sind? Die Gefahr, in der er schwebte, war unvergleichlich größer als die, der ich ausgesetzt war. Schließlich war niemand hinter mir persönlich her. Niemand zwang mich, in den Speicher hinaufzugehen, um amerikanischen Flugzeugen bei Luftangriffen zuzuschauen. Und die Luftangriffe dauerten nicht unendlich lang. Die Bedrohung von Bernies Leben war dagegen allgegenwärtig. Eine zufällige Entscheidung einer Wache oder irgendein Befehl, der die Gruppe von Häftlingen betraf, in der er sich durch Zufall befand, hätten in jedem Moment seinen Tod bedeuten können. Oder er hätte ausgewählt werden können, um für die bestialischen Experimente des Lagerarztes, des berüchtigten Josef Mengele, als Versuchskaninchen zu dienen.

Wie erlebte dieser Zwölfjährige seinen Alltag in einem Vernichtungslager? In einer anderen kurzen Anspielung auf seine Vergangenheit hatte Bernie seine Erfahrung als Überlebender des Lagers einmal mit der eines Schalentiers verglichen, das sich unter Wasser an einen Felsen heftet. Diese Metapher, die harte, zackenbewehrte Schale, die das Tier in ihrem Inneren schützt, beeindruckte mich. Helfen einem Analogien, das Leben eines anderen Menschen zu verstehen, insbesondere ein Leben, das im Inneren einer

Todesfabrik gelebt wurde? Er hatte seine Analogie aus seinen Erfahrungen herausdestilliert. Ich zog Rückschlüsse aus dem, was er gesagt hatte. Aber das genügte mir nicht, um die Katastrophe zu verstehen, die über ihn und seine Familie hereingebrochen war – auch wenn ich als Germanistikprofessor jahrelang studiert und ein Lehrbuch über die Nazizeit geschrieben hatte.

Erst in den 1990er Jahren wurde mir klar, daß Bernie nach Brücken zu seiner Vergangenheit gesucht hatte, die ihn hinüberführten in jenes andere Leben, zu dem er, wie er glaubte, sämtliche Verbindungen abgeschnitten hatte. Während wir unsere Lebensgeschichten niederschrieben, erzählte er mir, daß er vor seiner ersten Reise nach Israel 1995 lange und angestrengt darüber nachgedacht habe, ob er Simcha Katz, der fünfzig Jahre zuvor im KZ sein Kumpel gewesen war, kontaktieren sollte oder nicht. «Ohne einen Kumpel konnte man nicht überleben», erklärte mir Bernie nach seiner Reise. «Mit einem Kumpel waren die Überlebenschancen etwas größer, weil man sich gegenseitig helfen konnte.» Doch statt näher auf ihre Freundschaft und die gegenseitige Abhängigkeit in den Konzentrationslagern einzugehen, hob Bernie hervor, wie weit ihn die dazwischen liegenden Jahre von seinem damaligen Partner entfernt hatten. Nach Bernies Ankunft in Amerika hatten sie nur noch sechs Monate lang miteinander korrespondiert. Nach eingehender Gewissensprüfung hatte Bernie beschlossen, die Verbindung zu seinem alten Freund bei seinem Israelbesuch wiederherzustellen. Das Ergebnis war ein aufwühlendes Wiedersehen im Jerusalemer Hyatt, das allerdings darunter litt, daß die Kommunikation so erschwert war. Ihre Muttersprache, das Ungarische, war über die langen Jahre eingerostet, und Simcha sprach kein Englisch. Bernies aktiver hebräischer Wortschatz war äußerst begrenzt, und keiner von ihnen konnte noch fließend Jiddisch sprechen. So unterhielten sie sich über einen Dolmetscher auf Englisch und Iwrith miteinander.

Simcha war nach dem Krieg nach Israel emigriert und hatte dort Kinder großgezogen. Seinen Lebensunterhalt verdiente er als selbständiger Straßenbauunternehmer, und die Rosners hatten herunterzuspielen versucht, wie begütert sie im Vergleich zu ihm waren. Obwohl ich gern weitere Informationen über das «Kumpelsystem» erhalten hätte, berichtete Bernie mir mehr über die Gegenwart – über Simchas jetziges Leben und die Eindrücke der Rosners vom heutigen Israel. Simcha wollte nicht, daß Bernie über ihre Erfahrungen im Konzentrationslager redete. Der Schmerz blieb, wie Bernie mir sagte, zu übermächtig für ihn, selbst nach so vielen Jahren noch. Ich begann nun meinerseits, über die Einblicke nachzugrübeln, die mir Bernie in das Kumpelsystem gewährt hatte, und darüber, was mit ihnen wohl vor Jahrzehnten hinter den Wachtürmen, dem Stacheldraht und den elektrischen Zäunen passiert war. Zu viel Zeit war vergangen, zu viel hatte sich für diese beiden KZ-Insassen verändert, um ihren Weg zurück in jene Tage zu finden, als sie sich gegenseitig brauchten, um zu überleben.

Ich dachte an meinen eigenen Kumpel aus Kindertagen, Ludwig Bohn, mit dem ich im Sommer 1944 – zu der Zeit also, als Bernie nach Auschwitz deportiert wurde – oft Schach spielte. Wir spielten unsere Partie hinter geschlossenen Fensterläden, welche die schwüle Hitze draußenhalten sollten. Ludwig und ich unternahmen lange Spaziergänge über Land, und auf verschiedenen dieser Streifzüge suchten wir nach einem Exemplar von Goethes *Urpflanze,* dem idealen Prototyp der Vollkommenheit in der Pflanzenwelt. Wir redeten uns ein, daß wir die *Urpflanze* in Gestalt einer bestimmten hohen Kiefer im Englischen Schloßgarten des Fürsten zu Löwenstein am Rande von Kleinheubach gefunden hätten. Als ich in die Vereinigten Staaten kam, verlor ich Ludwig aus den Augen. Aber ich fand heraus, daß er in Namibia, dem ehemaligen Deutsch-Südwestafrika, eine deutschstämmige Frau geheiratet hatte, und hörte auch Gerüchte, daß er ein Antisemit geworden sei.

Kurz nachdem Bernie mir von Simcha erzählt hatte, träumte ich, daß ich Ludwig in Afrika angerufen und versucht hätte, ihn über diese Gerüchte auszufragen. Im Traum erinnerte ich Ludwig daran, daß wir einige Treffen des Deutschen Jungvolks – jener Organisation der Hitler-Jugend, der wir uns anschließen mußten – geschwänzt hatten, weil wir es vorzogen, Schach zu spielen, uns mit unserer Briefmarkensammlung zu befassen und nach Goethes vollkommener Pflanze zu suchen. Wir hatten uns für etwas Besseres gehalten als die Trottel, die die Versammlungen der Nazijugend abhielten. Ich fragte ihn, was mit ihm geschehen sei, warum er sich verändert habe. Aber die Antwort auf meine wiederholten Fragen am Telefon war Schweigen. In meinem Traum gab er keine Antwort.

Manchmal glaubte ich, daß Bernie und ich unsere jeweilige Vergangenheit einfach auf sich beruhen lassen sollten. Ich überlegte, daß wir, wenn wir einfach vergaßen, auch nichts verdrängten. *Wir* waren jetzt die Kumpel, aber nicht, um ein Todeslager zu überleben oder in einem fürstlichen Park nach einer *Urpflanze* zu suchen. Warum sollten wir nicht einfach ein weiteres Glas Wein miteinander trinken und Musik hören oder uns über Philosophie oder europäische Literatur unterhalten? Schließlich und endlich waren dies die 1990er Jahre nicht 1944. Wir könnten einfach unsere gepflegte amerikanische Existenz und die unkomplizierte Flucht aus der Geschichte, die sie bot, genießen.

Als wir es uns eines Tages an seinem Swimmingpool gut ergehen ließen, amüsierte es mich festzustellen, daß Bernie kaum schwimmen konnte. Er gab es nicht nur offen zu, sondern planschte über die ganze Breite seines Pools, um zu demonstrieren, wie unsicher er sich im Wasser fühlte. Ich erzählte ihm von meiner eigenen Wasserscheu und wie ich als Junge meiner Großmutter immer sagte, ich sei die ganze Zeit bis zum Hals im Main gewesen, während ich tatsächlich kaum meine Badehose naß gemacht hatte. Wir mußten beide herzlich lachen. War nicht der Austausch so intimer Belanglosigkeiten aus der Vergangenheit genug? Sind es nicht genau diese gemeinsamen *bons moments* im Leben, die einer Freundschaft Tiefe geben? Obwohl wir diesen angenehmen Status quo genossen, fragte ich mich, ob er aufrechterhalten werden konnte. Denn gleich unter der Oberfläche dieses Alltags lauerten schließlich Ereignisse, die von uns beiden nie weiter als ein Alptraum oder eine Phobie entfernt waren. Ohne uns dessen vollkommen bewußt zu sein, hatten die Mauern, die wir um diese Ereignisse herum errichtet hatten, bereits zu bröckeln begonnen. Wie sich herausstellte, mußte etwas Unerwartetes geschehen, das die Mauern dann zum Einsturz brachte.

Auf einer Geschäftsreise zur Ostküste kurz vor seiner Pensionierung im Jahr 1993 besuchte Bernie das Holocaust Memorial Museum in Washington, D.C. In der Gedenkstätte drängten sich viele Besucher, und er bekam eine Nummer, die ihm den Eintritt erst so spät am Tag ermöglicht hätte, daß er seinen Nachmittagsflug zur Westküste nicht mehr erwischt hätte. Deshalb schilderte er den Aufsehern der Gedenkstätte, in welchem Dilemma er sich befand, und sagte, daß er der Überlebende eines Konzentrationslagers sei. Sie gewährten ihm sofort Einlaß.

Im Museum schlug Bernie in der Liste der Neuzugänge im Konzentrationslager Mauthausen nach. Er war im September 1944 von Auschwitz nach Mauthausen verlegt worden. Seine Reaktion auf diese Dokumente überraschte ihn. Er berichtete mir, daß sein Herz zu pochen begann, als er anfing, die Seiten des Mikrofichefilms bis zum Tag seiner eigenen Ankunft umzublättern. Als er endlich bei der entsprechenden Seite anlangte und mit dem Finger den Einträgen folgte, fand er ihn, seinen Namen, in alter deutscher Maschinenschrift: «Rosner, Bernat». So blickte er seiner Mauthausen-Erfahrung direkt ins Auge. Er erzählte mir, daß, während er auf seinen Namen starrte, alle Stufen, die er in seinem Leben genommen hatte, nirgendwohin zu führen schienen, nur noch zurück zu den Greueln dieser Vergangenheit. Er war erschüttert und kam noch dort, im Museum, zu dem Schluß, daß die Zeit gekommen sei, sich mit seinen Erlebnissen im Konzentrationslager so direkt wie möglich zu konfrontieren. Diese bürokratischen Dokumente, die für Ereignisse standen, von denen er geglaubt hatte, sie würden ihn nicht mehr berühren, überzeugten ihn, daß er dies tun müsse. Er wollte jetzt nicht nur seine Geschichte erzählen, sondern er wollte sie *mir* erzählen. Sein Entschluß rührte mich, aber ich war mir nicht sicher, was er bedeuten würde.

Es wurde klar, daß unsere stilvollen, eher unverbindlichen Zusammenkünfte mit unseren Frauen, unsere zwanglosen Plaudereien am Pool oder beim Dinner, begleitet von gutem Essen und erlesenem Wein, keinen Rahmen boten, in dem er seine Geschichte erzählen konnte. Deshalb beschlossen wir, uns allein zu treffen und im Herbst 1995 damit zu beginnen. Dann würden wir beide im Ruhestand sein und unsere Energien nicht mehr auf dringende Aufgaben oder langfristige berufliche Ziele richten müssen. Ich glaube, daß auch dieses entspannte Loslassen – das laut Thomas Mann für die Gewinnung von Einsichten in die Vergangenheit entscheidend ist – uns half, unsere Geschichten aus dem Verborgenen ans Tageslicht zu holen.

▪ ▪ ▪

Unsere Arbeitsmethode war einfach. Ich machte mir von Bernies mündlichen Berichten Notizen und brachte sie in eine erzählende Form. Meine eigene Geschichte schrieb ich von vornherein in Verbindung mit der seinen auf. Meine Frau Sally, eine freiberuflich tätige Schriftstellerin, kümmerte sich dann um den Aufbau und den englischen Stil. Wenn ein Abschnitt als Entwurf fertig war, setzten wir uns zusammen, um ihn zu lesen und darüber zu diskutieren, und Bernie nahm Ergänzungen und Korrekturen vor. Doch diese nüchterne Darstellung unserer Vorgehensweise verrät wenig über den schwierigen Weg, den wir, unserem Beschluß entsprechend, gemeinsam zurücklegen wollten. Zum einen strebten wir, nachdem Bernie beschlossen hatte, mir seine Geschichte zu erzählen, geradewegs auf diese Memoiren zu, oder wuchsen vielmehr allmählich in sie hinein. Wir hatten überhaupt keine feste Vorstellung von einem «Endprodukt». In jener frühen, unbewußten und naiven Phase unserer gemeinsamen Anstrengung, da wir Bruchstücke unserer Erinnerungen sammelten, niederschrieben und durchsprachen, zeichneten sich schließlich unsere Memoiren ab. Und anfänglich hatten wir keine Ahnung von den Hindernissen und Grenzen, auf die wir im Laufe der Zeit stoßen sollten – Hindernisse bei Bernie, Grenzen bei mir.

Die Geschichte kam nur in Windungen und Verrenkungen zutage. Zuerst schien es zu genügen, Bernie einfach zuzuhören, wenn er mir in einer absichtlich distanzierten und sachlichen Weise über seine Erfahrungen im Konzentrationslager berichtete. Seine anfänglichen Erinnerungen präsentierte er wohlüberlegt und gewöhnlich ohne jedes Stocken. Er war schließlich Anwalt und darin geübt, Konflikte und komplexe Sachverhalte darzustellen. Die Leichtigkeit, mit der er sich ausdrückte, half mir, mich unbefangen zu fühlen, und gestattete mir, mich einem Leben anzunähern, das sich sehr von dem meinen unterschied. Hilfreich war auch, daß wir ein stillschweigendes Übereinkommen über die Grenzen dessen getroffen hatten, was ausgesprochen werden sollte und was nicht. Aber dann sollten, ein gutes Jahr später, herzzerreißende Fakten an die Oberfläche treten, als er, wie er es ausdrückte, erneut «in seinem Gedächtnisspeicher herumstocherte». Langsam begriff ich, daß Bernie mit der Methode, «sich an die Fakten zu halten» und diese so rational wie möglich nachzuerzählen, irgendwie kaschieren wollte, daß diese Tatsachen Wunden geschlagen hatten. Sich dies einzugestehen, kostete ihn Zeit.

Um die Trennung zwischen seinen beiden Leben aufrechtzuerhalten, hatte Bernie 1990 während unseres Aufenthalts in Tab das Trauma, das er dort erlebt hatte, heruntergespielt. Und seiner amerikanischen Identität getreu, gestand er mir erst spät im Laufe unserer Arbeit, daß er während einer gewissen Phase seines Erwachsenenlebens den zwanghaften Wunsch verspürt hatte, nach Tab zurückzukehren und die Orte wiederzusehen, wo seine Eltern gelebt hatten. Damals kaufte er sogar eine detaillierte Landkarte von der Gegend und lernte sämtliche Zugstationen zwischen Tab und dem nahegelegenen Siófok auswendig.

Was mich anbelangt, so habe ich meine Geschichte in der Überzeugung erzählt, daß mein gutes Gedächtnis und das Begreifen von Einzelheiten in ihrem historischen Zusammenhang ein zuverlässiger Leitstern in meine eigene Vergangenheit sein würden. Doch ich mußte lernen, daß auch das, was man einbringt und das, was man ausläßt – das, an was man sich gern erinnert, und das, was man zu vergessen vorzieht –, eine Geschichte erzählt, eine Geschichte, die sich nur schwer und gelegentlich überhaupt nicht wiedergeben läßt. Doch mit der Zeit, während ich zusah, wie Bernie mit seiner eigenen Vergangenheit kämpfte, war es für mich nur natürlich, auf mich selbst zu blicken, auf den, der ich heute bin, und auf das, was mich zu dem machte. Es war Bernie, der mich dazu ermunterte.

. . .

Jemand hat mich einmal gefragt, warum ich Bernies Geschichte überhaupt erfahren wollte. Gewiß, weil mich das deutsche Verbrechen des Holocaust niemals losläßt. Aber etwas über Bernies «erstes Leben» zu erfahren, war nur ein Teil meiner Motivation. Ich wollte es nämlich auch mit meiner eigenen Geschichte verknüpfen. *Beides* zu erzählen, seine Geschichte und meine – die des ungarischen jüdischen Jungen und die des jungen Deutschen vom Lande, die diesseits und jenseits einer tödlichen Kluft gefangen waren und später nach Amerika kamen, wo sich ihre Wege kreuzten und wo sie zusammen arbeiten und gemeinsam ihre Freizeit verbringen konnten – aus diesem neuen Projekt schälte sich allmählich der Kern dessen heraus, was für mich wichtig war: Brückenbauen. Ich weigerte mich einfach, mich damit abzufinden, daß der tödliche Stacheldraht, den Adolf Hitler und Konsorten ein halbes Jahrhundert zuvor als Hindernis errichtet hatten, uns so elementar und auf ewig voneinander trennte, daß also in unserer Beziehung zueinander Hitler das letzte Wort haben sollte. Die mörderischen Ereignisse waren zu grauenhaft gewesen, als daß wir sie in unserer wachsenden Freundschaft hätten ignorieren können, aber ich wollte den Nazis nicht die Macht geben, diese Kluft mit Blick auf unser Leben ins Unendliche zu perpetuieren.

Auf Bernies Wunsch wird seine Geschichte in der dritten Person erzählt und so für meine erzählende Stimme zugänglich gemacht. Ich habe diese Rolle nur mit einer gewissen Beklommenheit übernommen. Meine Erzählerstimme würde die eines Menschen sein, der außerhalb des Holocaust stand, obendrein noch die eines Deutschen. Würde dies ein Sakrileg bedeuten? Hätte ich lieber einen diskreten Abstand wahren sollen von jemandem, der «von einer Reise in die Hölle zurückgekehrt» war? Hätte ich Bernie drängen sollen, seine Geschichte mit seiner eigenen Stimme zu erzählen? Er wollte es nicht. Er wollte, daß wir gemeinsam auf unsere Vergangenheit zurückblicken, denn er glaubt, daß die Ehrfurcht vor dem Trauma ohnegleichen, das er erlebte, manchmal ausschließend wirken kann. Sie kann anderen den Zutritt verwehren, sie zu Außenstehenden machen und auf Abstand halten. Gegen Ende unserer Arbeit fragte ich Bernie, was ihn letztlich bewogen habe, sich auf diese gefährliche Reise mit mir einzulassen. Er sagte, es sei unser gemeinsames europäisches kulturelles Erbe gewesen – mit seiner utopischen Sehnsucht nach einer zivilisierten Gesellschaft und die gemeinsamen Erlebnisse großer Kunst. Und was das Übrige anbelangte, so einigten wir uns auf das, womit Peter Ustinov Begriffe wie ethnische und religiöse Identität abtat: Man solle seine Wurzeln in einem anständigen Verhalten haben und es dabei belassen.

ZWEITES KAPITEL

...

Zwei Dörfer in Europa

> In diesem Traum war das ganze Jahr über Sommer,
> Unser Land eine Karte in Kinderfarben ...
> Aber wenn man die Karte gegen das Licht hielt, konnte man andere Linien erkennen,
> Keine Straßen oder Flüsse, sondern winzige Risse, die sich plötzlich unter schwankenden Städten öffneten ...
>
> LEONARD NATHAN[1]

Tab, das Dorf in dem Bernat Rosner geboren wurde und seine Kindheit verbrachte, liegt auf dem flachen Land südlich der Donau und des Plattensees, etwa 120 Kilometer südwestlich von Budapest und 90 Kilometer nördlich der Grenze zum heutigen Kroatien. Im Westen liegt ungefähr 130 Kilometer entfernt Österreich. Der Rahmen dieser ländlichen Welt wurde von den Plänen, die Deutschland mit Blick auf Europa ausgebrütet hatte, gesprengt.

Obwohl es in Tab ein paar Radioapparate gab, von denen einer einem Nachbarn der Rosners gehörte, war das Dorf vor dem Zweiten Weltkrieg von der Außenwelt abgeschnitten. Nachrichten, wie wir sie kennen, die erst vom Rundfunk und dann vom Fernsehen verbreitet werden, gab es noch nicht. Aber natürlich erfuhren die Bewohner von Tab etwas über Hitlers Einmarsch in die nahe Tschechoslowakei 1938 aus dem Radio und der lokalen Presse. Und Bernie erinnert sich, daß sich einmal die halbe Dorfbevölkerung um das Rundfunkgerät eines Nachbarn scharte, um der jauchzenden Beschreibung zu lauschen, die der Radiosprecher von Ungarns Reichsverweser lieferte. Damals hielt Miklós

Horthy, auf einem weißen Pferd sitzend, mit seinen Soldaten Einzug in Kassa (tschechisch Košce), der Hauptstadt jener Provinz, die nach der Zerschlagung der Tschechoslowakei durch Hitler an Ungarn zurückgegeben wurde. Doch auch ein derart aufregendes Ereignis rückte wieder in den Hintergrund und wurde erdrückt von den vorherrschenden Geräuschen des dörflichen Alltagslebens mit seinen häuslichen Ritualen. Wie so viele andere europäische Dörfer jener Zeit war Tab von einem breiten Ring nahezu vollkommener Stille umschlossen, einer Stille, die die Illusion nährte, sie könne einen Schutz vor der Katastrophe bieten, die rundherum stattfand.

Nur zwei Dorfbewohner besaßen ein Auto, der Arzt und der Graf, der größte Landbesitzer der Gegend. Aber es gab Züge – genauer gesagt, zwei Züge: einen am Morgen, der aus Siófok, dem nahegelegenen Badeort am Plattensee, kam und nach Kaposvár im Süden weiterfuhr, und einen anderen am Nachmittag, der dieselbe Strecke in umgekehrter Richtung zurücklegte. Züge fesselten die Phantasie des kleinen Bernie, solange er sich zurückerinnern kann. Sie vermittelten ihm das Gefühl von einem Horizont, hinter dem wunderbare Dinge lagen. Immer wenn er als kleines Kind verschwunden war, fanden ihn seine Eltern am Bahnhof wieder. Zu Hause baute er mit Vorliebe Züge aus Holzklötzen, die später zerhackt und zur Befeuerung des Herdes verwendet wurden.

Ich glaube, es war mehr als nur Neugierde, was Züge für Bernies frühes Leben so bedeutsam machte. Sein Körper und Geist waren stets in Bewegung und rasteten nie. Seinem Spitznamen «Zizi kukac» (Zappelphilipp) getreu, den er sich als Kind einhandelte, tritt die ständige Bewegung, die auch seinem Gedächtnis aufhilft, jetzt deutlich zutage, wenn er bei der Erzählung seiner Lebensgeschichte gestikuliert.

Im Zusammenhang mit den Zügen und diesem Bahnhof will Bernie mir noch etwas anderes mitteilen, und er setzt seine Erzählung rasch und mit offenkundiger Dringlichkeit fort. In seiner frühen Kindheit war der Bahnhof ein spannender Ort, wo er zuschauen konnte, wie die Züge zu Zielen fuhren, die er sich fern und zauberhaft vorstellte und um die viele seiner Tagträume kreisten. Die Zugstation in Tab war auch der Ausgangspunkt der aufregendsten Ereignisse seiner Kindheit – der jährlichen Besuche bei seinen Großeltern in Kiskunhalas. Doch im Gegensatz zu jenen frühen beflügelnden Abenteuern sollte der Bahnhof in einer späteren Phase seines Lebens eine finstere Konnotation erlangen, denn er wurde, kurz nachdem die Nazis auch in Ungarn die Macht ergriffen hatten, Zeuge, als dort ein älterer bärtiger orthodoxer Jude mit einem Gewehrkolben bewußtlos geschlagen wurde – nur, weil sich sein Unterdrükker über sein andersartiges Aussehen ärgerte.

Ich wartete darauf, daß Bernie sich über das verbreiten würde, was seine schrecklichsten Erinnerungen an diesen Bahnhof in Tab sein mußten – immerhin der Ort, von dem aus er und seine Familie nach Auschwitz deportiert wurden. Aber er tat es nicht. Es mußte noch mehr Zeit vergehen, bis diese besonderen Erinnerungen an die Oberfläche traten. Statt dessen schilderte er einen anderen albtraumartigen Vorfall, der zu einem viel späteren Zeitpunkt in seinem Leben stattfand.

1971, als er sich schon sehr gut in seinem amerikanischen Leben eingerichtet hatte, besuchte Bernie mit seiner – inzwischen verstorbenen – Frau Betsy das Dorf, in dem er geboren wurde; es war das erste Mal, seit er es siebenundzwanzig Jahre zuvor verlassen mußte. Nach einer den ganzen Tag lang dauernden, emotional aufwühlenden Pilgerreise durch Tab warteten sie am Bahnsteig der Zugstation auf den Spätnachmittagszug – es war derselbe Zug, der in seinen Jugendphantasien eine so große Rolle gespielt hatte –, der sie zurück nach Siófok und Budapest bringen sollte. Ein paar Leute aus dem Ort warteten ebenfalls am Bahnhof. Plötzlich und ohne Vorwarnung trat ein schmuddeliger und offensichtlich betrunkener alter Mann auf Bernie und seine Frau zu und legte mit einer lauten Schimpfkanonade los. Da der Mann unartikuliert sprach und Bernies Ungarischkenntnisse zu diesem Zeitpunkt bereits etwas dürftig waren, konnte er nicht ganz verstehen, was dieser Mann sagte bzw. was diesen grundlosen Ausbruch provoziert haben könnte. Doch er verstand genug, um zu begreifen, daß die Tirade mit Obszönitäten und antisemitischen Beleidigungen gespickt war. Die Menge, die am Bahnhof wartete, rückte sofort von der häßlichen Szene ab und ließ die beiden unglücklichen Ausländer mit dieser Konfrontation allein, bis der Zug einfuhr und sie fortbrachte. Für Bernie war das ein gräßlicher Augenblick, in dem er dieselben Dorfbewohner erkannte, die vor so langer Zeit schweigend zugesehen hatten, als ihre jüdischen Nachbarn abtransportiert wurden. Damals kam ihm diese Episode noch wie eine Variation des Themas vor – ähnlich demselben Bild aus Tolstojs *Anna Karenina*: Der Bahnhof von Tab steht für die Drehungen und Windungen, die sein Leben noch nehmen sollte.

. . .

Jedes Jahr nahm Bernies Mutter ihn und seinen jüngeren, 1934 geborenen Bruder Alexander mit auf Besuch bei ihren mütterlichen Großeltern in Kiskunhalas. Obwohl es weniger als 200 Kilometer waren, dauerte die Zugreise mit vielen Aufenthalten in kleinen Orten und einer Stunde Wartezeit in Kaposvár, vor dem letzten Abschnitt ihrer Reise, von 7 bis 17.30 Uhr. Manchmal nahmen sie eine andere

Route und fuhren über Budapest, wo Bernies Tante Rebekka wohnte, die Schwester, die Bernies Mutter altersmäßig am nächsten stand und ihr freundschaftlich verbunden war. Sie verbrachten dort ein oder zwei Tage, bevor sie weiterreisten. Diese Besuche bei den Großeltern in Kiskunhalas waren die Höhepunkte von Bernies Jahr.

Bernie liebte es nicht nur, mit dem Zug zu fahren, sondern dann auch seine Zeit mit dem Großvater zu verbringen. Doch er mußte jedes Mal erst an seiner gestrengen Tante Libby vorbei, dem Drachen der Familie, die er mit der «Bösen Hexe» aus dem *Zauberer von Oz* vergleicht. Da seine Großeltern schon ältere Leute waren, holte Tante Libby die beiden Jungen und ihre Mutter an der Zugstation von Kiskunhalas ab. Vom Augenblick ihrer Ankunft an wachte sie gnadenlos über ihr Benehmen und korrigierte jeden auch noch so kleinen Verstoß. Bernie sagte seine Gebete auf Hebräisch auf, sprach aber in einem Gebet – Tante Libby zufolge – ein Wort falsch aus. Doch diese Aussprache hatte er von seiner Mutter gelernt, und er hielt daran fest, wann immer Tante Libby außer Hörweite war. Nicht nur seine Gebete, auch seine Eßgewohnheiten wurden von ihr überwacht. Da sie wußte, daß Bernie gezuckerte Nudeln nicht ausstehen konnte, zwang sie ihn, jeden Bissen dieser gefürchteten kulinarischen Kreation aufzuessen, die immer dienstags auf seinem Teller landete.

Einmal ging Bernies unverheiratete Tante sogar so weit, daß sie ihn zu einem unfreiwilligen Komplizen in einem Plan machte, um den Beginn des glücklichen Ehelebens eines seiner Onkel zu verzögern. Am Tag nach seiner Hochzeit hatte sein Onkel Schimi seine Braut nach Kiskunhalas gebracht, wo er sie Bernies Großvater vorstellen wollte. Wenn er bei seinem Großvater zu Besuch war, schlief Bernie gewöhnlich in einem kleinen gemütlichen Raum neben der Speisekammer. Doch bei dieser Gelegenheit verfügte

Tante Libby, daß er mit den Frischvermählten in einem Zimmer schlafen sollte, und machte so alle leidenschaftlichen Hoffnungen zunichte, die die beiden vielleicht für die Nacht gehegt hatten.

Bernies Verhältnis zu seinem Großvater, dem Hilfsrabbiner von Kiskunhalas, hinterließ bei ihm einen tiefen Eindruck. Der alte Herr lebte ein würdevolles Leben in einer Welt, die aus Büchern und Gedanken bestand. Bernie erinnerte sich an den langen, wallenden Bart seines Großvaters und die zwei bis drei dem Studium der Mathematik und des Talmuds gewidmeten Stunden, die er während der Ferien an jedem Vormittag mit ihm verbrachte. Diesen gelehrten Mentor liebte er abgöttisch.

Wenn Bernie sich an seine von Ruhe und Tradition bestimmten frühen Jahre erinnert, beschwört er die sinnlichen Eindrücke dieser Wochen im Haus seiner Großeltern herauf, in dem es nach Möbelpolitur und getrockneten Blütenblättern duftete. In der Hoffnung, daß dieser schon betagte Gelehrte noch vor der Deportation eines natürlichen Todes gestorben sei, frage ich Bernie nach seinem Schicksal. Aber er kennt es nicht.

Es war die Religion, die in der Familie Rosner den Rhythmus des Alltagslebens bestimmte. Tab hatte zwei Synagogen: eine große für die gemäßigt religiöse jüdische Gemeinde und eine kleine für die wenigen Ultra-Orthodoxen. Bernies Familie gehörte zu den letzteren, und die Rituale wurden streng befolgt. Wie Bernie sich entsinnt, gab es für alles ein Gebet – eines für das Essen und eines für das Trinken, eines vor den Mahlzeiten und eines danach, ja sogar eines für volle Mahlzeiten und eines für Imbisse. Im Alter von drei Jahren wurde Bernie nach orthodoxem Brauch das Haar geschoren, und er begann, das hebräische Alphabet zu lernen. Die Buchstaben des Alphabets wurden mit ungarischen Worten erklärt, die als Brücke zwischen den graphischen Zeichen und der Aussprache der Buchstaben dienten. Mit vier Jahren konnte Bernie sowohl Ungarisch als auch Hebräisch lesen. Als ich ihn frage, wie er das Deutsch lernte, das er heute noch beherrscht, staune ich über seine Antwort. Ich hatte vermutet, daß er es sich in den Konzentrationslagern angeeignet hatte. Doch Deutsch war in den Schulen, die er als Junge besuchte, Pflichtfremdsprache. Da er darauf brannte, alles zu lesen, was ihm in die Hände fiel, versuchte er sich auch in einem frühen Alter an der deutschen Übersetzung von Ibsens Dramen, die seine gebildete Mutter angeschafft hatte. Die Familie besaß auch eine jiddische Übersetzung des Buches Leviticus. Aber Jiddisch – eine Sprache für den Alltagsgebrauch – wurde bei den Rosners nicht gesprochen.

Jeder Tag begann um 7 Uhr mit einem halbstündigen Gebet in der Synagoge. Von 8.30 Uhr bis zum Mittag besuchte Bernie die weltliche Schule, die von der örtlichen jüdischen Gemeinde betrieben wurde. Er kam zum Mittagessen nach Hause, ging aber dann zur religiösen Unterweisung zurück in die hebräische Schule oder Cheder. Dieser Unterricht begann um 14.00 Uhr.

An die halbstündige Pause um 16.00 Uhr erinnert sich Bernie selbst heute noch mit einem Seufzer – so als würde er nach all diesen Jahren nach wie vor das Bedürfnis verspüren, eine kurze Pause einzulegen, bevor es weitergeht. Nach dieser Unterbrechung am Spätnachmittag ging es weiter mit der intensiven religiösen Unterweisung, die fünf Tage in der Woche von 16.30 bis 18.30 Uhr dauerte. Während dieser endlosen zwei Stunden ließ Bernie seine Phantasie aus den vier Wänden des Klassenzimmers zu Orten schweifen, die jenseits von Tab lagen – nach Kaposvár und Kiskunhalas und über die ihm bekannte Zugstrecke hinaus. Und wenn die Sehnsucht zu entfliehen übermächtig wurde, stellte er sich vor, er würde der Sonne auf ihrem Weg in noch weiter entfernte Gegenden folgen.

Im Sommer waren um 19.30 Uhr wieder alle in der Synagoge versammelt für die Abendgebete vor dem Erscheinen des ersten Sterns. Im Winter brach die Nacht früher an, und die Abendgebete begannen darum früher. Im Sommer wurde das Abendessen zwischen dem Schulunterricht und den Abendgebeten eingenommen, im Winter erst danach. Mit einer Stunde, in der die Hausaufgaben erledigt wurden, die der Lehrer der weltlichen Schule aufgegeben hatte, war das Tagespensum beendet. Die einzige freie Zeit während der arbeitsreichen Woche boten die Freitagabende. Aber selbst diese Pause war ausgefüllt mit Hausarbeiten, die unter der Woche unerledigt geblieben waren, oder mit Vorbereitungen für den Sabbat, der am Freitag nach Sonnenuntergang begann. Dennoch verliehen der unterrichtsfreie Freitagnachmittag und die Erleichterung, daß die Plackerei während der Woche hinter einem lag, diesen wenigen Stunden ein magisches Hochgefühl.

Bernie assoziiert den Beginn dieser kurzen Erholungszeit mit dem Mittagessen am Freitag, das seine Mutter für die Familie zubereitete: Es bestand aus Kartoffeln, gewürzt mit Paprika, und knusprig gebratenen Kutteln. Am Freitagnachmittag fand auch das wöchentliche Bad statt und später, bei Sonnenuntergang, wurde in der Synagoge der Beginn des Sabbats gefeiert. Wenn die Gebete beendet und die Rosners nach Hause zurückgekehrt waren, wurden ihre religiösen Rituale mit einem Segen von Bernies Vater und einem üppigen Mahl fortgesetzt, das aus Fisch, Huhn und der traditionellen Suppe zum Sabbatbeginn bestand, die seine Mutter zubereitete. Nach diesem Essen wurden traditionelle Gebete gesprochen und gesungen. Man lud junge Männer aus der Jeschiwa – fortgeschrittene Studenten, die ortsfremd waren – zum Essen ein, damit sie mit der Familie beteten, Geschichten aus ihrem Leben erzählten und die Rosners beim Singen begleiteten. Diese jungen Männer kamen auch unter der Woche mehrmals zur Familie Rosner zum Essen und gehörten zum rituellen Leben von Bernies orthodoxer Familie.

Der Sabbat selbst begann um 9 Uhr morgens mit einem besonders langen Gottesdienst in der Synagoge, der mindestens bis zum Mittag dauerte. Auf dem Nachhauseweg machten die Brüder Rosner beim Bäcker Halt. Dort holten sie die Kasserolle mit den Bohnen und dem Gänsehals ab, der mit einer köstlich schmeckenden, pikanten Füllung gefüllt war, die ihre Mutter am Freitagnachmittag vorbereitet und der Bäcker am Samstagmorgen in seinem großen Ofen fertiggebraten hatte.

Am Samstagnachmittag war von 14 bis 16 Uhr Prüfungszeit, das heißt, die Kinder wurden abgefragt, was sie in der Woche zuvor gelernt hatten. Diese Prüfungen wurden von gelehrten Männer der orthodoxen Gemeinde abgehalten. Bernies Vater war kein Gelehrter, und es ärgerte ihn, daß er nicht qualifiziert genug war, um seine Söhne selbst zu prüfen. Nach der Sabbat-Prüfung unternahmen die Rosners oft einen Spaziergang «den Hügel der hundert Stufen» hinauf. Die Stufen waren aus Eisenbahnschwellen angefertigt worden, und Bernie erinnert sich, daß die Erwachsenen sich auf einem dieser traditionellen Spaziergänge mit dem Überfall der Deutschen auf Polen beschäftigten.

Dieses straffe Arbeitsprogramm würde vielleicht den Schluß zulassen, daß Bernies Kindheit eine Zeit unaufhörlicher Monotonie gewesen sei. Aber er selbst schätzt das heute nicht so ein. Die wenige Freizeit – die Freitagnachmittage, die verschiedenen halben Feiertage an Pessach und Sukkot und die Besuche bei seinen Großeltern – war, da sie so selten war, um so genußreicher und kostbarer. Und ein intelligenter Junge konnte selbst an jenen Tagen, die von ihm die strikteste Disziplin abforderten, seiner Phantasie Flügel verleihen. Während des zwei Kilometer langen Rundwegs, den er mehrmals am Tag zwischen seinem Haus und dem Dorfkern, wo die Schule und die Synagoge lagen, zurücklegte, pflegte er zu laufen und auszurufen: «Ich bin der Zug nach Siófok.» An Wintertagen, an denen Schnee lag, gestattete ein Bauer Bernie, auf der Kufe seines von einem Pferd gezogenen Schlittens zur Schule zu fahren – es war das einzige Transportmittel im winterlichen Tab. Diese Winterzeit umgab eine Aura ursprünglicher Unschuld. Bernie trottete dann durch die menschenleeren, schneebedeckten Straßen mit einer Kerze, die in einer Glaslaterne brannte. Bisweilen unternahm er auch imaginäre Ausflüge nach Andocs, dem Dorf, in dem das Dienstmädchen der Rosners wohnte.

Bernie hatte keine enge Beziehung zu seinem Vater, Louis Rosner, der 1892 geboren war. Aber der Sohn freute sich über die Geschichten, die der Vater gern erzählte, und er erinnert sich, daß eine von ihnen «Der König der Krallen» hieß. Sie hatte etwas mit einer Katze, einem Tiger oder einem Löwen zu tun, aber die eigentliche Handlung ist Bernie entfallen. Während Bernie und Alexander heranwuchsen, wurde das Verhältnis zu ihrem Vater noch distanzierter, zumal dieser sich immer mehr mit seinen bald gut, bald schlecht gehenden Geschäften befaßte – dem Anbau, der Verarbeitung und dem Großhandel von Walnüssen und anderen landwirtschaftlichen Produkten.

Die Vorfahren der Rosners waren wohlhabend gewesen. Auf Spaziergängen durch das Dorf zeigte Bernies Vater seinen Söhnen das Land, das die Familie einst besessen hatte, und ließ Bemerkungen über irgendein Unglück fallen, in dessen Folge der Reichtum der Rosners schlagartig zusammengeschrumpft war, und über den Großvater väterlicherseits, der seine Familie verlassen hatte, um nach Amerika auszuwandern. Als sie noch kleine Jungen waren, wurden Bernie und Alexander zwei unterschiedliche Versionen vom Schicksal dieses Großvaters erzählt – der einen zufolge war er tot, und die andere endete in San Francisco. Die Familie war aber damals nicht arm, und ihre wirtschaftliche Lage verbesserte sich im Laufe von Bernies Kindheit so sehr, daß sie 1940, als Bernie zehn Jahre alt war, in ein schöneres Haus umziehen konnten.

Louis Rosner, ein rothaariger Mann, war emotional so angelegt, daß er die Keckheit seines ältesten Sohnes nur schwer ertrug. Ihre häufigen Streitigkeiten waren auf eine «mangelhafte Bereitschaft zur Unterordnung» zurückzuführen, wie Bernie sein eigenes Verhalten heute definiert und dabei selbst einen väterlichen Ton anschlägt. Einmal brachte Bernie sich mit seinem Interesse am Lernen und an Büchern in arge Schwierigkeiten. Ein Gebetbuch, das einer der tragenden Säulen der Gemeinde gehörte, lag tagein, tagaus auf der Ablage neben Bernies Stammplatz in der Synagoge. Bernie reizte dieses wunderbare, in Leder gebundene Buch so sehr, daß er es eines Tages stibitzte, mit nach Hause nahm, die Seiten herausriß und dann den Dekkel, nunmehr seines spirituellen Inhalts beraubt, an seinen angestammten Platz zurücklegte. Der Verdacht richtete sich sofort auf Bernie. Als er des Diebstahls bezichtigt wurde, leugnete er alles und veranlaßte den Besitzer des Buches zu dem sarkastischen Kommentar, daß vielleicht ein Engel es mitgenommen und seine Seiten entfernt habe. Der Junge beteuerte weiterhin seine Unschuld und handelte sich so den Spitznamen «Engel Tralala» ein. Als sich gerade der ganze Zorn des Vaters über Bernies Haupt entladen wollte, geschah ein mittleres Wunder: Der Besitzer des Buches, der Mann, der ihm den Namen «Engel Tralala» verpaßt hatte, bat darum, den Jungen nicht zu bestrafen, denn er habe mit seinem Fehlverhalten ein aufrichtiges Interesse am Lesen und an spirituellen Dingen bewiesen. Da verpuffte die Wut des Vaters, aber der Spitzname blieb Bernie für den Rest seines Lebens in Tab erhalten.

Näher fühlte sich der kleine Engel Tralala seiner dunkelhaarigen Mutter. Bertha Rosner, geborene Schwartz, Jahrgang 1893, war die spirituelle Brücke zu Bernies Großvater in Kiskunhalas. Sie war eine empfindsame Frau, die schnell in Tränen ausbrach, und Bernie argwöhnt heute, daß seine Mutter hypochondrisch war und sich ihr «schwaches Herz» nur einbildete. Sie war die emotionale Quelle, aus der er und sein Bruder schöpften. Diese eloquente Geschichtenerzählerin flößte Bernie auch seine bleibende Liebe zu Büchern ein. Er erinnert sich noch, wie schön ihre Handschrift in den Briefen war, die sie ihm, als er noch ein ganz kleines Kind war, laut vorlas. Wie er herausfand, handelte es sich um die Briefe, die sie während ihrer Verlobungszeit an seinen Vater geschrieben hatte. Mit ihrer Unterrichtsbefähigung war Bertha Rosner das gebildetste Mitglied der Familie. Sie war diejenige, die dafür sorgte, daß es im Haus Bücher gab, obwohl darin oft ganze Bündel von Seiten fehlten. Bernie erinnert sich, wie frustrierend es war, bei der Lektüre auf Seite 15 anzukommen und dann feststellen zu müssen, daß die Seiten 16 bis 34 herausgerissen waren; dann mußte er seine Phantasie bemühen, um die Lücke zu schließen. Bernies Mutter war auch eine geschickte Näherin und eine gute Köchin. Sie stellte köstliches Gebäck her – Zimtrollen, mit Gelee gefüllte Rouladen und jene Art von Kuchen, die bewiesen, daß Tab und seine Bewohner nicht weit von Wien und seinem erlesenen Naschwerk entfernt waren.

Bertha Rosner übertrug auf ihre Söhne ein Gefühl für die Pflicht, stets den geraden und direkten Weg zu gehen. Diese ungarische Mutter wandte dabei altväterliche Erziehungsmethoden an, wie sie damals in ganz Europa gang und gäbe waren – es handelte sich um schlichte Abschreckungstaktik. Wenn sie sich mit einem ungehorsamen Sohn konfrontiert sah, drohte sie ihm mit den «Zigeunern», die durch die Landschaft streiften: «Wenn du nicht artig bist, geben wir dich bei den Zigeunern ab, und die nehmen dich dann mit.»

Wie oft wohl wurde diese Warnung ausgesprochen, um europäische Kinder zu ermahnen, und in wie vielen Sprachen? Ich erinnere mich an die «Zigeuner» in meinem Dorf, die bettelnd an unsere Haustür klopften. Ich versteckte mich hinter dem Rock meiner Großmutter, weil ich fürchtete, daß sie mich mitnehmen könnten, ob ich nun ungezogen gewesen war oder nicht. Allein schon ihre Wagen, die durch die Dörfer fuhren, versetzten jedes Kind in Angst und Schrecken, da diese umherwandernden Menschen im pädagogischen Arsenal europäischer Eltern eine finstere Rolle spielten. Was Bernies Mutter anbelangt, so schloß dieses züchtigende Arsenal auch die Scherenschleifer ein – Bernie benutzte dabei das deutsche Wort –, die regelmäßig auftauchten, um die Messer und Scheren der Dorfbewohner zu schärfen. Ich erinnere mich, daß eine Gestalt ähnlicher Erscheinung, der Inbegriff des Außenseiters, mit Lumpen und einem breitkrempigen Hut, auch in mein Dorf zu kommen pflegte.

Das Schreckgespenst des Dorflebens schlechthin aber war für uns beide der Schornsteinfeger mit seinem schwarzen Anzug und der kleinen, gebogenen Schaufel, die er über der Schulter trug. Der Besen und die Metallkugel am Ende eines dicken, aufgerollten Drahtseils wurden zum Markenzeichen dieser geheimnisvollen Gestalt, die in den Häusern ein und aus ging, um den Ruß zu entfernen – ein Dienst, für den der Kaminkehrer bezahlt wurde. Ich war überzeugt, daß meine Großeltern diesem schwarzen Gespenst Geld gaben, damit es aufhörte, unseren Kamin zu beschädigen, und wieder fortging.

Aber nicht alle Ängste wurden von außen an uns herangetragen. Viele kamen auch aus unserem Innern. Wenn er nachts im Bett lag, hatte Bernie Angst vor einem nahen Fenster, das heller erschien als die Wände des Zimmers. Er glaubte, daß durch dieses schwach leuchtende Viereck ein Toter hereintreten und ihn packen würde. Ich dagegen spürte die bedrohliche Gegenwart von Räubern, Banditen und Nachteulen in dem dichten Wald direkt neben dem Haus meiner Lieblingstante im Odenwald. Wenn ich dort übernachtete, wagte ich nicht, allzu laut zu atmen, aus Angst, ich könnte ihre Aufmerksamkeit erregen.

Der Kern von Bernies Familie – Vater, Mutter und zwei Brüder – war Teil einer weitverzweigten Großfamilie. Bernies Mutter war eines von zwölf Kindern, und sein Vater hatte zwei Brüder mit ansehnlichen Familien, die ebenfalls in Tab, aber in anderen Häusern lebten. Väterlicherseits gab es eine unverheiratete Tante, die im Gegensatz zu seiner ledigen Tante mütterlicherseits – der strengen Tante Libby aus Kiskunhalas – eine freundliche Frau war. Der hinkende Onkel Willy hatte eine künstlerisch begabte Tochter, die Bernie bei einer Aufgabe im Zeichenunterricht half. Im Gegensatz zu seinem Bruder Alexander konnte Bernie nicht zeichnen, deshalb skizzierte diese Cousine einmal eine Dampfmaschine für ihn, und Bernie bekam dank ihrer Bemühungen eine bessere Note.

Onkel Josef, so etwas wie das schwarze Schaf der Familie, hatte mehrere Kinder. Sein Haushalt war in ständiger Auflösung begriffen, und man mußte ihm oft finanziell unter die Arme greifen. Bernie erinnert sich, daß einmal ein Familienrat einberufen wurde, um über den traurigen Zustand von Onkel Josefs Haushalt zu beraten. Dennoch hatte eines von Bernies frühesten Abenteuern im Bereich des Marketing mit einem von Onkel Josefs Söhnen, Jenő, zu tun: Bernie wurde von diesem älteren Vetter angeheuert, um in seinem kleinen Bonbonhandel die Rolle des Vertreibers zu übernehmen. Doch der Engel Tralala wurde ohne viel Federlesens gefeuert, als er das Bonbon, das er verkaufen sollte, selbst aufaß bzw. «das Inventar verzehrte», wie er es heute ausdrückt.

Trotz dieser bis ins Detail verplanten Tage und der unausweichlichen Rolle, die ihm in den religiösen Ritualen der orthodoxen Familie zugewiesen war, war sich Bernie der ungarischen Welt um ihn herum nur allzu bewußt. Die meisten der nichtjüdischen Dorfbewohner waren arme Pächter, die sich mühsam von ihren selbsterzeugten Produkten ernährten. Was immer sie an Bargeld verdienten, gaben diese Männer für Alkohol aus. Bernie erinnert sich, daß man an den Sonntagnachmittagen die Schreie der Frauen und Kinder hören konnte, die von den betrunkenen, zornigen Patriarchen zu Hause verprügelt wurden. Die blutunterlaufenen Augen und die Striemen auf der Haut der Frauen und Kinder waren sichtbare Beweise für die Gewalttätigkeit, die für diese armen Dörfler typisch war. Auf der Straße und in den Ställen wurden auch die Tiere – Kühe, Pferde, Ziegen – Opfer physischer Mißhandlungen. Und wie jedes andere Dorf in Europa hatte auch Tab seinen eigenen Säufer – Pista Krocsek. Anders als die Väter und Ehemänner, die nur am Sonntag besoffen waren, torkelte der in Lumpen gekleidete Pista Krocsek ständig beduselt herum. Er war es, der Bernie zu seinem ersten Gedicht (das sich im ungarischen Original reimt) inspirierte:

> Pista Krocsek geht auf der Straße,
> Trägt unter seinem Arm eine lange Axt,
> Und was macht er mit dieser Axt?
> Aus kleinen Kindern Hackfleisch.

Tab hatte auch ein paar reiche Einwohner. Von seinem Aussichtspunkt, der vorderen Veranda, aus bewunderte Bernie diese «schönen Leute» in ihren weißen Anzügen, die, wenn sie auf dem Weg zum örtlichen Tennisplatz waren, ihre Tennisschläger unter dem Arm trugen. Er sehnte sich nach ihrem entspannten Umgang mit Freizeit und Überfluß und danach, einer von ihnen zu sein. Aber es gab eine Person, die der achtjährige Bernie sogar noch mehr bewunderte als diese Tennisspieler – den Leutnant eines ungarischen Militärdetachements, der in der Nähe von Bernies Haus wohnte. Als gepflegter Offizier verkörperte er in seiner maßgeschneiderten Uniform «den absoluten Inbegriff von Vornehmheit», wie Bernie mir sagte. Es war das erste Mal, daß Uniformen in seinem Leben eine Rolle spielten.

In der oberen Schicht der Dorfgesellschaft gab es auch getaufte Juden, aber die Kontakte zwischen den übrigen Juden und der christlichen Gemeinde, die diese umgab, waren allgemein feindselig. Dieser Antagonismus hatte in Ungarn eine eigene Geschichte, die sich zum Beispiel auf Bernies Familie lange vor seiner Geburt ausgewirkt hatte. Seine Mutter brach jedes Mal in Tränen aus, wenn sie von dem Schicksal eines ihrer Brüder erzählte, der nach dem Ersten Weltkrieg umgebracht wurde. Nach dem Ende des kommunistischen Regimes von Béla Kún übernahmen konterrevolutionäre «Weiße» die Macht und gaben den Juden die Schuld an der Niederlage im Krieg und an dem nachfolgenden «Roten Terror». Während ihrer «Herrschaft des weißen Terrors» wollten sie ihre noch offenen Rechnungen begleichen, und Bertha Schwartz' Bruder stand auf ihrer Liste. Sie brachen in sein Haus ein und nahmen ihn fest. Als er fragte: «Warum werde ich verhaftet? Was wirft man mir vor?» erwiderten sie: «Du bist ein Jude, das genügt schon.» Er wurde abtransportiert und hingerichtet.

Obwohl Bernie kontaktfreudig und kommunikativ war, hatte er in Tab keine christlichen Freunde. Zum einen hielten ihn die strengen Rituale der orthodoxen Familie, die sein Alltagsleben bestimmten, davon ab, überhaupt Freundschaften zu schließen. Noch wichtiger aber war, daß die Feindseligkeit, die den nichtjüdischen Kindern eingetrichtert worden war, eine Barriere schuf, die freundschaftliche Begegnungen ganz allgemein verhinderte. Nichtjüdische Kinder schikanierten Bernie und Alexander oft und warfen sogar mit Steinen nach ihnen, vor allem dann, wenn sie ohne Begleitung durch das Dorf gingen. Bernie erinnert sich immer noch an einen besonderen Quälgeist und an seine eigenen häufigen Tagträume, in denen er ihn verprügelte. Dieser Rabauke meldete sich am Ende freiwillig zum ungarischen Militär, und Bernie erinnert sich, wie er sich freute, als er erfuhr, daß er gefallen war.

Am 15. März 1944, dem ungarischen Nationalfeiertag, schloß sich eine Gruppe jüdischer Knaben aus seiner Schule, die eine ungarische Fahne trugen, der Parade durch Tab an. Die anderen Dorfbewohner verhöhnten sie als Betrüger, die kein Recht hätten, daran teilzunehmen, und behaupteten, sie würden die Fahne besudeln. Sie johlten und verjagten sie von den Feierlichkeiten. Bernie erinnert sich, daß die feindseligen Begegnungen mit nichtjüdischen Kindern üblicherweise in Faustkämpfe ausarteten und mit der Flucht der jüdischen Kinder endeten, die man nicht dazu erzogen hatte, selbst Gewalt anzuwenden oder zurückzuschlagen.

Aber die Mitglieder der jüdischen Gemeinde hatten ihre eigene Strategie entwickelt, sich gegen eine solche Feindseligkeit zu schützen. Sie sangen einander jiddische Lieder vor, die die ungarischsprachigen Dorfbewohner nicht verstanden. Als ich Bernie fragte, von welcher Art diese Lieder waren und ob er sich an eines erinnerte, bat er mich zu warten und entschuldigte sich für ein paar Minuten. Als er wieder aus dem Parterre seines Hauses auftauchte, hielt er ein Tonband in der Hand mit einer Aufnahme von einer zerkratzten alten Schallplatte, die einige dieser jiddischen Lieder enthielt. Er spielte mir eines vor, aber ich konnte zunächst nur ein paar einzelne Wörter verstehen. Auch Bernie hatte Schwierigkeiten, den Text dieses melodiösen, scheinbar schwermütigen, in einer Molltonart vorgetragenen Liedes zu verstehen. Erst nachdem er es mir noch einmal vorgespielt hatte, begriff ich, daß die Botschaft des Liedes alles andere als schwermütig war. Auf eine unterschwellige, fast anzügliche Art berichtete es über Christen, die gewalttätig auftraten und sich in Kneipen besoffen, während die Juden fromm waren, hart arbeiteten und regelmäßig in die Synagoge gingen. Wir mußten über dieses subversive Beispiel musikalischen Widerstands, das jahrelang in einer Schublade ganz zuunterst vor sich hin gedämmert hatte, herzlich lachen. Die einzigen anderen Kontakte zwischen Juden und Christen fanden zwischen armen christlichen Dorfbewohnern und jenen jüdischen Haushalten statt, die sie als Hausangestellte beschäftigten. In Bernies Haus hatten diese christlichen Angestellten unter anderem die Aufgabe, am Sabbat den Strom an- und abzuschalten, damit die Rosners den heiligen Tag in Übereinstimmung mit den orthodoxen Traditionen einhalten konnten.

Alle Dorfbewohner, ob arm oder reich, hatten an einem Gemeindeleben teil, das nur mit den Jahreszeiten variierte. Im Frühsommer wurden die verschiedenen Früchte geerntet – zuerst die Kirschen, später die Zwetschgen, dann die Äpfel und Birnen. Die Walnüsse entwickelten sich in ihrer hellgrünen Schale, bis sie reif waren und gegen Ende des Sommers gepflückt und geschält werden konnten. Mit dem Dreschen fing man im August an; zuerst war der Weizen und dann der Roggen an der Reihe. Die Pächter brachten ihre beladenen Wagen zur Dreschmaschine, die den ganzen Tag bis in die Nacht hinein in Betrieb war und die Spreu von den Körnern trennte. An das eine Ende der Maschine wurden Säcke gebunden, und wenn ein besonderer Hebel umgelegt wurde, landeten die reifen Getreidekörner in den Säcken. In einem bestimmten Tempo und begleitet von einem unglaublichen Lärm, kam das zu einer kompakten Masse zusammengepreßte Stroh sauber gebündelt am anderen Ende der großen Maschine heraus.

Zur Sommersonnenwende fand in Tab ein Jahrmarkt statt. Anläßlich dieses ländlichen Spektakels wurden große Zelte aufgestellt. Dieses Ereignis, das die allgemein herrschende Armut überdeckte, führte Tiere, Feldfrüchte, Bauern und Händler zusammen. Obwohl Bernie nicht zum Jahrmarkt gehen durfte, gelang es ihm doch manchmal, sich davonzustehlen und dem dortigen Treiben zuzusehen.

Zu Beginn des Winters wurden die Schweine geschlachtet. Von Sonnenaufgang bis Sonnenuntergang hörte man im ganzen Dorf die verendenden Tiere quieken. Das aus ihren Halsschlagadern fließende Blut wurde gesammelt, und am Abend wurden dann in einem riesigen Topf Würste gekocht.

Im Winter hinterließen unsere Schuhe Spuren im Schnee, während wir in der Hand die Laternen hielten, die uns in der finsteren Nacht den Weg nach Hause beleuchteten. Und wenn es viel geschneit hatte, war das Dorf am nächsten Morgen in eine Zauberlandschaft verwandelt. Zeitlose Augenblicke der Jahreszeiten, ohne Anfang und ohne Ende. Hier decken sich die Erinnerungen des Jungen aus Tab mit denen des Jungen aus Kleinheubach.

Aber diese Zeiten gingen zu Ende. Für Bernie endeten sie im frühen Frühjahr des Jahres 1944, als die Rhythmen der Jahreszeiten vom Gebrüll der Nazis abgelöst wurden. Diese barschen neuen Stimmen machten Schluß mit dem Leben, wie es die Juden von Tab gekannt hatten, und nach nicht einmal drei Monaten befahlen sie ihre Deportation und

Vernichtung in Auschwitz. Dort oder in anderen Lagern wurden die meisten Juden aus Tab umgebracht – Bernies gebildete Mutter, die glaubte, ein schwaches Herz zu haben, und die strenge Tante Libby aus Kiskunhalas, und die Onkel Josef und Willy und ihre Kinder, und Bernies Vater, der von seiner Arbeit so absorbiert gewesen war, und die nette unverheiratete Tante aus Tab, und Bernies kleiner Bruder, Alexander, ein begabter Zeichner von Pferden und, falls er zu jenem Zeitpunkt noch lebte, der weise und gelehrte Großvater aus Kiskunhalas, und der fromme orthodoxe Jude vom Nachbarplatz in der Synagoge, dessen Buch Bernie geklaut und der bei Bernies Vater um Milde für ihn gebeten hatte. Und … und … und. Diese Aufzählung hat kein Ende. Der einzige Überlebende unter den Familienmitgliedern, den Freunden und Bekannten war der Engel Tralala.

. . .

Das im Maintal gelegene Dorf Kleinheubach war eine der wenigen protestantischen Enklaven in einem ansonsten katholischen Landstrich in Unterfranken im nordwestlichen Bayern. Viele der Familiennamen dort sind hugenottischen Ursprungs, wie zum Beispiel Dauphin, Zink und Willared. In den frühen 1930er Jahren kannte man, ebenso wie in Tab, noch keine Nachrichten im heutigen Sinne. Wenige Dorfbewohner hatten genug Geld, um sich die Zeitungen, die es gab, auch zu kaufen. Und nach Hitlers Machtergreifung berichtete die Presse alles andere als frei und objektiv. Das Dorf wurde aus seinem ländlichen Schlummer geweckt, als die wohlhabenderen Familien ein Radio bzw. einen «Volksempfänger» erstanden. Dieses von den Nazis auf den Markt gebrachte Gerät wurde billig angeboten, so daß die Dorfbewohner anfangen konnten, an den Ereignissen der Außenwelt teilzuhaben. Und so hörte man

Operetten von Franz Lehár aus Wien, Übertragungen von Fußballspielen aus Rom und Amsterdam, Hitlerreden aus Berlin und Nazi-Propaganda über Deutschlands hehre Vergangenheit und über die mörderischen Absichten seiner Feinde.

Wenn Hitlers Reden gesendet wurden, kamen die Aktivitäten im Dorf, wie auf Wink eines unsichtbaren Zauberstabs, fast zum Erliegen. Wer durch die menschenleeren Straßen nach Hause eilte, konnte da und dort durch die offenen Fenster, ja sogar durch die Mauern einiger Häuser die im Stakkato sprechende Stimme des Führers dröhnen hören. Seine Stimme schien allgegenwärtig zu sein, während die Familie sich um ihr Rundfunkgerät versammelte und den heroischen Geschichten aus dem Ersten Weltkrieg und ominösen Behauptungen lauschte, daß die Leute außerhalb Deutschlands bereit seien, die «deutsche Seele» zu vernichten. Eine Möglichkeit für die Einwohner, sich über die Ansichten der NSDAP, der Nazipartei, zu informieren, bot die Wochenzeitung *Der Stürmer*, die in einem Glaskasten an einer Mauer auf der Hauptstraße ausgehängt war. Jeder wußte, in welchem Ruf ihr Herausgeber, Julius Streicher, der Inbegriff eines Nazis und Antisemiten, stand. Die in Nürnberg gedruckte Wochenzeitung triefte geradezu von giftiger Propaganda gegen die Juden.

Hitler war am 30. Januar 1933 an die Macht gekommen, und noch im Herbst desselben Jahres zog mein Vater mit meiner Mutter und mir von San Francisco zurück nach Kleinheubach. Obwohl er deutscher Staatsbürger war, hatte mein Vater in Kalifornien, in der Bay Area, in Kinoorchestern als Berufsgeiger gearbeitet. Aber die Weltwirtschaftskrise wirkte sich noch aus, und außerdem hatten die Kinoorchester mit Einführung des Tonfilms ausgedient. Ich war damals drei Jahre alt. Wie mein Vater mir einmal erklärte, kehrte er nicht etwa nach Deutschland zurück, um ein Nazi zu werden, sondern um seine Frau und seinen Sohn ernähren zu können. Anderen Familiengeschichten zufolge sollten die Briefe ihn dazu bewogen haben, die seine Familie und seine Freunde ihm nach Kalifornien schickten und in denen die glänzende Zukunft gepriesen wurde, die sich allen Deutschen eröffnen würde, die bereit seien, sich der Nazibewegung anzuschließen.

Als wir in Deutschland eintrafen, hatte das Ermächtigungsgesetz bereits die Gewalt über den deutschen Staat in die Hände von Adolf Hitler gelegt. Alle oppositionellen Parteien waren verboten, alle Gewerkschaften aufgelöst, alle nichtarischen Staatsdiener entlassen, und die Berufsausübung der Juden war weitgehend eingeschränkt worden. Außerdem hatte man in Dachau und Oranienburg die ersten Konzentrationslager eingerichtet.

In jenem Jahr, also 1933, hatte Kleinheubach 48 jüdische Einwohner – 23 Männer und 25 Frauen –, von denen mindestens vier in das Konzentrationslager Dachau geschickt wurden.[2] Drei von ihnen – Adolf Sichel, Theodor Weil und Ernst Sichel, der den Spitznamen «Judenernst» trug – waren im März gemeinsam verhaftet und eingesperrt worden. Ohne Gerichtsverfahren oder Urteil wurden sie nach Dachau geschickt. Auch Fritz Sichel wurde festgenommen und im Mai in einer gesonderten Aktion nach Dachau verbracht. Er wurde Ende 1935 freigelassen und konnte 1937 nach Amerika emigrieren. Ernst Sichel wurde nach sechzehn Monaten entlassen und wanderte später nach Argentinien aus. Theodor Weil war sechs Jahre lang eingesperrt, bevor er freigelassen wurde und 1939 in die Vereinigten Staaten emigrierte. Adolf Sichel wurde ebenfalls entlassen, schaffte es aber nicht mehr, Deutschland zu verlassen; er kam 1942 im Konzentrationslager Majdanek in Polen um. In den folgenden neun Jahren, während ich heranwuchs, starben bis zum 23. April 1942, dem Tag, an dem die letzten drei Juden in Vernichtungslager deportiert wurden, acht Juden eines natürlichen Todes und wurden auf dem jüdischen Friedhof beerdigt. 16 Juden zogen zwischen 1935 und 1941 innerhalb von Deutschland um, und 19 gelang es, nach Palästina, in die Vereinigten Staaten, nach Venezuela und Argentinien auszuwandern. Über das Schicksal von zwei Juden geben die Aufzeichnungen keine Auskunft.[3]

In dem Jahr, in dem ich fünf wurde, verboten die Nürnberger Gesetze Ehen zwischen Juden und Christen, und den Juden wurde ihre deutsche Staatsangehörigkeit aberkannt.

. . .

Nach unserer Ankunft in Kleinheubach zogen wir zu meinen Großeltern väterlicherseits. Erst unlängst erfuhr ich aus einem Brief, den einer meiner Onkel 1933 an seine Verlobte schrieb, daß ich mich auf Deutsch nicht verständigen konnte. Dieser Onkel, der ihr unsere Ankunft schilderte, berichtet stolz, wie er seinem dreijährigen Neffen aus Amerika die ersten deutschen Worte beigebracht habe. Sie lauteten: «Heil Hitler!» Mein Vater fand seinen ersten Job als Klavierspieler in einem Hotel. Schon bald aber bekam er im Dienst der Nazipartei eine bessere Stelle. Ein Nazi, der für die DAF, die Deutsche Arbeitsfront, den Arbeiterflügel der NSDAP, tätig war, hatte von seiner musikalischen Begabung gehört und ihn aufgefordert, in der Abteilung KDF, «Kraft durch Freude», zu arbeiten. Diese Abteilung der DAF war mit der Organisation gesellschaftlicher Ereignisse und der Freizeit- und Feriengestaltung der Arbeiter betraut mit dem Ziel, sie von ihren sozialistischen Neigungen abzubringen und an die Nazipartei zu binden. Mein Vater war auf einen besseren Job erpicht, und als dieser Nazifunktionär erfuhr, daß er noch kein Mitglied der Partei war, weil er erst kurz zuvor aus Amerika zurückgekehrt war, sorgte er dafür, daß mein Vater rückwirkend, ab März 1933, in die Partei aufgenommen wurde – ein Datum, das seinen Rang erhöhte. Die Deutschen, die der NSDAP beigetreten waren, bevor Hitler an die Macht kam, galten als die «besten», zuverlässigsten Nazis. Diese Elite der sogenannten «Alten Kämpfer» erfreute sich in der Partei auch des höchsten Ansehens. Dieser zweifelhaften Ehre konnte mein Vater natürlich nicht mehr teilhaftig werden, gleichwohl vergrößerte ein möglichst früher Parteieintritt das Renommee des Parteigenossen, so daß die Rückdatierung lohnend schien.

Während das Alltagsleben von Bernie Rosners Familie vom orthodoxen Judentum bestimmt war, spielte in meinem die Politik eine wichtige Rolle. Die Erwachsenen in unserem Haus waren ständig in Aufruhr wegen irgendwelcher Ereignisse, die irgendwo in der Ferne stattfanden, wegen irgendwelcher Dorfgerüchte und sogar wegen irgendwelcher Meinungen, die nur im engsten Familienkreis geäußert wurden. Meine Familie war politisch gespalten. So kam es zwischen meinem Onkel Ernst, einem Kommunisten, einerseits und meinem Vater andererseits zu häufigen Wortgefechten. Mein Großvater, ein Konservativer, der sich immer noch zur Monarchie bekannte, bestand darauf, daß die Auseinandersetzungen auf «die eigenen vier Wände» beschränkt blieben – eine oft verwendete Floskel. Selbst ein Mensch, der so gesprächig war wie ich als Kind, lernte, den Mund zu halten, sobald außerhalb unseres Hauses politische Ansichten geäußert wurden.

Eine meiner frühesten Erinnerungen an das Familienleben bezieht sich auf diese hitzigen Streitereien unter rivalisierenden Brüdern. Wenn es nicht um Politik ging, dann stritten sie darüber, wer die Komponisten der Musikstücke, die über unser neu angeschafftes Radio gesendet wurden, am schnellsten identifizieren konnte. Diese musikalischen Wettbewerbe gewann meistens mein jüngster Onkel, der stille und zurückhaltende Ludwig, der normalerweise vor politischen Kontroversen zurückschreckte. Obwohl der politische Graben in der Familie tief war, waren sich alle Erwachsenen mit den Nazis über die «finsteren Zeiten» der Arbeitslosigkeit und des kulturellen Niedergangs im Deutschland der Weimarer Republik einig. Ich erinnere mich an Broschüren in unserem Hause, die nicht nur die hohe Kriminalitätsrate der Weimarer Zeit kritisierten, sondern auch ihre «entartete» Kunst. Die Mitglieder der Familie Tubach waren ausnahmslos antimodernistische Verteidiger der klassischen Kunst und Musik, also der «hohen Kunst», und fühlten sich von den Strömungen der Moderne bedroht. Ich erinnere mich an das Wortspiel meines Großvaters Tubach mit dem Namen des Komponisten Hindemith: «Hindemith, her damit, weg damit.»

Ungeachtet der Art und Weise, wie die Debatten abliefen und wie die Allianzen, die sich in den verbalen Schützengräben bildeten, aussahen, versorgte meine Großmutter, die mich nach dem Tod meiner Mutter aufzog, alle mit Essen und Trinken – was sie in erster Linie aus der dürftigen Kriegsinvalidenrente meines Großvaters aus dem Ersten Weltkrieg bestritt. Während der Weltwirtschaftskrise, die bis Mitte der 1930er Jahre dauerte, fügten meine Onkel und mein Vater dieser kleinen, aber regelmäßigen Einkommensquelle das Einkommen hinzu, das sie von ihren verschiedenen Jobs nach Hause brachten. Als Angestellter der NSDAP verfügte mein Vater jedoch immer über mehr Geld als die anderen.

Ich bekam das schon alles mit und war fasziniert von der Spannung, die die Außenwelt in unserem Haushalt auslöste. Da ich andere gut nachahmen konnte, wurde ich häufig aufgefordert, Hitler oder den protestantischen Pfarrer des Dorfes, Herrn Wagner, zu imitieren. Ich hatte einen guten Blick für persönliche Eigenheiten, und jeder in unserem Haus, ob Monarchist, Nazi oder Kommunist, bog sich vor Lachen über meine Hitlerrede oder meine Version einer salbungsvollen Predigt. Aber mir wurde strikt untersagt, dieses Talent jemals außerhalb der eigenen vier Wände unter Beweis zu stellen. Einmal verstieß ich gegen dieses Verbot und bereitete meinem Vater damit großen Kummer. Während eines Besuchs bei der Schwester meines Vaters, meiner Tante Gretel in Nürnberg, nahm mich mein Vater mit auf einen Spaziergang über das Reichsparteitagsgelände, wo er mir das Betonpodium zeigte, von dem aus Hitler während der Massenversammlungen der Partei sprach. Für einen kleinen Jungen war die Versuchung zu groß. Ich flitzte die Stufen hinauf und ließ meine Hitler-Imitation vom Stapel. Mein Vater sprang mir nach, riß mich weg und verschwand mit mir in der sonntäglichen Menschenmenge, die durch die Arena bummelte.

Viele Männer aus unserem Dorf liefen in Uniform herum; aus Gründen, die ich nicht nachvollziehen konnte, waren sie mal zornig, mal begeistert, aber was immer sie taten – es erweckte stets den Eindruck von Wichtigkeit. Einmal hatte der sanfte Onkel Ludwig Gelegenheit, an der wichtigsten Versammlung der NSDAP teilzunehmen, die jedes Jahr in Nürnberg abgehalten wurde, und ich erinnere mich, wie er strahlend nach Hause kam, getragen von einer Begeisterung, die für seine schüchterne Natur völlig untypisch war. Die ganze Familie mokierte sich nun über Ludwigs «inneren Reichsparteitag» – eine Redensart, die zu jener Zeit weite Verbreitung fand und für jede glückliche Erfahrung oder Gefühlsaufwallung stand. Obwohl mein Vater für die Partei arbeitete, schätzte er Ludwigs zeitweilige Verwandlung nicht und verspottete ihn deswegen. Tatsächlich hatte er einen Blick für das Pathos der Nazis – von den im Stechschritt marschierenden Soldaten bis zu Hitlers theatralischem Getue – und machte sich selbst gern darüber lustig. Einmal traf mein Vater bei einer Versammlung in Nürnberg zufällig Julius Streicher, den Gauleiter der NSDAP in Franken und Herausgeber der Wochenzeitung *Der Stürmer.* Irgendwann im Laufe des Abends breitete Streicher eine Karte vom Mond auf dem Tisch aus und sprach allen Ernstes davon, daß die Deutschen ihn am Ende besiedeln würden. Mein Vater fand das urkomisch und hielt seinen Vorgesetzten schlicht für verrückt.

Mein Vater hatte das Leben eines Musikers in der großen, weiten Welt der zwanziger und frühen dreißiger Jahre in Amerika gekannt und jedermann gern erzählt, wie rücksichtsvoll die Amerikaner waren. Er wollte einerseits im Interesse seiner Beförderung seinen Nazi-Oberen gefallen, aber es machte ihm andererseits auch Spaß, seine Umgebung mit seinem smarten Weltbürgertum zu beeindrucken.

Während die Männer dazu neigten, merkwürdig hin und her zu schwanken, blieb meine Großmutter unverrückbar immer dieselbe und immer gleich freundlich. Das Haus meiner Großeltern war das stabilste Element in meinem jungen Leben – solange meine Großmutter sich darin befand. Sobald sie aber das Haus verließ, und sei es auch nur für eine kurze Reise, fühlte ich mich verloren und unwohl. Um mich zu beruhigen, pflegte ich dann auf das große Photo im Wohnzimmer zu starren, das sie als schöne junge Frau zeigte. Wenn ich aus dem Haus war, freute ich mich, ihre Stimme zu hören, die mich auf eine Brotzeit nach Hause rief. Ich wußte, daß ich, sollte ich sie darum bitten, eine Semmel mit meiner Lieblingsleberwurst bekommen würde. Sobald mich Zahnweh plagte, rieb sie etwas Muskatnuß, die ich auf die schmerzende Stelle streuen mußte. Während eines der endlosen, heißen Sommer meiner Kindheit sah ich sie eines Tages eine ungepflasterte Straße hinaufhasten, wodurch ihr etwas stockender Gang noch mehr auffiel. Mit ihrer Hand schirmte sie etwas gegen die Sonne ab, und als sie näher kam, streckte sie mir die Tüte mit dem schmelzenden Vanilleeis entgegen, die sie für mich nach Hause getragen hatte. Wenn sie überhaupt einen Fehler hatte, dann den, daß sie sich mit Vorliebe schöne Kleider kaufte – sehr zum Leidwesen meines Großvaters.

Vor den wenigen Ausflügen, die ich mit ihr unternahm und die mir als Abenteuer schmackhaft gemacht wurden, schreckte ich eher zurück, besonders nachdem der erste völlig danebengegangen war. Auf unserem Weg in das Dorf ihres Vaters in der Nähe von Würzburg – Königshofen, wo er Bürgermeister gewesen war – stiegen wir nämlich in den falschen Zug und landeten in Walldürn, einem berühmten katholischen Wallfahrtsort. Nachdem wir eine Stunde mit den Bahnbeamten verhandelt hatten, wurden wir in einen der gerammelt vollen Pilgerzüge gesetzt, in dem Hunderte von Leuten ihre katholischen Gebete aufsagten. Ich war gezwungen, zwischen den betenden Fremden zu stehen, und konnte mich nicht einmal bis zum WC am Ende des Waggons durchkämpfen, während draußen eine mir unbekannte Landschaft vorüberzog. Erst nach mehrfachem Umsteigen kamen wir, durchgerüttelt und erschöpft, endlich in Großmutters Heimatdorf an. Mir war es viel lieber, wenn sie zu Hause und ich bei ihr blieb, wo alles vertraut und ungefährlich war.

Das Haus meiner Großeltern lag unweit des Bahnhofsgeländes – eines wunderbaren und verbotenen Spielplatzes. Umgeben von Büschen, Bäumen und hohem Gras bot es großzügige Versteckmöglichkeiten vor dem Bahnhofsvorsteher, der von Zeit zu Zeit auftauchte, um mich und meine kleinen Freunde zu verscheuchen. Mein Großvater war Lokführer gewesen, und er erzählte mir Geschichten über Truppentransportzüge, die er im Ersten Weltkrieg bis nach

Rußland gefahren hatte. Ein Frontalzusammenstoß mit einem anderen Zug, in dessen Folge er beinahe völlig erblindete, hatte seine Laufbahn beendet. Eines Tages nahm er mich mit, um mir eine Lokomotive zu zeigen, die auf einem der Nebengleise des Bahnhofs Halt machte. Ich durfte auf die Zugführerplattform steigen, während der Lokführer die schwere Metalltür öffnete, damit ich ins Innere des tosenden Ofens im Bauch der Lokomotive blicken konnte.

Die Geräusche der Dampfloks, die an der Bahnstation anfuhren, gehörten ebensosehr zu meinem Alltagsleben wie das Ticken und Schlagen der Großvateruhr im Wohnzimmer oder das Gegacker der Hühner im Hinterhof. Im Gegensatz zu Tab hielten in Kleinheubach Züge aller Art – nicht nur Züge im normalen Personenverkehr, sondern auch solche, die gefüllt waren mit katholischen Pilgern auf ihrem Weg nach Kloster Engelberg, dem Kloster auf der anderen Seite des Mains, oder auch Züge, die die Arbeiterorganisation der NSDAP für irgendwelche Ausflüge eingesetzt hatte. Diese letzteren Züge waren manchmal mit Flaggen und Hakenkreuzen geschmückt und brachten Arbeiter aus den Industriegebieten Deutschlands für ein paar Tage ins Maintal, wo sie Aufmärsche, Reden und Erholung auf dem Lande genießen sollten.

In unserem Haushalt spielte Musik eine wichtige Rolle. Im Jahr 1900 hatte mein Großvater in Mannheim einen Männerchor gegründet. Einer seiner Brüder, mein Pate und Namensgeber, hatte sich von der Kurstadt Baden-Baden bis zum Orchester des Golden Gate Theaters in San Francisco in den 1920er Jahren durchs Leben gegeigt. Er war es, dem mein Vater nach San Francisco folgte, wo sie beide im selben Orchester und dann im Paramount Theater-Orchester in Oakland Geige spielten. Meine Cousine Lore war am Nürnberger Konservatorium eine glänzende Klavier- und Cembaloschülerin. Bei einem unserer gefürchteten Familien-Konzertwettbewerbe mußte ich einmal gegen sie antreten. Sie spielte mit Leichtigkeit Chopins *Minutenwalzer*, während mir nur eine stotternde Wiedergabe von Mozarts *Rondo alla turca* gelang. Wütend über meine Inkompetenz, sagte mir mein Vater, daß ich uns beide vor der ganzen Familie blamiert hätte. Danach verabscheute ich das Klavierüben noch mehr als je zuvor.

Obwohl er meistens abwesend war, spielte mein Vater in meinem Kopf eine große Rolle. Er war kein *Irgendjemand* im Dorf, der sich ans Radio drängte und passiv dem lauschte, was in der Welt draußen vor sich ging. Er nahm vielmehr aktiv an «wichtigen Ereignissen» teil und organisierte in seiner KDF-Funktion Aufenthalte von Arbeitern in unserer ländlichen Gegend. An den Wochenenden kam er nach Hause und versuchte, sein Defizit an väterlicher Präsenz während der übrigen Woche dadurch wettzumachen, daß er meine Fortschritte in der Volksschule noch stärker kontrollierte. In der Regel entsprachen diese nicht seinen Erwartungen, obwohl ich niemals wirklich begriff, was er eigentlich von mir wollte. Es gab so viele Dinge, die ich nicht verstand, und niemand, auch nicht mein Vater, machte sich die Mühe, sie mir zu erklären. So wollte mir zum Beispiel nicht in den Kopf, warum der Buchstabe *q* nicht genau so selbständig war wie die anderen Buchstaben, sondern immer von einem *u* begleitet werden mußte. Wenn man mir sagte, ich solle die *zweite Stimme* singen, glaubte ich, ich müßte meine Stimme irgendwie aufspalten und zwei verschiedene Noten gleichzeitig singen. Meine Lehrer konnten nicht nachvollziehen, daß der Sohn eines Musikers so unbegabt sein konnte.

Ich erinnere mich, daß ich das Wort *Bäumchen* dreimal nacheinander falsch schrieb und mein Vater tobte, weil aus mir nie etwas werden würde. Der Unterricht bei meinem Vater endete oft mit Schlägen. Als ich endlich anfing, ein wenig zu lesen, sorgte er dafür, daß meine Lehrerin in der zweiten Klasse, mit der er befreundet war, mir ein Lesebuch voller antisemitischer Geschichten gab. Mit sieben Jahren konnte ich gut genug lesen, um zu sehen, daß auf unserem kitschigen Küchenkalender alle zwölf Verse – einer für jeden Monat des Jahres – mit dem Wort «Deutschland» begannen. Als ich meinen Vater fragte, warum keiner mit «England» oder «Frankreich» oder «Italien» anfing, antwortete er: «Das kannst du nicht verstehen.» Wie ich es bereits mit der Musik getan hatte, zog ich mich auch in bezug auf meine Schularbeiten in das Reich meiner Phantasie zurück, wo ich selbst kontrollieren konnte, was passierte.

Als ich neun Jahre alt war – sechs Jahre nach dem Tod meiner Mutter –, beschloß mein Vater, wieder zu heiraten. Er hatte herausgefunden, daß der geachtete Hufschmied des Dorfes, Heinrich Zink, eine noch unverheiratete Tochter hatte. Als er 1939 Maria Zink heiratete, bedeutete dies das Ende des angenehmen vertrauten Zusammenseins mit meiner gütigen Großmutter, die mich sechs Jahre lang aufgezogen hatte.

Nach der Hochzeit und in der Zeit, als mein Vater in einem kleinen, flußabwärts gelegenen Dorf namens Trennfurt eine Tätigkeit als Zivilist übernommen hatte, lebten wir etwa neun Monate lang zu dritt als Familie – Patriarch, Ehefrau und Sohn – zusammen. Ich war sehr unglücklich. Meine vierunddreißig Jahre alte Stiefmutter und ich entwickelten so etwas wie ein statistisches Spiel und zählten die Abende, die mein Vater mit uns zu Hause verbrachte, und die Anzahl der Abende, an denen er ausging und erst lange, nachdem wir beide eingeschlafen waren, zurückkam. Ich erinnere mich an das Ergebnis: Auf zehn Abende, die er nicht zu Hause war, kam einer, den er mit uns zu Hause verbrachte. Obwohl er jetzt kein Ganztagsangestellter der NSDAP mehr war, pflegte er die Freundschaft mit seinen

Nazikumpeln weiter, von denen ich einige namentlich kannte. Sie saßen ganze Abende in Kneipen, bekannten Nazitreffs, herum und tranken. Ich wußte, daß meine Stiefmutter seine Freunde verachtete, und seine häufige Abwesenheit verstärkte meine Enttäuschung. Später, als ich älter war, war ich auch in politischer und moralischer Hinsicht von ihm enttäuscht.

Obwohl er sich so viel freie Zeit für seine Sauftouren gönnte, muß mein Vater zu dem Schluß gekommen sein, daß sein Leben immer noch zu häuslich war, denn er meldete sich 1940 freiwillig zur Wehrmacht. Ehe er abreiste, sorgte er dafür, daß meine Stiefmutter mit mir zu ihrer Familie nach Kleinheubach zurückzog. Dann verschwand mein Vater, abgesehen von gelegentlichen Auftritten während seiner Urlaube vom Militär, für die nächsten sieben Jahre von der Bildfläche.

Der Umzug mit meiner Stiefmutter, zu der ich «Mama» sagte, in das kleine Haus des Hufschmieds veränderte mein Leben. Mein Stiefgroßvater Zink holte uns in Trennfurt ab, und zwar mit einem Fuhrwerk, das von zwei Kühen gezogen wurde. Wir luden unsere Habseligkeiten auf den Karren und brauchten für die etwa acht Kilometer lange Reise das Tal hinauf bis zum Haus des Hufschmieds den Rest des Tages. Sobald ich mich in meinem neuen Heim eingelebt hatte, wurde mein tägliches Leben von den Jahreszeiten bestimmt. Ich lernte, auf den Feldern der Familie Zink zu arbeiten, im Frühjahr Heu zu mähen und zu bündeln, Kartoffeläcker zu jäten, Heidelbeeren im Wald zu pflücken – eine ermüdende Plackerei – und im Frühsommer Roggen und Weizen zu ernten. Im Herbst pflückten wir Äpfel und gruben mit Hacken Kartoffeln aus der Erde. Wir benutzten für diese Arbeit Hacken, weil mein Stiefgroßvater der Meinung war, daß ein von Kühen gezogener Pflug zu viele Kartoffeln beschädigen würde.

Trotz der schweren Feldarbeit ging mit meiner neuen Großfamilie alles gut. Ich wurde von den Zinks vollkommen akzeptiert und gut behandelt. Meine Stiefmutter, die natürlich viel jünger war als meine Großmutter, war für die Aufgabe, mich zu erziehen, besser geeignet als diese. Heute ist mir klar, daß mein Vater Maria Zink nur geheiratet hatte, damit sie mich großzog, aber mir gegenüber äußerte sie deswegen niemals irgendeinen Groll. Ganz im Gegenteil: Sie war liebevoll und freundlich zu mir. Obwohl ich für meine neue Familie eine zusätzliche Hilfe in der Landwirtschaft bedeutete, drängte mich meine Stiefmutter mehr als alle anderen, im Gymnasium, das ich jetzt im nahegelegenen Miltenberg, ein paar Kilometer mainaufwärts, besuchte, eifrig zu lernen.

Wichtiger für meine Erziehung als dieses Interesse an meiner Bildung war, daß meine neue Familie den Nazis ablehnend gegenüberstand. Die Gegnerschaft der Zinks zu Hitlers Regime war eindeutig und wurde Mitgliedern der Familie und engsten Freunden gegenüber bisweilen offen, aber niemals außerhalb eines genau begrenzten Kreises, geäußert. In ihrer bodenständigen fränkischen Mundart erzählten sie gern Antinazi-Witze. Ich erinnere mich an einen, den mein Stiefgroßvater erzählte und für den er hätte eingesperrt werden können:

Frage: «Was hod der Hitler dem Mussolini gsacht?»
Antwort: «Wenn's schepp geit mit Pole, duschd du widder mauern und isch widder mole.»

Die Familie Zink hatte ein gutes Gedächtnis. Fehden mit anderen Familien wurden niemals vergessen, aber ebensowenig Missetaten, die an Juden begangen wurden. Ich entsinne mich, daß mein Stiefgroßvater, als ein bestimmter Nazischläger aus dem Krieg heimkehrte und den linken Arm amputiert hatte, behauptete, das sei genau der Arm gewesen, mit dem dieser die Seiten aus einem Hauptbuch gerissen hatte, in dem seine Schulden in einem jüdischen Geschäft verzeichnet waren. Er hatte ihn von der anderen Straßenseite aus dabei beobachtet. Die Zinks waren rechtschaffene Leute, die sonntags in die Kirche gingen, aber unter der Woche nicht beteten. Ich teilte ein Zimmer und ein Doppelbett mit meinem Stiefgroßvater. Jeden Abend, wenn er nach einem Tag harter Arbeit unten in der Schmiede neben mir zu Bett ging, sagte er nicht etwa ein Gebet auf, sondern entkorkte eine Flasche Zwetschgenschnaps, nahm einen großen Schluck und begann fast sofort zu schnarchen.

In der Familie Zink gab es eine unverheiratete Tante, die mehrere Unterröcke trug. Aus irgendeinem Grund, den nur sie und ihr Bruder, der Hufschmied, kannten, sprachen die beiden kein Wort miteinander. Sie lebte abgeschieden in einem Zimmer, das vom übrigen Haus getrennt war und das niemand betreten durfte. Durch den Vorhang ihres Fensters konnte ich getrocknete Kräuter, Blumen und Früchte sehen, die von der Decke und an den Wänden hingen – Mittel, die gegen jedes nur denkbare Leiden, das die Familie oder Freunde befallen konnte, eingesetzt wurden. Neben ihrer Betätigung als Heilkräuterspezialistin schrieb sie Gedichte und produzierte im Laufe der Jahre mehr als hundert Seiten fein säuberlich mit der Hand geschriebener Gedichte, die jedes Fest in der Familie und im Dorf feierten. Ans Ende jedes Gedichts setzte sie ein: «Heil Hitler!»

Zum Verdruß ihres ordnungsliebenden Bruders besaß diese Tante gleich am Rand des Dorfes ein eigenes Stück Land, das im Vergleich zu den akkurat gepflügten Äckern ringsum wie ein Dschungel aussah – für Kinder der ideale Ort zum Versteckspielen. Diese *Schloßtante* – so genannt, weil sie für den Fürsten von Löwenstein gearbeitet hatte, dessen Stammschloß in der Nähe, am Ortsrand, stand – wurde von jedem Kind in Kleinheubach geliebt, denn ihre

Taschen waren immer mit Bonbons gefüllt. Ich kam mir privilegiert vor, weil ich zur selben Familie gehörte wie die *Schloßtante*. Sie nahm mich spätabends auf Spaziergänge mit und erklärte mir die Namen aller Sternbilder, vom Großen Wagen bis zu den Plejaden. Für einige dieser Sternbilder verwendete sie statt der gelehrter klingenden griechischen Namen Dialektausdrücke, Tiernamen wie Henne, Pferd oder Kuh. Für sie war die Milchstraße die Straße, die Gott auf den Himmel gezeichnet hatte, damit die guten Menschen ihren Weg in den Himmel finden konnten. Ich bin mir sicher, daß sie glaubte, jeder Kleinheubacher würde dorthin kommen – jeder, nur nicht ihr Bruder. Nach dem Krieg vergaß sie nicht, die «Heil-Hitler!»-Zeilen unter ihren zahllosen Gedichten sorgfältig mit einer Schere herauszuschneiden.

. . .

Etwa zu der Zeit, als mein Vater zur Wehrmacht ging und meine Stiefmutter und ich in das Haus ihrer Eltern zogen, wurde ich zehn und kam automatisch in die Knabenabteilung der Nazi-Jugendbewegung, das Deutsche Jungvolk. Die Mitgliedschaft in der Hitler-Jugend war für alle nichtjüdischen Jungen obligatorisch. Nichtjüdische Mädchen mußten den Deutschen Jungmädeln beitreten und dann dem Bund deutscher Mädel, BDM. Als Teenager entwickelte ich Interesse am Singen, ein Talent, das vom Jungvolk gefördert wurde. Als ich dreizehneinhalb war, kannte ich mehr deutsche Volks- und Marschlieder als irgendeiner meiner gleichaltrigen Freunde und wurde für diese Leistung mit dem Posten eines Singführers ausgezeichnet. Bei den seltenen Gelegenheiten, bei denen ich noch ein Klavier anrührte, spielte ich die Passagen, die mir gefielen, sehr langsam, während ich die, die ich nicht mochte, rasend schnell herunterhämmerte. Ich versuchte nun, diese schwankenden Tempi, zusammen mit dem Text und den Melodien der Nazilieder, den Jungen im Deutschen Jungvolk beizubringen. Aber weil wir zu diesen Liedern im Gleichschritt marschieren sollten, war mein eigenwilliger «Rubato»-Stil nicht wohlgelitten. So schnell, wie man mich befördert hatte, wurde ich wieder disqualifiziert und zum einfachen Marschierer degradiert.

Meine Degradierung hatte ich nicht nur meinen launischen Tempi zu verdanken. Mein Kumpel Ludwig Bohn und ich fehlten so oft, daß man uns beschuldigte, die Moral der ganzen Gruppe zu untergraben. Wir wurden zum Hauptquartier der Hitler-Jugend nach Miltenberg beordert, wo wir uns verteidigen sollten, und da wir dort in unserer Alltagskleidung ankamen, wurden wir sofort gerüffelt, weil wir keine Uniform trugen. Als man uns fragte: «Legt ihr denn keinen Wert auf euren Rang?» geriet der vollkommen eingeschüchterte Ludwig aus dem Konzept und antwortete: «Wir legen überhaupt keinen Wert auf unseren Rang!» Als die Gruppenführer seine konfuse Antwort als Unverschämtheit mißverstanden, verbesserte sich Ludwig schnell und behauptete nun das Gegenteil: «Wir legen enormen Wert auf unseren Rang!» Die verantwortlichen Nazi-Adepten kamen zu dem Schluß, daß wir zu jung waren, um bestraft zu werden, aber sie drohten uns an, statt dessen unsere Eltern zu bestrafen, und verlangten die Adresse meines Vaters. Ich sagte: «Mein Vater ist nicht zu Hause und kämpft im Krieg.» Meine freche Antwort erboste die Rüpel erneut, und sie schoben uns beide buchstäblich aus der Tür hinaus und die lange Steintreppe hinunter. Doch damit war die Sache erledigt und hatte weder für Ludwig noch für mich noch für unsere Familien irgendwelche Folgen.

Einmal pro Woche mußten wir uns zum Appell melden, auf den Nazi-Indoktrination, Märsche und paramilitärische

Feldspiele folgten. Alle machten genau dasselbe – sangen im Gleichtakt, marschierten im Gleichtakt, brüllten im Gleichtakt und spulten quasi-religiöse Phrasen über die Höhepunkte in Hitlers Leben herunter. Für meine üblichen Phantasien blieb kaum Zeit. Nur um ein konträres Element in dieses strikte Reglement einzuführen – aus keinem tieferen Grund –, nahm ich einmal die winzige amerikanische Flagge, die meine Eltern 1933 aus den Vereinigten Staaten mitgebracht hatten, und schob sie unter mein braunes Nazihemd, so daß es während der Deutschen Jungvolk-Übungen versteckt war. Ich hatte die Flagge von ihrem kleinen, schwarzen Holzmasten mit der goldenen Spitze entfernt, und der Seidenstoff, aus dem sie angefertigt war, fühlte sich weich an auf meiner Haut. Mein straff gezogener Gürtel verhinderte, daß sie hinunterrutschte und aus den Hosenbeinen fiel. Ich genoß das Gefühl des Andersseins, das mir dieser versteckte Gegenstand verschaffte. Mir war voll bewußt, daß ich in San Francisco geboren war, aber irgendwie war mir auch klar, daß mein heimliches Spiel mit der amerikanischen Flagge gefährlich war, vielleicht nicht für mich, sondern für meine Familie, in deren Besitz sie sich befand.

Die Politik der Nazis und der Krieg wirkten sich auch auf meine Schulzeit aus. Meine Lehrer im Gymnasium in Miltenberg waren entweder sehr gut oder sehr schlecht. Einige von ihnen waren als Strafe aus Gründen, die den Schülern unbekannt waren, aus größeren Städten auf diesen Provinzposten versetzt worden. Besonders einen Lehrer, Professor Schwegler, schätzte ich sehr. Er war Privatlehrer in Frankreich gewesen und hatte eine freundliche Art, die Literatur zu betrachten; sie schien für ihn in einer Welt zu existieren, die vollkommen getrennt war von der, die von der kontrollierten Hysterie gelenkt wurde, in der wir alle lebten. Er war anders, und deshalb verehrte ich ihn. Nachdem sein einziger Sohn im Krieg gefallen war, brachte meine ganze Klasse Blumen in die Schule. Der würdevolle, zerbrechlich wirkende alte Herr senkte den Kopf und brach in Tränen aus – in der hierarchischen Atmosphäre des Gymnasiums ein ungeheuerlicher Anblick.

Obwohl er das ganze Jahr über dieselbe Kleidung trug und sich nie wusch oder rasierte, war auch unser Chemielehrer ein guter Lehrer, der sich mit Leidenschaft ausschließlich seinem Fach widmete. Sein Äußeres rechtfertigte er mit der Behauptung, Gott wolle, daß er ungepflegt aussehe, und Gottes Willen wolle er nicht durchkreuzen. Doch in fast jeder Hinsicht wirkte das Gymnasium wie eine mildere Version der Hitler-Jugend-Versammlungen. Es wurden präzise Leistungen verlangt – keine wirklichen Fragen gestellt, und keine wirklichen Antworten gegeben. Ich zog mich immer weiter in die Welt meiner Phantasie und, im Laufe der Jahre, auch in die Welt der Bücher zurück.

Obwohl ich jetzt bei den Zinks lebte, besuchte ich oft meine Großeltern Tubach auf der anderen Seite des Dorfes. In einem Zimmer ihres Hauses gab es Bücher, die aber nicht in Regalen standen, sondern in den Ecken aufgestapelt wurden. Eines Tages, als ich einen dieser Stapel durchsah, stieß ich auf Schopenhauers *Aphorismen zur Lebensweisheit* und fing an, darin zu lesen. Damals war ich bereits in der Pubertät und verinnerlichte das, was ich über Pessimismus und Verzicht las, ohne es genau zu verstehen. Schopenhauer war für meine zunehmende intellektuelle Introvertiertheit ein großer Segen. Einmal versuchte ich die von diesem Philosophen inspirierten inneren Träumereien in einem Hausaufsatz mit der Überschrift «Wege zur Selbsterkenntnis» auszudrücken. Ich vertiefte mich in das Thema und verbrachte Stunden damit, meine Gedanken dazu in Worte zu fassen. Prompt erhielt ich eine «Sechs» mit der Begründung, ich hätte alles abgeschrieben. Der Lehrer behauptete, daß ich den Aufsatz gar nicht selbst hätte schreiben können. Danach hörte ich auf, je wieder etwas Originelles zu produzieren.

Ein anderes Problem, das ich in der Schule – ja, vom Kindergarten durch meine ganze Gymnasialzeit hindurch – hatte, war meine Unfähigkeit, still zu sitzen, eine Eigenschaft, die ich mit meinem Freund Bernie teilte und immer noch teile. Das Attribut «zappelig» und alle seine Varianten schlichen sich immer wieder in meine Zeugnisse ein. Zu Hause war es das gleiche. Mein Großvater, ein Mann, der zu verbalen Extremen neigte, sagte einmal entnervt zu mir: «Wenn du emol stirbsch, misse sie extra dei Maul und dei Fieß totschlache, ehe sie disch begrawwe kenne.»

. . .

Feste kennzeichneten die Jahreszeiten in Kleinheubach, ähnlich wie überall in Europa. Am Neujahrstag buken die Frauen große weiche Brezeln, die so groß waren wie Scheunentore: «*Bredzel wie e Schaierdoah*» hieß denn auch der Spruch im weichen, gedehnten Dialekt von Unterfranken, den wir hörten, wenn wir durch das Dorf gingen, um Freunden und Familienangehörigen Besuche abzustatten. Ich erinnere mich an einen schönen Neujahrstag, einen völlig klaren kalten Morgen mit einer Sonne, die den frischgefallenen Schnee funkeln ließ, als ich auf dem Weg war zum Haus meiner Großeltern – in meiner Erinnerung eine zeitlose Szene. Der Karneval, zu dem Unmengen maskierter Narren für lokale Umzüge ins Dorf kamen, unterbrach den Winter. Feste, so alt wie das Dorf selbst: Feiern in eilig errichteten Zelten, auf den Straßen und in den Häusern, die aus diesem Anlaß jedermann offenstanden. Endlich machte der Winter dem Frühling Platz, und dieser dann dem langen Sommer mit Kinderspielen in den Getreidefeldern und, als wir älter waren, mit Arbeit auf ebendiesen Feldern.

Dann gab es die Besuche meiner Lieblingscousine aus Nürnberg. Im Herbst wurde geerntet und Apfelwein und Weißwein produziert, der sauer war, weil das Dorf über keine Südwestlage verfügte, die man für den Anbau süßerer Weine benötigt. Schließlich wurde es wieder Winter, und wieder trug man, wie auch Bernie sich erinnert, die Laternen aus Glas, die einem in der finsteren Nacht den Nachhauseweg beleuchteten.

Auch andere, unregelmäßiger stattfindende Rituale unterstrichen das Vergehen der Zeit: Trauerzüge mit schwarzdrapierten Pferden, die den Leichenwagen mit dem Sarg zogen. Der Totengräber war ein einäugiger Mann, der seinen Beruf ausübte, bis er über neunzig war. Ich wollte ihm niemals zu nahe kommen, weil ich wußte, daß er auch jenes Grab ausgehoben haben mußte, in dem jetzt meine Mutter lag.

All diese immergleichen Abläufe im Dorfleben gingen auch für meine Familie einmal zu Ende – allerdings auf eine andere Weise als für Bernies Familie, denn wir lebten ja auf der anderen Seite der verhängnisvollen Kluft. Onkel Ludwig wurde am ersten Kriegstag eingezogen. Meine Großmutter weinte tagelang über diesen spätgeborenen Lieblingssohn, der freundlichen Zielscheibe des Spotts seiner Brüder. Er wurde Soldat in den deutschen Divisionen, die auf Moskau marschierten. Onkel Willy – den wir Kinder liebten, weil er mit uns lieber Drachen steigen ließ, als sich um seine Uhrmacherei zu kümmern – zog freiwillig in den Krieg, weil er, wie er sagte, lieber kämpfte und Geschichte machte, als blöde Uhren zu reparieren. Dann war da noch Onkel Ernst, der Mechaniker und Kommunist, der die Einberufung irgendwie umging, Zivilist blieb und sich der Reparatur von Traktoren widmete. Mein Vater ging zum Militär und wurde Offizier bei der Spionageabwehr. Während die Männer nach und nach im Krieg verschwanden, wurde der Briefträger allmählich zum wichtigsten Bewohner von Kleinheubach. Dieser Bote begann, Nachrichten über die Schicksale der Söhne des Ortes zu überbringen – ob sie noch lebten oder verwundet, tot oder vermißt waren. Diese Nachrichten waren für die jüdischen Bewohner von Kleinheubach von keinerlei Bedeutung, denn seit Mitte 1942 war keiner von ihnen mehr da. Über zweihundertfünfzig Jahre lang waren diese unsere Nachbarn mit ihren eigenen Traditionen Teil des Dorflebens gewesen. Jetzt sprach man nur noch selten von ihnen, und wenn, dann nur im Flüsterton.

DRITTES KAPITEL

. . .

Der Verlust der Unschuld

Meiner Mutter Haar ward nimmer weiß.
PAUL CELAN[1]

Zu Beginn des Frühjahrs 1944 war es kalt. Zwar stand ein großer Teil Europas in Flammen, doch das ländliche Leben in Tab ging mit seinem ewiggleichen, von den Jahreszeiten bestimmten Alltag – selbst für die Juden – relativ ungestört weiter. Das Kriegsglück hatte sich gewendet. Während die Sowjetarmee vom Osten her näherrückte, entwickelte sich Ungarn langsam zu einem Schlachtfeld. Die Geschütze waren immer noch zu weit entfernt, als daß man sie in Tab hätte hören können, aber amerikanische und britische Flugzeuggeschwader flogen auf ihrem Weg nach Deutschland oder zu den Erdölfeldern Rumäniens immer häufiger über Ungarn hinweg. Wären nicht die Kondensstreifen gewesen, die sie hoch am Himmel hinter sich her zogen, hätte man an einem klaren Tag diese geordneten Flugzeugformationen mit Bienenschwärmen verwechseln können.

Die jüdischen Bewohner des Dorfes Tab setzten zwar ihr von ihren Ritualen unterbrochenes Alltagsleben fort, flüsterten sich aber immer öfter zu, wie sehr sie auf einen Sieg der Alliierten hofften. Die Lokalzeitung bot ihnen ein kleines Fenster zur Außenwelt. Am 19. März – Bernie bereitete sich gerade in der Schule auf seine *Bar-Mizwa* vor – erschien das Blatt zum letzten Mal. Um sieben Uhr abends, als er nach Hause kam, fragte ihn eine Nachbarin: «Hast du die Nachrichten gehört?»

Er hatte die Nachrichten nicht gehört. Wie sollte er? Während der strikt eingehaltenen Unterrichtsstunden gab es nur die Schule und sonst nichts. Doch während er sich auf seinen Unterrichtsstoff konzentriert hatte, war die ungarische Regierung von einem Nazi-Marionettenregime abgelöst worden. Das war die letzte Neuigkeit, über welche die Zeitung berichtet hatte, und was sie ankündigte, wurde innerhalb einer Woche in den Straßen von Tab bittere Wirklichkeit, denn dann traten antisemitische Gesetze in Kraft. Ein Dekret verbot Juden zu reisen, und so wurden um die jüdische Gemeinde herum die ersten – immer noch unsichtbaren – Grenzen gezogen. «Steckengeblieben in Tab», wie Bernie es heute ausdrückt. Die Chance, noch davonzukommen, schwand. Einige Juden, darunter eine von Bernies Cousinen, hatten Tab verlassen und waren, bevor die Tore geschlossen wurden, nach Palästina übersiedelt. Aber nur wenige konnten es sich leisten, so weit weg zu gehen, und als Dorfbewohner, die tief in ihrem Ort verwurzelt waren, hatten sie auch keine Ahnung, wo sie hingehen sollten. Die meisten warteten einfach in der Hoffnung, daß das Verbleiben in vertrauter Umgebung sie irgendwie vor den äußeren Kräften schützen würde, die ihnen immer näher auf den Leib rückten. Dieses Sich-Einigeln prägte das Verhalten der jüdischen Gemeinde. Es war ihr Verderben.

Mitte Mai wurde den Juden befohlen, auf Hemden, Mänteln oder Jacken sechszackige Sterne zu tragen. Dieses aus gelbem Stoff genähte Erkennungszeichen mußte von genau vorgeschriebener Größe sein. Bernies Mutter kaufte gelben Stoff und nähte die Sterne für ihre Familie mit ihrer Nähmaschine der Marke Singer, einer in den Haushalten

Europas weitverbreiteten Marke. Alle Juden – selbst die getauften – mußten diesen Stern tragen, mit der Folge, daß der Preis für gelben Stoff stieg. Erst kurz davor hatte Bertha Rosner für ihre beiden Jungen aus blauem und weißem Stoff fesche Matrosenanzüge genäht. Bedauerlicherweise hatte einmal ein Platzregen, der die Jungen auf dem Nachhauseweg überraschte, die Anzüge mit Krawatte vorn und Latz hinten völlig ruiniert. Der blaue Stoff erwies sich als nicht farbecht, und das Ergebnis war ein chaotisches Muster, das ihre ganze Mühe zunichte machte. Ihr blieb keine Zeit, für Ersatz zu sorgen. Die sechszackigen Sterne waren das letzte, was Bernies Mutter für ihre Söhne, sich selbst und ihren Mann nähte.

Dann wurde es den Juden untersagt, den Hauptplatz ihres Dorfes ohne den gelben Stern zu betreten. Der öffentliche Raum, in dem sie sich so natürlich bewegt, wie sie die Dorfluft geatmet hatten, hatte sich radikal verändert: Die Wege, die Schule, Synagoge, Elternhaus, Bäckerei und Bahnhof miteinander verbanden und die sich durch das tagtägliche Wiederbegehen fest eingeprägt hatten, wurden jetzt umgeleitet. Nach anfänglichen Unsicherheiten kristallisierten sich neue Strecken heraus. Was für üble Folgen das hatte, sollte sich im Laufe der Wochen erweisen. Im Dorfleben wird die Identität eines Menschen nicht nur durch seine Familie, seine persönlichen Eigenschaften, seine Religion oder seine gesellschaftliche Stellung definiert. Auch sein Wohnsitz und insbesondere die Lage des Hauses innerhalb des Dorfes gehören zu den entscheidenden Faktoren. Viele europäische Familiennamen leiten sich von den Orten ab, an denen die Menschen sich niederließen, und bezeichnen somit die Herkunft und die Einzigartigkeit, durch die sich eine Familie von den übrigen unterscheidet.

Als ein Teil des Ortes zum offiziellen Ghetto erklärt wurde, zerfiel Tab in zwei verschiedene Dörfer. Das eine blieb in seinem herkömmlichen sozialen Kontext verwurzelt; das andere, unter der Kontrolle der fremden Kräfte stehende, wurde zunehmend unsicher und war letztlich zur Vernichtung bestimmt. Mit dieser geographischen Teilung entstand eine radikale Kluft zwischen Juden und Nichtjuden, die im Laufe der Wochen immer unüberwindbarer wurde. Wo es bis dahin Handel, persönliche Kontakte, eine Unzahl von Interaktionen von Angesicht zu Angesicht – feindselige wie freundliche – gegeben hatte, wuchs nun der Graben von Tag zu Tag.

Juden, die noch nicht im Ghetto wohnten, erhielten den Befehl, dorthin zu ziehen. Die Mitglieder der weitverzweigten Familie Rosner aus Tab, deren Häuser außerhalb des Ghettos standen, zogen bei Bernies Familie ein, deren am Dorfrand gelegenes Haus sich zufällig innerhalb der Ghettogrenzen befand. Ungefähr ein Dutzend Menschen drängten sich nun in dem Haus, das Bernie immer nur mit seinen Eltern und seinem Bruder geteilt hatte. Das Leben, das Bernie gekannt hatte, brach um ihn herum zusammen. Es war nicht mehr die Stimme seiner Mutter, die im täglichen Leben den Ton angab, oder die seines Vaters, oder die des Rabbis oder die der Nachbarin, die ihm die Nachrichten von den bevorstehenden Veränderungen mitgeteilt hatte. Was für die Juden eine dörfliche Selbstverwaltung im Einklang mit dem ungarischen Gesetz gewesen war, verwandelte sich in eine Herrschaft durch Erlasse, die von den unbekannten Stimmen ungarischer Nazis verkündet wurden.

Eine Gruppe dieser Nazis kam auch nach Tab und berief dort einen jüdischen Rat ein, der hauptsächlich aus älteren Männern bestand. Die Nazis gaben ihre Anweisungen an diesen Rat weiter. Sie bedrohten seine Mitglieder und benutzten sie als Zwischenträger für ihre an den Rest der jüdischen Gemeinschaft, die jetzt in das Ghetto drängte, gerichtete Botschaft der Angst. Den verwirrten Juden war nicht klar, wodurch die Autorität dieser Nazis überhaupt legitimiert war. Diese Schläger trugen keine Uniform und gehörten keiner definierbaren Organisation des ungarischen Staates an. Aber offensichtlich verspürten sie keine Notwendigkeit, ihre Legitimität nachzuweisen. Sie erteilten einfach Befehle und verbreiteten Angst und Schrecken, und das genügte. Die Opfer im Ghetto neigten zur Unterordnung, und die nichtjüdischen Bewohner von Tab standen entweder schweigend daneben oder spendeten offen Beifall.

Bernie war ein intelligenter Junge von zwölf Jahren, hatte flinke Beine und war sprachgewandt, und als es darum ging, Botschaften vom Rathaus zum Judenrat und den verschiedenen anderen Organisationen zu überbringen, die mit der Durchführung der langsamen Zerstörung der jüdischen Gemeinde befaßt waren, fiel die Wahl auf ihn. Bernie war bei einigen der von den Nazis durchgeführten Treffen des Judenrates anwesend. Den Ton, der auf diesen Versammlungen angeschlagen wurde, hat er noch heute im Ohr: «Ihr Juden seid Verräter. Bevor wir gehen, werdet ihr gehen. Wenn ihr uns nicht eure versteckten Schätze gebt, werdet ihr gefoltert und erschossen.» Oft richteten sich die Drohungen und Demütigungen gegen einzelne Mitglieder des Rates.

Zunehmend vom übrigen Dorf abgeschnitten und durch den gelben Stern gekennzeichnet, wurden die Mitglieder der jüdischen Gemeinde von einer lähmenden Angst erfaßt. Einige Leute, darunter auch Nichtjuden, vor allem solche, die zu den Kommunisten zählten, waren von heute auf morgen nicht mehr da. Schon bald verbreiteten sich mit rasender Geschwindigkeit Nachrichten im Ghetto, wonach ganze Familien verschwunden seien. Eines Tages waren plötzlich und ohne jede Vorwarnung enge Freunde der Familie Rosner weg. Als Bernie diese Neuigkeit erfuhr, ging er schluchzend in die Synagoge.

Anfang Juni verbreitete sich das Gerücht, daß die Juden deportiert würden. Niemand wußte, ob er dem Glauben schenken sollte. Dann traf ein Ungar in der Uniform eines Hauptmanns ein und befahl dem Judenrat, eine Ghettoversammlung einzuberufen. Er sprach zu den zusammengetriebenen Juden und versuchte, ihre Ängste mit Versprechungen und guten Ratschlägen zu zerstreuen: «Ihr werdet zu essen bekommen. Laßt euch nichts zuschulden kommen! Es wird alles gut gehen. Ihr werdet Arbeit bekommen.» In seiner Rede deutete er vage an, daß eine offizielle Umsiedlung geplant sei.

Die Nazibehörden bestimmten Tab, den Ort mit dem größten jüdischen Bevölkerungsanteil in der ganzen Gegend, zum Sammelpunkt für die Deportation sämtlicher Juden aus dieser Region. Juden aus Nachbardörfern kamen und wurden bei denen, die bereits in Tab waren, einquartiert. Viele dieser Neuankömmlinge waren nicht nur vor geraumer Zeit zum Christentum übergetreten, sondern auch vermögend und völlig in die ungarische Gesellschaft integriert. Als sie in das Ghetto einzogen, bemühten sie sich, entspannt zu wirken, indem sie das, was vielen von ihnen wie eine Art Riesenspaß vorkam, herunterspielten. Schließlich waren sie aus eigenem Entschluß Christen geworden, getaufte und geachtete Mitglieder der ungarischen Mittelschicht und des Establishments – Männer und Frauen von Welt mit guter Erziehung, Geld und einer aufgeklärten Lebensauffassung. Doch mit der Machtergreifung der Nazis verloren alle Klassenunterschiede – Bildung, Begabung, Leistungen, Charaktereigenschaften – ihre Bedeutung. Der einzige Unterschied, der zählte, war der, der gemacht wurde zwischen dem «Juden», wie die Rassegesetze der Nazis ihn definiert hatten, und dem «Arier». So wurde «Blut» zur tödlichen Metapher für eine neue Art menschlicher Typologie. Und diese neue menschliche Typologie war die logische Ergänzung zu den Veränderungen in der Geographie des Dorfes, die die Ghettogrenzen in Tab immer undurchdringlicher machten. Schließlich errichteten die Nazis ein Tor, das endgültig das Ghetto vom übrigen Dorf abschnitt. Um sicherzustellen, daß wirklich alle Juden von Tab im Ghetto zusammengepfercht waren, verließen sich die Nazis darauf, daß man im Dorf die seit langem hier ansässigen jüdischen Einwohner kannte. Im Fall der polnischen Flüchtlinge, die sich erst vor kurzem in Tab niedergelassen hatten, war der Test einfach: Die Nazis befahlen den Männern und Jungen, die Hosen herunterzulassen und ihre Genitalien zu zeigen. Waren sie beschnitten, dann war ihr Schicksal und das ihrer Familien besiegelt.

Als Bote war Bernie mobiler als die meisten Bewohner des Ghettos. Er durfte das Tor passieren und die neu gezogenen Grenzen überschreiten. Vom Rathaus zum Judenrat und vom Ghetto zur Hauptstraße eilend, erledigte er einen Auftrag nach dem anderen. Eines Tages traf auf der Hauptstraße von Tab eine Delegation hochrangiger deutscher SS-Offiziere in ihren Armeefahrzeugen ein, vermutlich, um diesen immer überfüllteren Sammelplatz für die Juden aus der Region zu inspizieren. Als Bernie ihre elegant geschnittenen Uniformen und ihre glänzend polierten hohen Schaftstiefel sah, war ihm schlagartig klar, daß es sich bei diesen Deutschen um wichtige Leute handelte. Alle trugen das Totenkopfemblem der SS auf ihren Mützen. Einer hatte auf seinem Revers das aus vier Sternen bestehende Abzeichen eines SS-Obersturmbannführers. Diese Uniformen beeindruckten den jungen Bernie noch mehr als die des ungarischen Leutnants aus Tab, und noch heute kann Bernie für mich das Abzeichen des hohen SS-Offiziers genau so zeichnen, wie ich es in Erinnerung habe, entweder, weil ich es selbst gesehen habe oder weil ich es aus dem Lesebuch von Offizieren der Naziarmee kannte, dessen Bilder wir – das heißt ich und meine jungen deutschen Landsleute als

Angehörige des Deutschen Jungvolks – uns eingeprägt hatten. Bernie wußte, wer von diesen hohen Offizieren das Kommando hatte, weil dieser den Offizieren mit niedrigerem Rang Befehle erteilte. Auf einmal wandte sich dieser befehlshabende SS-Offizier an den jungen Ghettoboten, streichelte ihm den Kopf und sagte: «Kleiner Bube.» Sein Gesicht war unverwechselbar, Bernie sah es nach dem Krieg in den Zeitungen. Der Offizier, dem er von Angesicht zu Angesicht gegenübergestanden hatte, war Adolf Eichmann, der Organisator der deutschen Judentransporte in die Vernichtungslager und Henker der europäischen Juden. (Historischen Aufzeichnungen zufolge war Eichmann zu dieser Zeit in Ungarn, wo er den Transport ungarischer Landjuden nach Auschwitz und in andere Lager organisierte.)

Ein paar Tage später – inzwischen hatten die ungarische Polizei und Spezialeinheiten in Uniform das Kommando übernommen – kam von oben der Befehl, daß alle sich für ihre «Umsiedlung» fertig machen und ein Minimum an Habseligkeiten packen müßten, um am folgenden Morgen aus ihren Häusern auszuziehen. Das kam für niemanden überraschend. «Morgen ist der Tag», sagten sie zueinander, wußten aber nur, daß ihnen ein Exodus und eine unbekannte Zukunft bevorstanden. Am Abend des Tages, vor dem sie ihr Zuhause für immer verließen – es war ein strahlender, sonniger Tag gewesen –, sahen sie hoch am Himmel ein Geschwader alliierter Bomber nach Süden fliegen. Die untergehende Sonne tauchte die Kondensstreifen, die sie hinter sich her zogen, in glänzendes Licht. Einige sahen darin ein Zeichen des Himmels, das ihre Befreiung ankündigte.

▪ ▪ ▪

Als Bernie bei seiner Erinnerungsarbeit an dieser Stelle angelangt ist, sagt er: «Jetzt kommt es», und der Gebrauch des

Präsens entwindet uns beide der Umklammerung durch die heraufbeschworene Vergangenheit. Es ist ein Zeichen, eine feine sprachliche Wendemarke hin zu dem, von dem ich weiß, daß es für ihn das Ereignis ist, über das zu berichten ihm am schwersten fällt. Er schließt auf die für ihn charakteristische Art die Augen und beginnt mir zu erzählen, was sich an diesem Tag abspielte.

. . .

Morgens gegen 9.30 Uhr wurden die Juden von Tab, die sich, wie befohlen, vor ihren Häusern versammelt hatten, vom Ghetto zur katholischen Pfarrschule getrieben. Jeder von ihnen durfte einen Koffer oder ein Paket mitnehmen. Da nicht klar war, woher sie etwas zu essen bekommen sollten, trugen die Rosners in ihren Taschen auch Lebensmittel mit sich. Bernie erinnert sich, daß seine Eltern unter anderem ein Glas mit Gänseschmalz einpackten. Eine alte Frau, die mehrere Gläser mit Gänseschmalz mitgebracht hatte, trat den Rosners etwas von ihren Schätzen ab. Ich fragte Bernie, was er empfand, als er sein Zuhause und das normale Landleben binnen weniger als einem Tag aufgeben mußte. Er erwiderte, daß er aufgrund der Eile und der Wucht der Ereignisse, die sich um ihn herum abspielten, und der Richtung, die diese nahmen, gar keine Zeit hatte, darüber nachzudenken, was er fühlte und was es bedeutete. Er erinnert sich, daß seine Familie sich darauf konzentrierte, was sie wohl am besten in eine unsichere Zukunft mitnehmen sollte. Es war nicht so, daß sie von Angst überwältigt gewesen wären, vielmehr standen zunächst praktische Entscheidungen und Handlungen im Vordergrund. Die Angst kam erst später.

Als die Juden in Kolonnen durch ihr Dorf geführt wurden, spendeten einige der nichtjüdischen Zuschauer Beifall, während andere über diesen beispiellosen Anblick sichtlich bestürzt waren. Die meisten aber blieben hinter ihren geschlossenen Türen und Fenstern und zogen es vor, nichts zu sehen oder nicht gesehen zu werden. Diejenigen Dorfbewohner, die den Marsch als Augenzeugen miterlebten, durften nicht mit ihren früheren jüdischen Nachbarn sprechen, während diese zum Schulhaus weiterzogen, zu der Stelle also, wo, wie Bernie mir mit immer noch beinahe geschlossenen Augen erzählt, in den folgenden paar Stunden der Alptraum begann. Dort, in diesem christlichen Schulgebäude, kam es zu dem Vorfall, der die erste Station des Leidenswegs seiner Familie werden sollte. Bernie hatte ihn während unseres sommerlichen Besuchs in Tab angedeutet, als wir am Bahnhof standen und auf die westlich davon gelegenen Ziegelbauten blickten; das war fünf Jahre, bevor wir beschlossen, unsere Geschichten aufzuschreiben. Ich hatte mich oft gefragt, was an diesem ersten Tag der «Umsiedlung» geschehen war, hatte ihn aber nie bedrängt. Selbst nachdem wir ernsthaft angefangen hatten, an unserem Projekt zu arbeiten, wollte ich nicht derjenige sein, der das Thema zur Sprache brachte. Ich schreckte davor zurück, um was immer es sich handeln mochte. Nicht nur, um ihn davor zu bewahren, sich an einen Teil seiner Geschichte erinnern zu müssen, der offensichtlich sehr schmerzlich für ihn war, sondern auch, um mich davor zu schützen, ihn mir anhören zu müssen. Auch jetzt noch fällt es mir schwer, diese Erinnerung zu Papier zu bringen, obwohl die Ereignisse eigentlich ganz schnell erzählt sind.

Nachdem die Juden in der katholischen Schule angelangt waren, wurden sie in ein Klassenzimmer gebracht, wo allen befohlen wurde, sich auszuziehen: Männern, Frauen und Kindern – alle vor allen anderen und vor den Augen ihrer Unterdrücker. Direkt vor Bernie war seine Mutter gezwungen, sämtliche Kleider abzulegen, und er mußte zusehen, wie sie, nackt und hilflos, von den Händen eines feindseligen Nazischlägers abgetastet wurde. Man könnte nun behaupten, daß Bernie später, in Auschwitz und anderswo, schlimmere Grausamkeiten ertragen mußte, aber er war erst zwölf Jahre alt und hatte nie einen Erwachsenen, geschweige denn seine eigene Mutter, nackt gesehen. Die schreckliche Mischung von erzwungener Nacktheit, öffentlicher Erniedrigung und physischer Belästigung löste bei ihm einen gewaltigen emotionalen Schock aus, der sowohl einen Verlust von Unschuld als auch den Beginn unvorstellbarer künftiger Greuel symbolisierte. Für einen kurzen Augenblick war Bernies Mutter ihres sozialen Ichs und ihres Familienstatus beraubt und verwandelte sich in eine schutzlose, den groben Händen eines namenlosen Unterdrückers ausgelieferte Kreatur.

Am späteren Nachmittag wurden die Juden dann vom Schulhaus zu der Ziegelei in der Nähe des Bahnhofs getrieben. Alle trugen Bettzeug mit sich, und man befahl ihnen, sich auf dem nackten Boden niederzulassen, weil sie dort die Nacht verbringen würden. Sie bekamen nichts zu essen. Es war Freitag, und als der Abend anbrach, versuchten sie, eine Sabbatfeier zu improvisieren. Als eine gebrechliche Frau in den Achtzigern aufstand und anfing, ihr Gebet zum Sabbatbeginn zu sprechen, brachte sie ein Nazi mit einem Schlag auf den Kopf zum Schweigen. Die Hallen der Ziegelei hatten Dächer, aber keine Wände. Wie sich herausstellte, sollten sie den Juden mehrere Tage als Pferch dienen, bis die Nazis sie und ihre kümmerliche Habe zu einem Sammelpunkt für Ghettobewohner aus der ganzen Gegend brachten, der in der Provinzhauptstadt Kaposvár, im Südwesten, eingerichtet worden war. Jetzt war der dortige Bahnhof, eine Station auf dem Weg zu Bernies geliebten Großeltern, zu einem Haltepunkt auf dem Weg nach Auschwitz geworden.

Mit diesen Ereignissen endete das jüdische Leben in Tab. Falls die zurückgebliebenen Bewohner des Dorfes Tab die verlassenen Häuser plünderten, die natürlich noch mit persönlichem Eigentum – Möbeln, Geschirr, Teppichen, Gardinen, Kleidern, Erinnerungsstücken – gefüllt waren, so fanden ihre Taten keinen Eingang in die Geschichtsbücher. Bei seinen Besuchen im Nachkriegs-Tab fand Bernie keine Tafeln oder Denkmäler, die an die frühere jüdische Gemeinde erinnerten. Er stellte fest, daß die jüdischen Häuser, einschließlich seines eigenen, noch stehen und von fremden Leuten bewohnt sind. Wie diese in den Besitz des Hauses der Rosners kamen, weiß er nicht.

. . .

In Deutschland begann der Holocaust früher als in Ungarn. In meinem Dorf, Kleinheubach, grenzte die Reichspogromnacht von 1938 die Juden sichtbar von uns übrigen ab. Plötzlich gab es in unserem Dorf zwei Arten von Häusern – solche, die durch Gesetz und Brauch geschützt waren, und die anderen, die von Juden bewohnt und zur Zielscheibe von Akten des Vandalismus wurden. Obwohl die jüdischen Häuser über das ganze Dorf verstreut waren, wiesen sie nach der Plünderung in der Nacht vom 9. auf den 10. November allesamt Spuren von Gewalttätigkeit auf. Wie in Tab durften Juden ihre Häuser nur verlassen, wenn sie einen auf ihre Kleidung aufgenähten gelben Stern trugen. Ich erinnere mich, daß Leute mit diesen Sternen auf der Straße gingen. Es war nicht mehr möglich, sie von dem Stern zu trennen, den sie jetzt tragen mußten.

Gerade auf diesen 9. November fiel mein achter Geburtstag, und ich erinnere mich lebhaft an den Augenblick, als die Nachricht von der Gewalt, die den Juden angetan wurde, das Haus meiner Großeltern erreichte. Es war mein Vater, der an diesem Abend aufgeregt hereinstürzte und uns mitteilte, daß deutsche Durchschnittsbürger – weder Angehörige der Polizei noch des Militärs – in Häuser einbrachen, die Juden gehörten, und unter dem Schutz der Polizei deren Eigentum zerstörten. Als Musiker hatte er in San Francisco mit Juden gearbeitet und unter ihnen viele Freunde gehabt. Er bezeichnete die Gewalt gegen die Juden als «dumm».

Ich war ganz Ohr. Trotz meines zarten Alters war mir klar, daß etwas Außerordentliches vor sich ging. Alle waren bestürzt, selbst meine Großmutter, die die unheimliche Fähigkeit besaß, alles von der positiven Seite zu sehen. Ich höre noch, wie mein Vater sagte: «Das ist der Anfang eines neuen Weltkriegs.» Die Erwachsenen schalteten das Radio ein, um die offiziellen Nachrichten zu hören, und der Tonfall des Berichts versetzte alle in Aufruhr. In unserem Haus in der Bahnhofstraße begriff man, daß in ganz Deutschland ähnliche Ereignisse stattfanden. Doch die Zerstörung von Eigentum – und insbesondere das Einschlagen von Türen und Fenstern – hatte das Dorf aus seinem Alltagstrott gerissen. Die meisten Nichtjuden waren mehr über die Sachbeschädigungen entsetzt als darüber, daß man den Eigentümern Unrecht getan hatte. Nicht nur Verordnungen aus Berlin hatten die jüdischen Dorfbewohner zu Opfern gemacht, sondern auch einige unserer Nachbarn. Der Angriff auf die Juden war nicht mehr etwas, was irgendwo in der Außenwelt stattfand, die nur durch das Radio oder durch Mundpropaganda zugänglich war. Er war bei uns angekommen. In unserem Dorf.

Ich war während der Pogromnacht nicht im Freien, und unser Haus lag am Rand des Dorfes, abseits der Gewaltakte, aber viele Bewohner versammelten sich, um dem außergewöhnlichen Spektakel zuzusehen. Einige schlossen sich dem Trupp der «Ortsfremden» an, die in Kleinheubach zu

Attacken auf Juden und jüdisches Eigentum aufstachelten. Die vom ehemaligen Bürgermeister Bernhard Holl verfaßte Chronik berichtet über das, was in dieser Nacht geschah. Ein Mitglied der Bande, zu der sechs oder sieben «fremde» uniformierte SA-Mitglieder der berüchtigten Braunhemden gehörten, wurde als der Sturmführer Bertisch aus dem nahegelegenen Dorf Röllbach identifiziert. Der Polizeikommissar von Kleinheubach, Staab, hinderte die Schläger daran, das Haus von Samuel Wetzler zu zerstören, und zwar mit dem Argument, daß es bereits an eine christliche Familie verkauft worden sei. Staab, der im Dorf jahrzehntelang als mutiger Polizist mit Ordnungs- und Gerechtigkeitssinn bekannt gewesen war, kam an anderer Stelle zu spät, um weitere Zerstörungen zu verhindern – etwa die des jüdischen Schuhgeschäfts und der Synagogenfenster sowie des Synagogeninneren. Die herumvagabundierende Bande war in das jüdische Bethaus eingedrungen, nachdem sie die Tür mit einem Baumstamm aufgerammt hatte. Sie zerbrachen sämtliche Fenster und verwüsteten das Innere, doch als sie versuchten, die Synagoge anzuzünden, trat ein Nachbar, Fritz Abb, ein Glaser von Beruf, dazwischen und befahl ihnen, das Feuer zu löschen, bevor es auf das Nachbarhaus übergriff. Das taten sie und zogen dann weiter, um anderswo zu plündern. Polizeikommissar Staab schrieb nach dem Krieg, daß einige Bewohner von Kleinheubach bei den Gewalttaten mitmachten, während die meisten tatenlos zusahen und nur im geheimen bereit waren, den Opfern zu helfen. Nach dem Krieg war meine Stiefmutter stolz darauf, eines der wenigen Exemplare dieses Polizeiberichts in ihrem Besitz zu haben.[2]

«Warum machen die das?» Die Frage dieses Abends, die ohne Antwort blieb, klingt mir heute noch in den Ohren. Wäre ich clever genug gewesen, hätte ich sie beantworten können: Ich hätte nur das Lesebuch aufschlagen müssen, das mir im Jahr zuvor meine Volksschullehrerin gegeben hatte. Es enthielt Bilder mit großgedruckten Unterschriften, die Gegensätze herstellten zwischen dem «jüdischen» und dem «arischen» Lebensstil: Da war zum Beispiel der «arische» Metzgerladen, in dem das Fleisch und die Würste fein säuberlich ausgestellt waren, und der schlanke Metzger für blonde, blauäugige Kundinnen ordentlich das Fleisch aufschnitt. Auf der gegenüberliegenden Seite war das jüdische Geschäft abgebildet mit einem fetten, häßlichen Metzger, auf dessen schmuddeliger Schürze blutige Handabdrükke zu sehen waren. Eine Katze zerrte an einem großen Stück Fleisch, das auf dem schmutzigen Boden lag. Die Kundinnen, extravagant in wallende Seidengewänder gekleidet, schauten finster drein.

Was bei uns zu Hause nur hinter verschlossenen Türen und innerhalb sicherer Wände diskutiert wurde, sah ich jetzt, am 10. November, am Morgen nach der Reichspogromnacht, auf meinem Weg zur Schule. Immer noch vor Augen habe ich die Figur von Frau Sichel, einer untersetzten Jüdin, die die Angewohnheit hatte, beim Gehen ihren linken Arm nach außen zu stoßen, als wolle sie damit ihren Körper vorwärtstreiben. Ich sah sie, als sie aus dem Keller der Volksschule auftauchte – wo Juden einige ihrer beschädigten Sachen abholen durften –, um in ihr geplündertes Haus zurückzukehren. Ich erinnere mich, daß sie verzweifelt versuchte, so normal zu wirken, als sei nichts Ernstes passiert, während sie die Dorfstraße hinunterschlenderte und dabei wie üblich mit ihrem Arm schlenkerte. Ich weiß nicht, ob ich mich für etwas schämte, was ich nicht verstand, oder ob sich von dieser Frau mittleren Alters, die ich kannte, die Scham darüber, daß sie von Rohlingen gedemütigt worden war, auf mich übertrug. Kundera hat recht, wenn er sagt, daß die Verwandlung eines Menschen vom Subjekt zum Objekt als Scham erlebt wird. Ich hatte die

Rohlinge, die Frau Sichel das angetan hatten, nicht gesehen. Alles, was ich sah und erlebte, war ihr verändertes Verhalten, in dem sich ihr veränderter Status widerspiegelte. Damals war es beunruhigend. Selbst als Achtjähriger begriff ich, daß gewisse grundlegende Regeln verletzt worden waren, und daß man dieser freundlichen Frau mehr geraubt hatte als nur ihre irdischen Besitztümer. Frau Sichel hatte sich in meiner Vorstellung in einen ungewöhnlichen Menschen verwandelt, in jemanden, der einer namenlosen Angst ausgesetzt war. Es bleibt eine visuelle Erinnerung von dem achtjährigen Jungen und der Frau mittleren Alters. Ich kann mich nicht entsinnen, sie noch einmal wiedergesehen zu haben. Jahre später, auf einem Empfang des deutschen Generalkonsuls in San Francisco, traf ich einen Weinhändler aus Darmstadt, der Sichel hieß und, wie sich herausstellte, ein Vetter besagter Frau Sichel war. Sie hatte nicht überlebt.[3]

Auf meinem Weg von der Schule nach Hause, sah ich ein paar Tage nach der Pogromnacht ein leeres Haus in der Baugasse, das Juden gehörte, die inzwischen weggezogen waren. Die Eingangstür, zur Hälfte aus ihrem Rahmen gerissen, stand offen. Die meisten Fenster des zweistöckigen Hauses waren eingeschlagen. Glas, Papiere und Bücher lagen draußen herum. Federbetten waren aufgeschlitzt und der Inhalt rundum verstreut worden, so daß die Daunen, die aus den Fenstern des zweiten Stocks heruntergewirbelt waren, auf der Straße etwas bildeten, was wie eine dünne Schneedecke aussah. Mir fiel Frau Holle aus einem Märchen der Gebrüder Grimm ein, von der es heißt, sie lasse es schneien, indem sie ihre Federbetten aus dem Fenster schüttele. Ich zögerte einen Augenblick, konnte aber meine Neugierde nicht bezwingen und trat in das leere Haus ein. Ich ging eine Treppe hinauf. Oben bot sich mir in dem Raum, der wohl das Wohnzimmer gewesen war, ein chaotisches Bild. Ich war allein, und meine Neugier verwandelte sich plötzlich in

Angst. Ich rannte die Treppen wieder hinunter und auf die Straße hinaus; dann hielt ich inne und starrte auf das Haus. Etwas auf dem Kopfsteinpflaster im Rinnstein stach mir in die Augen – eine lange, weiße, noch nicht angebrannte Kerze. Ich hob sie auf, wischte den Schmutz ab und nahm sie mit nach Hause. Ich erinnere mich sehr genau an diese Tat, aber ich kann mich nicht entsinnen, was ich dabei empfand. Habe ich in diesem Moment geglaubt, ich würde etwas klauen oder etwas retten? Es dauerte Jahre, bis mir klar wurde, daß ich an den Eigentümern dieses Hauses in der Baugasse einen Diebstahl begangen hatte.

. . .

In der Vorkriegszeit, als es in Nazi-Deutschland noch «ordentlich» zuging, wurden Juden nicht auf einem öffentlichen Platz zusammengetrieben und vor den Augen der anderen Bewohner in Kolonnen aus dem Dorf herausgeführt, wie es später im ungarischen Tab geschah. Als im Januar 1942 auf der Wannsee-Konferenz in Berlin die «Endlösung» konzipiert wurde, hatten die meisten Juden Kleinheubach schon verlassen. In Holls Chronik wird berichtet, daß die Gestapo am 27. März den örtlichen Behörden in Würzburg befahl, für die «Wohnsitzverlegung» von eintausend Juden aus dem Gebiet zu sorgen. Die Polizei von Kleinheubach verteilte elf verschiedene Merkblätter, von welchen die drei noch in Kleinheubach wohnenden Juden – Frieda Freudenstein (geb. 1884), Gerson Freudenstein (geb. 1899) und Regina Sichel (geb. 1893) – je zehn Durchschläge erhielten. In sieben weiteren Dokumenten wurden bis ins kleinste Detail sämtliche Anordnungen festgehalten, die von den Behörden wie von den Evakuierten zu befolgen waren; sie betrafen auch die Menge an Lebensmitteln und Kleidern, die Juden auf die Reise mitnehmen durften, die zulässige Art von Koffern, und erwähnten sogar, daß vorher noch der Müll weggebracht, Gas, Strom, Wasser abgestellt und das Feuer in den Öfen ihres Hauses gelöscht werden sollten. Aus den Aufzeichnungen geht hervor, daß die ordnungsgemäße Deportation der letzten drei noch in Kleinheubach verbliebenen Juden am 23. April 1942 durchgeführt wurde.[4]

Während ich heranwuchs, kannte ich keine jüdischen Kinder. Da ihre Zahl abgenommen hatte, war die jüdische Schule schon 1923 geschlossen worden.[5] Der jüdische Lehrer verließ mit seiner Familie den Ort, und die wenigen jüdischen Kinder, die dablieben, wurden in die evangelische Volksschule integriert. Ich habe ein Photo von meinem zweiten Schuljahr aus dem Jahr 1937, auf dem keine jüdischen Kinder zu sehen sind. Als Kind wußte ich, wer von den Erwachsenen Jude war, und ich erinnere mich auch, daß ich den letzten männlichen Juden, Herrn Freudenstein, vom Sehen kannte. Er pflegte seinen Garten, ging im Dorf umher und kam an unserem Haus vorbei, wenn er im nahegelegenen Wald spazierenging. Ich habe nie beobachtet, daß irgend jemand mit ihm sprach, aber ich entsinne mich, daß Mitglieder meiner Familie ihm den Daumen drückten, «daß er es schaffe», das heißt, daß die Nazis ihn übersehen würden. In den Augen vieler blieb er ein allein lebender Dorfbewohner und konnte sich aus diesem Grund eine Zeitlang der tödlichen Verwandlung in einen *Juden* entziehen. Aber dann war auch er noch vor dem Sommer 1942 verschwunden.

Obwohl ich mich nicht erinnere, wie er aussah, entsinne ich mich, daß die Leute oft über den «Judenernst» redeten, der sich als Einzelgänger im Dorf einen Namen gemacht hatte. Bernhard Holls Dorfchronik berichtet etwas über seine Geschichte. Ernst Sichel, Jahrgang 1896, war Junggeselle und aktives Mitglied der Kommunistischen Partei. Er überlebte 1933–34 sechzehn Monate Schutzhaft in Dachau, nur um dann der Rassenschande bezichtigt und 1936 wieder für drei Monate in Haft genommen zu werden. Als es den Behörden nicht gelang, diese Anklage durch Beweise zu erhärten, wurde er freigelassen, und er konnte schließlich nach Argentinien auswandern. Nach allem, was man hört, war er voller Jugendeifer, furchtlos und extravagant. Er war Metzger von Beruf und hatte sich auf Geflügel spezialisiert, doch man sagte ihm nach, daß er sich nicht besonders strikt an die jüdischen Speisegesetze gehalten habe.[6] Und im Dorf erzählte man sich, er habe vor seiner Abreise geschworen, zurückzukommen und sich zu rächen. Nach dem Krieg fragten sich alle, ob er wiederkommen würde, um sein Versprechen zu erfüllen, aber er kam nicht.[7]

Nachdem die Juden fort waren und die Zeit verging, sprach man nur noch hinter geschlossenen Türen von ihnen, und Äußerungen über ihr Schicksal wurden nur im Flüsterton vorgetragen. Auf diese Weise wurden unsere Nachbarn, die ein lebender und atmender Teil unseres Dorflebens gewesen waren, in ein «Judenproblem», in eine Abstraktion, verwandelt. Nach einiger Zeit hatten die Häuser der Kleinheubacher Juden neue Bewohner, von denen einige besonders eifrige Nazis waren.

. . .

Manchmal ist es schwierig, dem Erzählfluß einer Geschichte zu folgen. Was Bernie mir von seiner Mutter in der Pfarrschule von Tab erzählt hat, läßt mich nicht mehr los. Ein Freund, dem ich diese Geschichte berichtete, quittierte sie mit dem vorhersehbaren Kommentar, daß während des Holocaust Schlimmeres passiert sei. Ich weiß das wohl. Aber auch dann kann ich nicht so einfach weiterschreiben. Ich muß einen anderen Weg gehen. Ich muß an meine eigene Mutter denken.

Sie starb in Deutschland, am 5. Oktober 1934, als ich fast vier Jahre alt war. Sie war osteuropäischer Herkunft. Mir war nie ganz klar, woran sie gestorben ist. Ein Herzanfall, lautete die offizielle Erklärung des Landarztes. Am Tag ihrer Beerdigung – ich wußte, daß ihr etwas Schreckliches zugestoßen war, aber ich wußte nicht, was – stand ich gerade in der Jahnstraße, als die Dorfhebamme, Frau Herrschaft, auf mich zuging. Sie sagte mir, daß sie soeben vom Friedhof komme, wo meine Mutter jetzt sei, und sie fragte mich, ob ich gesehen hätte, wie ihre Seele zum Himmel flog. Ich hatte nichts gesehen.

Nach dem Tod meiner Mutter brach mein Vater die Beziehungen zu ihrer Familie ab, und ich habe keinen Versuch unternommen, nach dem Krieg wieder den Kontakt aufzunehmen. Als sie starb, war ich zu klein, um mehr als flüchtige Erinnerungen an sie zu haben. Und bei Kriegsende blickten die Deutschen, alt und jung – und ihren persönlichen Schicksalen zum Trotz –, nur in die Zukunft. Das Schicksal von Bernies Mutter führte mich zu einer direkten Konfrontation mit der Vergangenheit, nicht nur meiner eigenen, sondern auch mit der meiner Generation von Deutschen. Alle Deutschen verfielen in eine fatale Sprachlosigkeit wegen der Verbrechen, die sie begingen und deren Durchführung sie in ihrem Namen zuließen.

. . .

Im Jardin du Luxembourg in Paris steht eine weiße Marmorstatue einer nackten Frau, an der ich viele Male vorbeigegangen bin. Mir sind die Tropfen, die ihr an Regentagen über das Gesicht rinnen, wie Tränen. Sie sammeln sich um ihren Hals und ihre Schultern und fließen dann in Rinnsalen den ganzen Körper hinunter, über den steinernen Sockel und die darunterliegenden Stufen.

VIERTES KAPITEL

. . .

Der Mahlstrom: Nach Auschwitz und anderswohin

Der Tod ist ein Meister aus Deutschland ...
PAUL CELAN[1]

Am Montag, dem 3. Juli 1944, verließ ein Güterzug Kaposvár und fuhr mit einem Zwischenstop in Budapest nach Auschwitz. Er war gefüllt mit Juden aus den ländlichen Gegenden Südwestungarns, mit polnischen Juden, die 1939, vor dem Angriff der Deutschen, aus ihrem Heimatland geflohen waren, um in Ungarn Zuflucht zu suchen, und auch mit getauften Juden. Jeder Waggon des Güterzugs war mit einem Schild versehen, auf dem stand, daß zwölf Rinder hineinpaßten. Diese Wagen wurden nun mit vierzig bis fünfzig Personen vollgestopft, Männern und Frauen, Jungen und Mädchen, unabhängig davon, ob sie krank oder gesund, arm oder reich waren und welchen sozialen Status sie hatten. Die schweren Schiebetüren waren fest verschlossen und mit Stacheldraht umwickelt. Die Außenwelt war für die menschliche Fracht nur durch die schmalen Schlitze zu sehen, die ursprünglich für genügend Luftzirkulation sorgen sollten, damit das Vieh auf den Transporten zu den Schlachthäusern Europas am Leben blieb. Die gefangenen Passagiere hatten keine Möglichkeit, die Waggons von innen zu öffnen, um Luft hereinzulassen, um ihre Notdurft zu verrichten oder sich ein wenig Bewegung zu verschaffen. Ein Entkommen war unmöglich. In einen dieser Viehwaggons eingepfercht waren auch Bernie, sein Vater Louis, seine Mutter Bertha und sein jüngerer Bruder Alexander.

Vor ihrer Abreise hatten die Rosners und die anderen jüdischen Familien von Tab eine ganze Woche auf einem offenen Feld in Kaposvár verbracht. Das Essen, das ausgeteilt wurde, war so furchtbar, daß die meisten nur von dem aßen, was sie von zu Hause mitgenommen hatten. Jede Familie breitete ihre mitgebrachten Laken und Kleider auf der Erde aus und versuchte, ihr eigenes kleines Revier abzugrenzen und, zumindest symbolisch, ein Gefühl des Privaten zu bewahren. Eine Frau stieß regelmäßige Verzweiflungsschreie aus. Ein Arzt, der Medikamente in seinem Gepäck hatte, unternahm einen Selbstmordversuch. Bernies Mutter bemühte sich, ihre Söhne von der Umgebung abzuschirmen. Aber Bernie sah und prägte sich das Gesehene ein. Es war die einzige Zeit, in der er ernsthaft über eine Flucht nachdachte. Er erzählte niemandem, nicht einmal seiner Familie, daß er untersuchte, wie die deutschen und ungarischen Wachen um das Lager herum postiert waren, um einen Fluchtweg zu finden – vergebens. Sobald sie im Zug nach Auschwitz waren, entschwand, zusammen mit dem letzten Anflug einer Privatsphäre, jede Chance zu entkommen.

Bernies einsamer Plan zu fliehen führt zu der oft gestellten Frage, warum es nicht im größeren Umfang zu Fluchtversuchen kam und warum es keinen allgemeinen Widerstand gab. Uns beiden erscheint die Antwort einfach. Sie reicht über die Tatsache hinaus, daß die physische Gewalt, der diese jüdischen Gefangenen ausgesetzt waren, überwältigend war, und auch weiter als das psychologische Klischee, daß sie vor dem Schicksal, das sie erwartete, kollektiv die Augen verschlossen. Mit den Füßen abzustimmen gehört vielleicht zum kulturellen Erbe der Amerikaner, aber für die meisten europäischen Dorfbewohner, die sich damals Gefahren ausgesetzt sahen, war das keine naheliegende Reaktion. Wohin hätten sie gehen sollen? Wie wären sie dorthin gelangt? Wer hätte sie aufgenommen? Die gewaltigen Ausmaße des Völkermords, in dessen Strudel sie hineingezogen werden sollten, überstiegen zudem jede menschliche Vorstellungskraft und waren daher gar nicht vorauszusehen. Nur bestialische Menschen und solche, die alles schon vorher wissen, hätten eine Ahnung von den Krematorien haben können, die ihr Schicksal besiegeln sollten.

. . .

Der Morgen des 3. Juli war heiß. Aber am Nachmittag fiel Regen, der die glühend heißen Waggons abkühlte und verhinderte, daß die Insassen schon vier Tage und 400 Kilometer vor ihrer Ankunft im Konzentrationslager Auschwitz-Birkenau erstickten. Es gab wenig zu essen und kaum Wasser, ein Minimum an Platz, auf dem man sich bewegen konnte, und nur ein paar Eimer, die als Toiletten dienten. Während der Zug vorübergehend in Budapest hielt, reichte eine Frau Bernie eine Orange durch den Stacheldraht, und sagte, sie komme «von jemandem, der sich kümmere». Bernie erinnert sich, daß sein Vater im Zug wenig sagte, seine Mutter dagegen viel betete und sicherstellte, daß er und sein Bruder etwas zu essen hatten. Alexander bekam leichtes Fieber, behauptete aber, daß es ihm gut gehe. Wenn jemand die Grenzen des kleinen, von der Familie beanspruchten Raums auf dem Boden des Viehwaggons überschritt, verteidigte Bertha Rosner ihren Platz. Die Zeit verging. Kurz vor ihrer Ankunft in Auschwitz, während sie durch die kreuz und quer mit Stacheldraht überspannten Lüftungsschlitze die Landschaft vorüberziehen sahen – so erinnert sich Bernie –, wandte sich sein Vater an ihn und stellte nüchtern fest: «Es ist alles vorbei.»

Wie so viele andere fuhr Bernies Zug durch das zinnenbewehrte Torhaus und hielt am Ladebahnsteig im Birkenauer Abschnitt des Lagers. Dieses berüchtigte Eingangstor und den Bahnsteig hat Bernie noch immer lebhaft in Erinnerung, ebenso wie die beiden leblosen Körper von Bekannten, die, nachdem die Lebenden ausgestiegen waren, in ihrem Güterwagen zurückgelassen wurden. In seinem Waggon hatten mehrere Personen auf der Reise nach Polen den Verstand verloren. Zu ihnen gehörte eine junge Frau, Mártha Bánóczy, die im Heimatdorf der Rosners für ihre Schönheit berühmt gewesen war. Sie hüpfte nun auf dem Bahnsteig herum und brabbelte Unzusammenhängendes; sie trug nichts außer einem kurzen Pelzmantel am Leib, der nicht einmal ihr Schamhaar bedeckte. Ihre Familie, die vollständig in die ungarische Gesellschaft integriert war, hatte sich lange vor diesen Ereignissen taufen lassen. Noch nach so vielen Jahren schwingt in Bernies Stimme eine Traurigkeit darüber mit, daß diese schöne junge Frau sich während ihrer gemeinsamen Fahrt so katastrophal verwandelte und diese Verwandlung vor den Augen und Ohren sowohl der anderen Dorfbewohner als auch der SS-Wachen zur Schau stellte.

Jahrzehnte später hielt Bernie die schrecklichen Bilder und Details dieser Erinnerungen noch immer in den tiefsten Tiefen seines Gedächtnisses verborgen. Er betrachtete sie mit dem unscharfen Blick eines Menschen, der versucht hatte, sich vorzustellen, daß sie in einem anderen Leben passierten – der Gestank in der Luft, die verängstigt herumlaufende Menge, die Gesichter seines Onkels Willy und seines Vetters Jenő, bekannte Namen, die von Verzweifelten und Hoffenden gerufen wurden, das Verschwinden seines Vaters, die Ermahnung seiner Mutter, bevor auch sie verschwand – an einem grauen Julitag weggeführt von den mörderischen Armen des Todes.

Was geschah mit den anderen im Viehwaggon? Und nicht nur mit denen aus dem Zug, in dem die Rosners waren, sondern mit den insgesamt 170 Zugladungen, die innerhalb von drei Monaten etwa 475 000 Juden allein aus Ungarn nach Auschwitz brachten? Eine gewaltige Menschenmenge – 475 000 Leben –, doch nur ein Bruchteil der Zahl, die letzten Endes vom Holocaust verschlungen wurden. Die meisten von ihnen kamen um, ohne ihr Leben zu Ende gelebt zu haben, und ohne, daß jemals irgend jemand ihre Geschichte erzählen würde. Wie schafften es die alten Leute, ihre steifen Glieder zu bewegen, um aus den Waggons zu klettern? War Bernies gelehrter Großvater irgendwo unter ihnen? Brachen einige von ihnen zusammen, als sie wieder an die frische Luft gelangten? Wie paßten sich ihre Augen an die plötzliche Helligkeit an? War der Bahnsteig genauso hoch wie der Boden innen in den Viehwaggons? Warum wurden manche Leute wahnsinnig und andere nicht? Ist «Wahnsinn» das richtige Wort, um ihren Zustand zu beschreiben? Konnte es auf dieser vier Tage dauernden Fahrt in die Hölle überhaupt eine «normale» Reaktion geben?

. . .

Unverändert präzise fährt Bernie mit seinen Erinnerungen fort. Während er und die anderen auf dem Bahnsteig warteten, bemerkten alle, die Opfer wie die Deutschen, daß in Höhe der nahegelegenen Industrieanlagen, die zum Auschwitz-Komplex gehörten, gerade ein größerer Luftangriff durch die Alliierten im Gang war. Aber dieses Ereignis änderte nichts an der alltäglichen Routine. Über die fernen Geräusche des Angriffs hinweg wurden deutsche Befehle gebrüllt:

«Ruhe! Schweig still, du Schweinehund!» Ein Gewehrkolben schlug einem urinierenden Mann auf Kopf und Rücken, ein Stiefel stieß gegen die Zähne eines Häftlings, gegen den ein Wächter eine spontane Abneigung gefaßt hatte. Doch jetzt, bei der Ankunft, beschränkte sich die Gewalt in erster Linie auf das Verbale. Eine zu große gegen einzelne gerichtete Brutalität hätte eine sinnlose Zeit- und Kräfteverschwendung bedeutet, denn auf der Tagesordnung stand ja immerhin eine Massenvernichtung. Menschliche Wesen durch diese Zerstörungsmaschine zu treiben war an sich die äußerste Manifestation von Gewalt. Und die Familie Rosner war jetzt im Zentrum des Mahlstroms angelangt, der die europäischen Juden und andere Opfer der Nazis mit sich fortriß.

Als «Führer» ihres Viehwaggons war Bernies Vater, ohne daß ihm Zeit zum Abschiednehmen geblieben wäre, der erste von seiner Familie, der aus Bernies Leben verschwand. Ich vermute, daß die Nazis die potentiellen Führungspersönlichkeiten gleich zu Beginn eliminieren wollten, damit sie die übrigen Opfer leichter handhaben und dann problemloser vernichten oder in Baracken einweisen und ihnen Zwangsarbeit auferlegen konnten.

Dann wurde Männern und Frauen befohlen, sich zu trennen, unter dem Vorwand, daß sie geduscht und entlaust würden. Bernies Mutter wollte, daß ihre Söhne bei ihr blieben. Einige ganz kleine Kinder ließ man bei ihren Müttern. Aber der zwölfjährige Bernie wollte nicht mit den Frauen duschen. Seine Mutter ermahnte ihn, auf seinen kleinen Bruder aufzupassen. Alles geschah mit atemberaubender Geschwindigkeit. Bernie sah die Panik im Gesicht seiner Mutter, als sie von ihr getrennt wurden. Jetzt standen er und Alexander zwischen den Männern, während Bertha Rosner für immer verschwand.

Die Brüder Rosner, die jetzt ohne ihre Eltern waren, wurden in einer Reihe von Männern den gepflasterten Teil der Laderampe entlanggeschoben. Am Ende der Rampe standen zwei SS-Offiziere in Militäruniform, die die Kolonne, die auf sie zuging, teilte, indem sie einige nach rechts und andere nach links schickten. Zu dieser Zeit wußten sie es noch nicht, aber diejenigen, die nach links geschickt wurden, waren zur sofortigen Vernichtung bestimmt, die anderen zur Zwangsarbeit oder zur späteren Vernichtung. Bernies Bruder, der vor ihm in der Kolonne ging, wurde nach links gewinkt – er war zehn Jahre alt und in den Augen der SS-Wachen eindeutig nicht wert, am Leben erhalten zu werden. Bernie, der sich an die Mahnung seiner Mutter erinnerte, versuchte, seinem kleinen Bruder zu folgen. Einen Augenblick lang sahen die SS-Leute tatenlos zu, aber nachdem Bernie zwei Schritte in Richtung seines Bruders gemacht hatte, packte ihn einer der SS-Aussonderer am Genick und schob ihn in die andere Richtung. Bei dieser ersten Entscheidung sahen die Nazis in Bernie, der zwei Jahre älter war als sein Bruder, offensichtlich einen Kandidaten für die Zwangsarbeit. Er konnte später immer noch eliminiert werden. Wie sich herausstellte, war dies das letzte Mal, daß Bernie seinen Bruder sah. Während Bernie in eine andere Richtung getrieben wurde, war ihm noch nicht klar, daß inzwischen seine ganze Familie verschwunden war.

Seine Kolonne rückte langsam an einem umzäunten Areal vorbei, auf dem sich, wie er später erfuhr, die Gaskammern befanden. Bernie beobachtete, wie Wachen einige Nachzügler mit Gewalt in den Eingang schoben und die schwere Holzschranke hinter ihnen schlossen. Bernie hatte in dieser Gruppe eine alte Frau aus Tab erkannt und hörte, nachdem die Schranke geschlossen worden war, laute Geräusche und Schreie aus dem Inneren. Damals hatte er noch keine Erklärung für diese entsetzlichen Schreie, und seine Gruppe schob sich einfach weiter. Bernies Trupp wurde an diesen Schranken vorbei zu einem Ziegelgebäude geführt, wo ihnen sämtliche Körperhaare rasiert wurden, und wo man sie ‹entlauste› und abduschte. Dann erhielt Bernie Kleider, unter anderem eine Jacke mit dem charakteristischen Stück gestreiften Stoff auf dem Rücken, das ihn als Insassen eines Konzentrationslagers kennzeichnete. Und der gelbe Streifen, der quer über das Vorderteil verlief, bezeichnete ihn als Juden.

Bernat Rosner, zwölfeinhalb Jahre alt, der einzige Überlebende seiner Familie, begann nun mit geschorenem Haar, geduscht, ‹entlaust› und in der KZ-Häftlingskleidung sein Leben in Auschwitz. Er wurde der Baracke 34, Lager E, Birkenau, zugewiesen, das auch in der Sprache der Nazis das «Zigeunerlager» genannt wurde, weil es im Frühsommer 1944 als «Quarantänelager» für Sinti und Roma genutzt wurde. Wenige Wochen nach Bernies Ankunft wurden die Angehörigen dieser Volksgruppen von dort fortgebracht, vergast und verbrannt. Bernie erinnert sich, daß einmal, als eine Lastwagenladung dieser Häftlinge an seiner Baracke vorbeikam, einer von ihnen seinen Blick auffing, seine flache Hand quer über den Hals zog und damit andeutete, daß er erwartete, umgebracht zu werden. Bernie gewöhnte sich allmählich an den beißenden Rauch, der ständig aus den Schornsteinen des Krematoriums aufstieg – das kaum einen Kilometer vom Lager E entfernt lag – und an den allgegenwärtigen Geruch des Todes, der durch das Lager wehte.

Jeder Block hatte einen Ober-Kapo und mehrere untergeordnete Kapos; es handelte sich um Lagerinsassen, die von der SS beauftragt waren, für die Aufrechterhaltung der Ordnung zu sorgen. In ihrer Macht stand es, die Häftlinge noch brutaler zu behandeln oder ihr Elend geringfügig abzumildern. Jeder Gefangene sollte pro Tag einen Viertel Brotlaib erhalten. Tatsächlich aber schnitten die Kapos, die für Bernies Baracke verantwortlich waren, aus der Mitte jedes ganzen Brotes für sich selbst ein Stück heraus und verkleinerten so die übrigen vier Portionen, die sie an die Gefangenen austeilten. Ein besonders grausamer Kapo prügelte einmal zwei Jungen zu Tode. Dieser Kapo war ein ehemaliger Kinderarzt.

Willkürliche Prügel waren für viele dieser Blockführer nichts als ein Zeitvertreib. Zu den formalisierteren Strafen gehörten Hiebe mit einem Gummikabel, in dessen Inneren ein Metalldraht verlief, der die Schläge noch schmerzhafter machte. Einmal erhielt Bernie fünf solcher Peitschenhiebe, weil er sich als letzter außerhalb der Baracken befunden hatte. Die für das Lager verantwortlichen SS-Leute verabreichten diese Schläge nicht persönlich. Wie Bernie sich erinnert, zogen es die SS-Leute vor, diese schmutzige Arbeit zu delegieren, und wohnten nur selten öffentlichen Auspeitschungen bei.

Der Tag begann, wenn morgens die Kapos gegen die Holzpritschen schlugen. Diese waren mit dünnen, stinkenden Strohmatten bedeckt, auf denen sechs bis acht Lagerinsassen übernachteten. Dann wurde den Häftlingen befohlen, sich draußen aufzustellen, damit sie abgezählt werden konnten. Bernie sagte, daß gewöhnlich alle aufstanden, weil diejenigen, die das nicht taten, in den «Krankenbau»-«Revier» genannt – geschickt wurden, von dem sie nicht mehr zurückkehrten. Ein Häftling bat mit wachsender Verzweiflung um das Insulin, das er benötigte. Die anderen überzeugten ihn, daß man ihn, wenn er seine Krankheit meldete, fortbringen und töten würde. Der Zuckerkranke wurde zwar immer schwächer, aber seine Leidensgenossen trugen ihn täglich hinaus und stützten ihn während des Zählappells. Doch bald verlor er das Bewußtsein und starb. Nach seinem Tod ließen die Häftlinge den Körper noch ein paar Tage zwischen sich liegen, weil sie nicht einmal ihre Toten den Wachen übergeben wollten.

Aufgrund von Photodokumenten wissen wir, daß über dem Haupteingangstor von Auschwitz die Nazis den Spruch «Arbeit macht frei» angebracht hatten. In Bernies Baracke konnten die Insassen die erste Zeile eines populären deutschen Schlagers lesen: «Es geht alles vorüber.» Sie war auf einen Dachsparren geschrieben und mit bunten, kitschigen Blumen verziert. Dieses sentimentale Lied, eines der vielen, die ich in meiner Jugend lernte, wird heute noch in deutschen Kneipen gesungen, wenn es besonders hoch hergeht. Es verspricht, daß auf jeden Dezember der Mai folgt. Das Lied wird gewöhnlich gegen Ende eines feuchtfröhlichen Abends gesungen, wenn die Menschen sich unterhaken und in einem gesteigerten Gefühl der Verbundenheit zu schunkeln beginnen. Dieses makabre Detail der Innenausstattung von Bernies Lagerbaracke verblaßte bei Einbruch der Dunkelheit, wenn es in ihrem überfüllten Quartier dunkel wurde und ein ganz anderes Lied auftauchte, eines, das ein Häftling in jiddischer Sprache verfaßt hatte. Irgend jemand stimmte es an, dann fiel eine zweite Stimme ein. Und bald sangen die meisten der Häftlinge mit. Wie Bernie sich erinnert, schwiegen ein paar auf ihren Pritschen, um diesem verzweifelten Schrei nach Erlösung zu lauschen:

Ejcho wi asoi un far woss
Jogstu uns asoj?
Wi is, foter, dajn rachmones?
Habet Mischomajim Wrech
Fun himl gib a blik
Zu di jidische kinder gib a glik
Lesch ojss dem fajer un loss es
Schojn sajn genik.

Wie, warum und wofür
Jagst du uns so?
Wo ist, Vater, dein Erbarmen?
Schau herab vom Himmel,
Vom Himmel wirf einen Blick

Den jüdischen Kindern gib eine Chance
Lösch das Feuer – und
Laß es schon genug sein.

Das erste Wort dieser Klage, *Ejcho*, «Wie», beschwört eindringlich den Klageschrei herauf, mit dem das Buch der *Klagelieder* im Alten Testament beginnt («Wie sitzt einsam die Stadt, die volkreiche ...»).[2] Und das Ende ist ein Widerhall des Liedes des Nachtwächters, der die Deutschen im Mittelalter ermahnte, Lampen und Herdfeuer zu löschen, um zu verhindern, daß ihre Städte von Feuersbrünsten zerstört wurden. Im Konzentrationslager waren die Ohren der Wächter, die vor den Baracken Wache hielten, verschlossen; das Klagelied drang nicht bis zu ihnen vor. Und der Gott, den die Häftlinge anriefen, war taub.

Eine Zeitlang hegte Bernie gewisse Hoffnungen. Während seiner ersten Woche in Auschwitz schrieb er auf kleine Papierfetzen Notizen an seine Mutter und reichte sie an Häftlinge weiter, die ausgewählt worden waren, um an diesem Tag in irgendwelchen anderen Teilen des Lagers zu arbeiten. Er bekam niemals eine Antwort. Mit der Zeit hörte er einfach auf zu schreiben, obwohl er immer noch nicht akzeptieren wollte, daß seine Mutter tot war.

An dem einen Ende des Lagergeländes, das zur Eisenbahnrampe hin gelegen war, pflegte Bernie die Züge zu beobachten, die die neuen Häftlinge brachten. Es trafen immer mehr ein, weil, wie er sich erinnert, die Deutschen damals das Ghetto in Łodź räumten. Wenn kein Zug auf den Gleisen stand, konnte er fast einen Kilometer entfernt ein Lager sehen, in dem sich Frauen und Kinder drängten. Obwohl dieses Lager zu weit weg war, als daß man jemanden erkennen oder jemandem etwas hätte zurufen können, erfüllte ihn dieser Anblick eine Zeitlang mit der Hoffnung, daß seine Mutter und sein Bruder dort sein könnten. Wenn die Insassen gelegentlich über ihre Überlebenschancen diskutierten, brachte Bernie diesen fernen Anblick von Frauen und Kindern zur Sprache, um der schwindenden Gruppe derer Mut zu machen, die sich trotz der Allgegenwart des Todes an jede Hoffnung klammerten. Diese Hoffnung zu speisen bedeutete einen Anschein von Normalität, zu der die Lagerleitung ermunterte, um die Ruhe aufrechtzuerhalten und das reibungslose Funktionieren der Mordmaschinerie zu erleichtern.

Die SS-Leute besorgten Musikinstrumente für diejenigen Häftlinge, die sie spielen konnten, und am Sonntagnachmittag fanden auf einem offenen Feld Lagerkonzerte statt. Märsche, beschwingte Wiener Walzer und deutsche Volkslieder erfüllten die Luft, die mit dem charakteristischen Geruch aus den Schornsteinen des Krematoriums geschwängert war. Die Sonntagnachmittagskonzerte waren ein altes deutsches Ritual, das in gutbürgerlichen Kreisen von Wien bis Berlin beliebt war. An einem Wochentag fand auf demselben Feld eine Versammlung anderer Art statt. Dann pickte ein Kapo aus den verschiedenen Baracken Jugendliche heraus und befahl ihnen, sich dort einzufinden. Er zeigte einfach mit dem Finger auf einen Jungen und sagte: «Du!» Wer ausgewählt wurde, mußte gehen. Es wurden keine Erklärungen abgegeben. Bernie gehörte zu denen, die ausgewählt wurden.

Ungefähr einhundertfünfzig Jungen versammelten sich auf dem Feld. Viele fingen an zu jammern und zu schluchzen, einige klammerten sich aneinander, andere sannen verzweifelt auf eine Möglichkeit, wie sie zu ihren Baracken zurückkehren könnten. Bernie dachte: «Das war's. Jetzt werde ich fortgezerrt und umgebracht.» Unter den aufmerksamen Blicken der Wachen standen die Kinder etwa eine halbe Stunde lang herum. Dann wurde ihnen, ebenso plötzlich, wie man sie zusammengetrommelt hatte, befohlen, wieder in ihre Baracken zurückzukehren. Bernie konnte sich nicht erklären, warum der Befehl so plötzlich rückgängig gemacht wurde. Gab es nicht genug Wachen zur Überwachung der Tötung? War ihnen das Giftgas ausgegangen? War die Gruppe dieser Jugendlichen zu aufgeregt und undiszipliniert, als daß man sie in die Gaskammern hätte schicken können?

▪ ▪ ▪

Während Bernie sich an diesen Teil seiner Geschichte erinnert, schreitet sie unerbittlich und atemberaubend fort mit einer Zwangsläufigkeit, die keinen «Ausstieg» erlaubt. Ich frage ihn, ob wir eine Pause machen können. Während er in die Küche geht, bleibe ich im Arbeitszimmer im Haus der Rosners, stehe auf, trete an das große Erkerfenster und blicke hinaus in ihren baumbestandenen Garten. Ich sehe, daß die Schatten länger werden. Auch in Nordkalifornien sind die ersten Frühlingstage noch kurz. Ich bemerke, daß eine Uhr tickt. Ich horche, ob ich draußen Vögel höre, um mich ein wenig aus der Umklammerung zu lösen, die Bernies Erinnerungsarbeit für mich bedeutet. Aber es gibt kein Entrinnen. Die Todesmaschinerie ist präsent, sie ist hier, in seinem Zimmer. Seit Auschwitz ist die Zeit überhaupt nicht vergangen. In diesem Augenblick der Gegenwart wird mir klar, daß niemand, der nicht dort war, je eine Brücke zu Bernies Seite, zu seinen früheren Erfahrungen, bis zum Ende überqueren kann. Auch meine Versuche werden letzten Endes scheitern. Dennoch nehme ich die Herausforderung an, etwas zu finden, irgend etwas in mir selbst, um etwas näher an diese andere Seite heranzukommen und wenigstens eine partielle Überquerung zu versuchen. Und um mir die Aufgabe etwas zu erleichtern, muß ich auf meine eigene Erfahrung zurückgreifen.

Etwa neun Monate nach dem Fall der Berliner Mauer

und kurz nach unserem Besuch in Tab waren Sally und ich 1990 in Ostdeutschland, um Goethes Weimar und, ein paar Kilometer außerhalb der Stadt, das Konzentrationslager Buchenwald zu besuchen. Das Lager ist jetzt ein Museum, geleitet von ehemaligen ostdeutschen Aufsehern, die man mit der offiziellen Betreuung «antifaschistischer Denkmäler» der Deutschen Demokratischen Republik beauftragt hatte. Wir betraten die Baracken an einem Ende und folgten dann in einer großen Gruppe von Besuchern den Pfeilen, die von einem Raum in den nächsten führten. Wenn sich die Warteschlange vorwärtsschob, bewegten wir uns mit. Ich fand an diesem unausweichlichen Vorwärtsrükken der Schlange etwas unheimlich Mechanisches, und ich mußte mich auf halbem Weg einfach ausklinken. Grund waren nicht die Greuel, an welche die Ausstellungsgegenstände erinnerten, sondern ich brachte es plötzlich nicht mehr über mich, in dieser sich langsam vorwärtsbewegenden Schlange auch nur einen einzigen weiteren Schritt zu tun. Ich sagte Sally, daß ich gehen müsse. Sie verstand mich, und wir traten aus der Warteschlange heraus und bewegten uns gegen den Verkehrsstrom, der sich nur in die eine Richtung wälzte. Es war genügend Platz da, um an den anderen Besuchern vorbeizukommen. Wir hinderten also niemanden am Vorankommen. Aber es verstieß gegen die Regeln, und als die Aufseher uns wiederholt anschnauzten: «Falsche Richtung!», mußten wir so tun, als verstünden wir kein Deutsch. Falsche Richtung? Zum Teufel damit! Ich ging gegen den Strom, egal, was sie sagten, getrieben von einem klaustrophobischen Fluchtbedürfnis. Als wir an der gleichen Stelle wieder hinausgingen, durch die wir hereingekommen waren, machte Sally einen makabren Witz auf Englisch, den die Wachen wohl nicht verstanden haben: «Was *ist* das jetzt – ein Konzentrationslager oder was?»

Als wir wieder draußen im Sonnenschein waren, dachte ich über das autoritäre Gehabe dieser Aufseher nach. War ihre Reaktion auf unsere unübliche Bewegung ein Überbleibsel der Nazi-Mentalität, des alten Preußen oder des kommunistischen Totalitarismus, das immer noch in ihnen fortwirkte? Gibt es kulturelle Muster und mentale Gewohnheiten, die sich so tief und in so verfeinerter Form in einer Bevölkerung festgesetzt haben, daß die Menschen sie gar nicht bemerken und sie deshalb auch niemals ändern? Werden gewisse Aspekte dieser Mentalität unweigerlich von einer Generation an die nächste weitergegeben, als Teil des kulturellen Erbes? Die Zivilgesellschaft, die die Deutschen nach dem Zweiten Weltkrieg geschaffen haben, spricht sehr deutlich gegen dieses Erbe, aber ich bin mir nicht sicher. Ich weiß nur, daß wir in diesem Sommer des Jahres 1990 unsere Richtung wechseln konnten, an einem Ort, der zu jenem Zeitpunkt nur noch ein Museum war. Aber 1944 konnten Bernie und die Mitglieder seiner Familie nicht die Richtung der Schritte ändern, die sie auf Geheiß der SS-Wachen im Todeslager von Auschwitz machen mußten.

Bernie kommt zurück und öffnet die beiden Flaschen Heineken, die die ganze Zeit über unberührt auf dem niedrigen Tisch vor uns gestanden hatten.

. . .

Bernies Geschichte entfaltete sich nicht so glatt, wie diese Nacherzählung vielleicht nahelegt. Sicher, er hatte beschlossen, mir seine ganze Geschichte zu erzählen, und ebenso sicher war, daß er die Fakten für sich selbst sprechen lassen wollte. Doch wir arbeiteten schon zwei Jahre an unserem Projekt, bevor er von sich aus über das herzzerreißende Klagelied sprach, mit dem die Lagerinsassen in

Auschwitz nachts in ihren Baracken Gott auf Jiddisch um Hilfe anflehten. Er sang mir das Lied nicht vor – ich wagte nicht, ihn darum zu bitten –, sondern diktierte mir den Text.

Ich brauchte eine gewisse Zeit, bis ich den tieferen Grund für Bernies anfängliches Schweigen begriff. Ich wußte, daß Bernies Familie, im Gegensatz zu vielen anderen orthodoxen jüdischen Familien in Tab, zu Hause kein Jiddisch sprach. Die Geschichte der Pogrome und des Holocaust ist aber eng mit der jiddischen Sprache verwoben. Und Bernie lehnt es ab, seine Geschichte als Opfer zu erzählen. Er wollte, daß sie die Geschichte eines Überlebenden ist. Er wollte, daß der gelbe Stern, den seine Mutter vor ihrer Deportation nach Auschwitz auf seine Kleidung nähen mußte, an seiner Kleidung haften blieb, und nicht bis auf seine Haut durchdrang. Dadurch, daß er die Rolle eines Opfers zurückwies, bewahrte er sich eine Freiheit, die er später brauchte, aber auf diese Weise schnitt er sich auch von einem Teil seiner eigenen Geschichte ab. Trug ich denn meinerseits das Hakenkreuz auf meiner Deutschen-Jungvolk-Uniform nur als äußeres Zeichen, so, wie ich das glaube? Und habe ich, wie Bernie, das Kainsmal zurückgewiesen, um die Freiheit zu gewinnen, die ich später brauchte, um mein Leben voll zu leben? Wir beide glauben, daß unsere Wege sich nur kreuzen konnten, weil wir es diesen Symbolen nicht erlaubten, sich unserer Seelen zu bemächtigen.

. . .

Der Juli 1944 war auch in Deutschland heiß gewesen. Ich erinnere mich gut daran, weil es der letzte Sommer vor dem Kriegsende war und ich auf den Getreidefeldern meines Stiefgroßvaters arbeiten mußte. Wir legten am Tag drei Pausen ein. Am Vormittag tranken wir Kaffee aus einer großen Blechkanne. Mittags machten wir eine kleine Brotzeit, und am Nachmittag gab es eine weitere Pause. Niemand trug eine Uhr, und deshalb teilten die Glocken der Dorfkirche den Tag ein. Apfelbäume gab es überall, aber wir nutzten ihren Schatten nur, wenn wir zufällig die geschnittenen Weizengarben unter einem von ihnen bündelten. Lediglich die Luftangriffe gestatteten uns längere Pausen. Dann ließen wir die Arbeit liegen, stellten uns unter einen Baum, sahen dem vorüberfliegenden Spektakel zu und kühlten uns ein wenig ab.

Alliierte Luftangriffe bei Tageslicht waren damals in ganz Deutschland an der Tagesordnung. Auf dem Lande fanden sie weniger häufig statt als in den Städten und kamen öfter dadurch zustande, daß Bomber, die ihre eigentlichen Ziele verfehlt hatten, ihre Bomben aufs Geratewohl abwarfen, und dabei manchmal ganze Dörfer auslöschten.

Für mich schien eine wirkliche Gefahr im allgemeinen weit entfernt zu sein. Der Schutzschild der Unsterblichkeit, der einen Dreizehnjährigen umgibt, wirkte zu meinen Gunsten. Auch Bernie stellte sich vor, daß so ein Schild existierte. Das wurde deutlich in der Art und Weise, wie er seine erste Zeit in Auschwitz schilderte. Aber, wie ich später herausfinden sollte, als er mit seiner Geschichte fortfuhr und nach Auschwitz weitere Stationen folgten – Mauthausen, Gusen und schließlich Gunskirchen –, ging dieser Schutzschild, der von Anfang an so zerbrechlich und imaginär gewesen war, mit der Zeit in die Brüche. Am Ende griff der Tod unmittelbar nach seinem Herzen, nach seinem Fleisch und nach seinen Knochen.

Mir widerfuhr nichts Vergleichbares. Aber es gab den Tag, an dem zwei Freunde und ich von einem alliierten Flugzeug – einer Thunderbolt der US-Air Force – unter Beschuß genommen wurden, als wir gerade mit unseren Fahrrädern über offene Felder fuhren. Wir verschwanden im Graben an der Straße, als das Flugzeug im Tiefflug über unseren Weg von rechts nach links hinwegdonnerte. Wir wurden nicht getroffen, und als das Kampfflugzeug nach ein paar Minuten nicht wieder zurückkam, brachen wir in nervöses Gelächter aus. Wir kehrten unversehrt nach Hause zurück und erzählten allen, die uns zuhörten, wie der Tod uns gestreift hatte. Die Gefahr hatte nicht länger als ein paar Sekunden gedauert, nicht Tage, Wochen oder Monate. Noch wichtiger war, daß wir nicht allein waren. Wir hatten unsere Familien, unsere eigenen Betten und die Vertrautheit unseres Zuhauses. Die Chancen, am Leben zu bleiben, waren für Bernie unendlich geringer als für mich.

Bei seiner Ankunft in Auschwitz hing Bernies Leben nur von einer kleinen Handbewegung eines SS-Mannes ab. Und was war mit diesem SS-Mann? Gab es irgendeinen Unterschied zwischen ihm und seinen Kumpanen, mit denen er die Aufgabe teilte, die Kolonne von Menschen in Lebende und Tote einzuteilen? Gewiß gab es in ihrer Beziehung zur Mordmaschinerie, der sie dienten, keinen Unterschied, aber für Bernie war der Unterschied zwischen den beiden namenlosen Aufsehern dennoch enorm. Einer von ihnen machte eine Handbewegung, vielleicht zufällig, die ihn am Leben erhielt. Nein, genauer besehen, war es kein Zufall, sondern Routine, eine Routine-Entscheidung der Wache, die in diesem reibungslos funktionierenden System zu seinen sich stets wiederholenden Jobs gehörte. Bernie glaubt, daß es dem SS-Mann vielleicht nicht gefiel, daß der Junge sich nach links bewegte, ohne einen entsprechenden Befehl erhalten zu haben, und daher beschloß, seine Autorität unter Beweis zu stellen, indem er ihn just in die entgegengesetzte Richtung schickte.

Ungefähr zur selben Zeit, als Bernie nach Auschwitz deportiert wurde, schickte man mich, den Protesten meiner Stiefmutter zum Trotz, zusammen mit fünf anderen Schülern meines Gymnasiums in Miltenberg in ein «Bannausleselager» der Nazis, in dem die künftigen Führungskader des Dritten Reichs ausgebildet werden sollten. Der Besuch dieses Lagers war eine Voraussetzung für die spätere Aufnahme in die höhere, sogenannte Adolf-Hitler-Schule. Meine Stiefmutter, die gegen die Nazis war, hatte den Mut, bei den Verantwortlichen der Nazijugend gegen diese Entscheidung zu protestieren, aber sie konnte meine Teilnahme nicht verhindern.

Ich verließ Kleinheubach, um mich fast zwei Wochen lang intensiven körperlichen Untersuchungen, allen Arten von geistigen Eignungstests, ideologischer Indoktrination und strengen Verhören zu unterziehen, die den ganzen Tag und oft bis in die Nacht hinein dauerten. Jeder Tag begann mit einem Zählappell. Wenn der Lagerleiter erschien, um uns zu inspizieren, brüllte unser unmittelbarer Vorgesetzter: «Achtung! Stillgestanden! Bannführer, melde gehorsamst.» Wir nahmen Haltung an. Manchmal wurden wir mitten in der Nacht geweckt und unternahmen einen Marsch, der nirgendwohin führte; auf gebrüllte Befehle hin warfen wir uns entweder rechts oder links der Straße in die Gräben. Man befahl uns, imaginäre Kämpfe gegen unsichtbare Feinde auszutragen. Ich habe von Natur aus schon immer unter Klaustrophobie gelitten (im Gegensatz zu Bernie genoß ich den Luxus, genug Zeit zu haben, um über meine Psyche nachzudenken), deshalb war es meinerseits nichts weiter als eine eingefleischte, reflexartige Reaktion, mich dieser Art von rigider Disziplin zu widersetzen, der man uns unterwarf.

Einmal mußten wir eine Stunde vor Sonnenuntergang aus dem Lager auf ein offenes Feld marschieren. Man ließ uns anhalten, zur untergehenden Sonne hin Kolonnen bilden und dann Kniebeugen machen, während unsere Führer an den Reihen entlang auf und ab schlenderten, um zu kontrollieren, daß wir die Übung auch richtig durchführten. Diejenigen von uns, die stöhnten, als die nicht endenwollenden Kniebeugen zu schmerzen anfingen, wurden herausgeholt und dem Spott preisgegeben. Andere fingen, nachdem noch mehr Zeit vergangen war, an zu weinen, und einige von uns fielen vor Erschöpfung um. Alle diese «Schwächlinge» wurden aus den Reihen herausgeholt und mußten sich getrennt von uns in einer Gruppe von tadelnswerten Versagern aufstellen. Als einer der kleinsten vermied ich es, meine Knie überhaupt zu beugen, indem ich mich einfach aus der Taille heraus nach vorn bückte. Immer, wenn unsere Gruppenführer sich mir näherten – ich stand in der zweiten Reihe –, machte ich, wie befohlen, Kniebeugen, griff dann aber wieder auf mein bequemeres Täuschungsmanöver zurück. Als die Sonne etwa eine Stunde, nachdem die Übung begonnen hatte, den Gipfel des Berges berührte, wurde die Tortur endlich beendet. Während die meisten meiner Kameraden auf den Boden fielen, konnte ich mich noch auf den Füßen halten und sonnte mich in dem Hochgefühl, den wachsamen Augen unserer Wächter ein Schnippchen geschlagen zu haben.

Gegen Ende dieser beiden Wochen mußten wir uns vor dem Büro, das eigentlich nur ein umfunktioniertes Schlafzimmer war, aufstellen, um uns «rassisch klassifizieren» zu lassen. Als mein Name aufgerufen wurde, betrat ich den kleinen Raum und stellte fest, daß ein Lagerleiter direkt vor mir, ein anderer im rechten Winkel zu meiner Linken, und ein dritter, der Schreiber, in einer Ecke des Raumes saßen. Der Typ vorn erklärte mich zu einem «westfälischen Arier» und lieferte eine Kurzbeschreibung meines Aussehens. Für ihn qualifizierten mich die Form meines Gesichts und meine blauen Augen für die Aufnahme in diese Kategorie der rassistischen Klassifizierung der Nazis. Dann meldete sich der Typ an meiner Seite und fügte hinzu: «Starke dinarische Einschläge», und bezog sich damit vermutlich auf meine auffallende Adlernase und mein dunkles Haar. Ich fand später heraus, daß diese Rassenklassifizierer den Begriff «dinarisch» auf jeden Deutschen anwandten, der «mediterran» aussah. Mir kam dieses seltsame Ritual eigentlich nur albern vor. Wie konnten sich ihre Kategorien auf mich, Fritz Tubach, beziehen, der immer stolz darauf gewesen war, nicht in Hanau, Frankfurt oder Miltenberg geboren zu sein, sondern in San Francisco, Kalifornien? Ich hatte das Gefühl, nicht dies oder das zu sein; ich wollte mich sämtlichen Kategorien entziehen, in die sie mich einordnen würden, und mich von allen anderen unterscheiden. Ich hatte sogar damit geprotzt, eine Baskenmütze mit einem Edelweiß darauf zu tragen (dem Symbol der Widerstandsgruppe «Weiße Rose» der Geschwister Scholl in München), und war dafür im Dorf ausgelacht worden. Ein Führer der Hitler-Jugend, der neben mir in der Kirche saß, bezichtigte mich sogar, dem Widerstand anzugehören, zog an meiner Mütze und versuchte, das Symbol abzureißen. Ich gehörte zwar nicht dem Widerstand an, aber ich protestierte und sagte, daß ich das Recht hätte zu tragen, wozu ich Lust hatte.

Die Lagerlatrine war eine rustikale Konstruktion mit einem runden Loch, das aus einem Holzbrett herausgeschnitten war. Der Rand des Loches war verschmutzt, und die Benutzung der Latrine war mir zuwider. Aber am letzten Tag in diesem Lager, als ich meine Notdurft verrichten mußte, kletterte ich auf das widerwärtige Holzbrett, um einen direkten Kontakt mit ihm zu vermeiden. Als ich den Gürtel meiner Uniform öffnete und mich über das Loch kauerte, rutschte mein mit Hakenkreuz und Eichenlaub verzierter Dolch heraus und fiel in die Grube mit den menschlichen Exkrementen. Es gab keine Möglichkeit, ihn herauszuholen, und als ich nach meiner Rückkehr meiner Stiefmutter erzählte, daß ich den Dolch in der Latrine verloren hatte, lachte sie und sagte, es sei ein Glück, daß er weg sei. Sie hat nie für Ersatz gesorgt. Mein Vater hätte das bestimmt getan.

Mein Vater und meine Stiefmutter reagierten gegensätzlich auf meine Uniform. Er assoziierte viele seiner Ambitionen mit Nazi-Emblemen. Einmal phantasierte er, daß alle Mitglieder der NSDAP nach dem gewonnenen Krieg weiße Uniformen bekommen würden. Darauf freute er sich. Als er mich während seines letzten Urlaubs auf eine Zugfahrt nach Frankfurt mitnahm, beschloß er, daß wir beide unsere Uniformen tragen sollten, er seine Offiziersgala mit Pistolenhalfter und ich meine Jungvolkuniform mit Dolch. Das Erste-Klasse-Abteil mit seinen Polstersitzen war nicht besetzt, und so gab es für uns beide einen Platz am Fenster. Aber mein Vater forderte mich auf, den größten Teil der Strecke zu stehen, um die vorbeigleitende Landschaft besser zu sehen, aber auch, um besser gesehen zu werden, wann immer der Zug auf dem Weg bis zum Frankfurter Hauptbahnhof in irgendeine Station einfuhr.

Im November 1942, als ich fast zwölf war, verbot mir meine Stiefmutter, mir einen Film über Bismarck anzusehen; die örtlichen Leiter der Nazijugend hatten den Mitgliedern des Deutschen Jungvolks befohlen, sich diesen Film – in Uniform – anzusehen. Ich gehorchte ihr nicht, und als ich nach Hause kam, drohte sie mir, mich zu versohlen. Ich sagte ihr, daß sie mich nicht anrühren könne, solange ich die Uniform anhätte. Daraufhin hagelte es sofort Hiebe. Ihre Hände waren von der Feldarbeit kräftig. In meiner Wut ging ich zu meinem Vorgesetzten, einem vierzehn Jahre alten Jungzugführer. Er pflanzte sich in Uniform in der Schmiede meines Großvaters auf, um ihn zur Rede zu stellen, doch nur, weil der Junge fixer war als mein schon betagter Großvater, konnte er einer Tracht Prügel entkommen. Die Angelegenheit wurde zu den Akten gelegt, als der

Vater des Jungen, Herr Stahl, der Besitzer eines Sägewerks, kam und meinem Großvater dafür dankte, daß er seinen Sohn in die Schranken gewiesen habe. Bis zu dem Zeitpunkt, als diese Episode im Laufe meiner eigenen Erinnerungsarbeit wieder an die Oberfläche kam, hatte ich diese Szene vergessen, weil sie nicht in die Vergangenheit «aus einem Guß» paßte, die ich mir selbst im Lauf der Jahre geschmiedet hatte.

Bis zum heutigen Tag bin ich meiner Stiefmutter dankbar dafür, daß sie meine «Beförderung» vom Deutschen Jungvolk zur Adolf-Hitler-Schule erfolgreich verhinderte. Wir wurden vor ein Hitler-Jugend-Tribunal zitiert, weil sie mir nicht erlaubt hatte, mich um die Aufnahme in die Schule zu bewerben, obwohl ich die erste Hürde, das Bannausleselager, genommen hatte. Als sie der Funktionär der HJ warnte, daß sie meine Karriere verderben würde, entgegnete sie: «Kümmern Sie sich um Ihre Karriere, ich kümmere mich um seine.» Was wäre in diesem Moment meines Lebens passiert, wenn nicht sie für meine Erziehung die volle Verantwortung getragen hätte, sondern mein abwesender Nazi-Vater oder meine geliebte Großmutter, die stolz gewesen wäre, wenn ihr Lieblingsenkel die ersten Sprossen einer Nazikarriere erklommen hätte? Hätte ich vielleicht mein Bedürfnis, anders zu sein, aufgegeben und am Ende sogar die Uniform des Todes getragen? Ich weigere mich, das zu glauben. Aber ich erinnere mich an einen banalen Vorfall, der zeigt, daß die Nazi-Indoktrination einem nicht bloß eingebleut, sondern auch auf unterschiedliche und raffinierte Weise in den jungen Kopf eingeschleust wurde.

Im Bannausleselager hatte einer der zwölf Jungen in meinem Schlafsaal ein Kondom mitgebracht. Wir bliesen es auf wie einen Luftballon und ließen es aus dem Fenster in den Hof hinaus schweben. Die Lagerleiter schienen sich über diesen Streich mächtig zu ärgern. Ihre Untersuchung ergab, daß der Regelverstoß in unserem Saal stattgefunden hatte, und wir wurden stundenlang verhört, gedrängt, den Schuldigen zu verraten, und mit strengen Strafen bedroht. Doch gleichzeitig machte ich bei diesen Befragungen eine gewisse zwiespältige Haltung aus, der offensichtlich ein unterschwelliges Kompliment zugrunde lag: «Ihr seid Kerle!» Wir hielten zusammen, weigerten uns, den Anstifter zu verraten, und entgingen einer Bestrafung. Die ambivalente Botschaft unserer Vorgesetzten verknüpfte eine Reihe verschiedener Faktoren miteinander – Sexualität, Regelverstoß, Reglement und männliche Solidarität –, sollte einerseits die Ordnung aufrechterhalten und uns andererseits einen gewissen Widerspruchs- und Teamgeist eintrichtern. Sie wollten uns befähigen, im Dienste der großartigen Nazi-Maschinerie etwas zu leisten. Sie ermunterten uns, uns zu einer kontrollierten Horde, eigentlich zu einer Bande, zu entwickeln, die von dem größten Häuptling aller Zeiten, der in Berlin saß, legitimiert und angeführt wurde.

▪ ▪ ▪

Als wir mit unserer Erinnerungsarbeit an diesem Punkt angelangt waren, wollten Bernie und ich möglichst ungestört damit fortfahren. Seine Geschichte wirkte so stark in die Gegenwart hinein, daß es uns Unbehagen verursachte, wenn wir den Faden erst viele Tage später wieder aufnahmen. Als Bernie seine Erzählung mitten auf dem Weg zu seiner Baracke im Lager E abbrach, hatte ich das Gefühl, daß sich sein Aufenthalt in den Konzentrationslagern dadurch verlängerte. Deshalb trafen wir uns kurz darauf wieder, dieses Mal in meinem Haus. Bernie fuhr mit der Schilderung seiner Erinnerungen nun in unserem Wohnzimmer fort, und ich machte mir, wie üblich, Notizen und unterbrach ihn nur, um Details in bezug auf die Beschreibung von Gegenständen und die zeitliche Einordnung zu erfragen. Ich staunte, wie kühl und emotionslos er mit ein paar sicheren Strichen auf ein blauliniertes gelbes Blatt Papier eine Karte vom Birkenauer Abschnitt des Konzentrationslagers Auschwitz zeichnete. Er versah die Skizze mit Pfeilen, um mir zu zeigen, wie die Leute innerhalb des Lagers zu den verschiedenen Abteilungen gebracht wurden, zum Entlausen, zu den Gaskammern oder nach draußen – entweder, weil sie in zeitweiligen Arbeitstrupps dienten, oder weil sie dauerhaft in andere Lager verfrachtet wurden. Seine Genauigkeit verblüffte mich. War es Bernies geistige Klarheit gewesen, die seine Überlebenschancen wider alle Erwartungen vergrößerte? Schützte ihn seine seelische Robustheit, auf die er heute noch stolz ist, davor, psychisch zugrunde zu gehen? Oder war es das Gefühl der Unbesiegbarkeit eines Zwölfjährigen, das ihn gesund und flexibel erhielt und sein Bewußtsein für die wenigen winzigen Gelegenheiten schärfte, die seine Chancen erhöhten? Es ist schwer, diese Faktoren gegeneinander abzuwägen, zumal man im nachhinein weiß, daß in jedem Augenblick der Wink der Hand eines SS-Aufsehers jedes Leben auslöschen konnte – ob es schwach oder stark war –, und auch jeden Geist – unabhängig davon, ob er klar war oder wirr.

. . .

Bernat Rosner wurde dem Lager E zugewiesen. Es lag neben dem Lager F – offiziell euphemistisch «Hospital-Lager» genannt –, in dem Josef Mengele an lebenden Menschen seine barbarischen medizinischen Experimente durchführte. Bernie erinnert sich an die Zwillinge, die aus seinem Abschnitt des Lagers herausgeholt und in Mengeles benachbarte Versuchsstation gebracht wurden. Er und andere Häftlinge unterhielten sich über den Zaun mit diesen Zwillingen. Als sie dabei feststellten, daß sie gut ernährt und gut behandelt wurden, beneideten sie die Zwillinge und wünschten, ihnen folgen zu können. Natürlich hatten sie nicht die geringste Ahnung, welch diabolisches Schicksal diese erwartete.

Aufmerksam beobachtete Bernie, daß die Insassen des «Quarantänelagers», des Lagers E, entweder für die dauerhafte Unterbringung in einem Arbeitslager in Auschwitz selbst oder für die Überstellung in andere Konzentrationslager ausgewählt wurden. Nur Häftlinge, die für ein Arbeitslager in Auschwitz ausgesucht wurden, bekamen eine blaue Identitätsnummer auf den Unterarm tätowiert. Da Bernie aufgrund seiner eigenen Initiative anderswohin gebracht wurde, trägt er dieses Zeichen nicht auf seinem Körper.

Die Einrichtungen, die für die Selektion genutzt wurden, befanden sich im Lager E. Sie bestanden aus großen, langen Blockhäusern, die der Länge nach durch eine 1,20 hohe Mauer in zwei Abteilungen eingeteilt waren. Diese Baracken waren anfänglich als Ställe gebaut worden, und die innen hohle Mauer diente als Leitungsrohr für die Wärme, die ein Ofen in der Nähe des Eingangs erzeugte. Jede Barackenhälfte hatte eine eigene Tür.

Der Selektionsprozeß verlief folgendermaßen: Die Häftlinge wurden außerhalb der Baracken aufgestellt, dann wurden diejenigen, die für den Transport ausgewählt worden waren, in den rechten Teil getrieben. Mit der Zeit bemerkte Bernie, daß die Gruppe von Häftlingen, die man zurückließ – also nicht für eine Verlegung aussuchte –, aus älteren und kränkeren Männern und kleineren Jungen bestand, die weniger arbeitstauglich waren. Allmählich dämmerte ihm, daß es gefährlich wäre, auf unbestimmte Zeit in dieser Gruppe zu bleiben.

Eines Tages, als gerade wieder einmal eine Selektion im Gang war und Bernie wieder nicht ausgewählt worden war, ergriff er seine Chance. Er beschloß, über die Mauer zu klettern und sich unter die Häftlinge auf der rechten Seite zu mischen. Eine Wache, die aufgestellt war, um dergleichen zu unterbinden, drückte Bernies Arm mit dem Stiefel gegen die Mauer, die Bernie zu übersteigen versuchte. Einen kurzen Augenblick lang, solange er ihn dort festhielt, schaute ihm der Aufseher in die Augen. Dann zuckte er die Achseln, hob das Bein an und ermöglichte es Bernie, sich der Gruppe anzuschließen, die für den Transport ausgewählt worden war. Bernies verzweifelter Entschluß und die willkürliche Entscheidung des Naziaufsehers, ihn gewähren zu lassen, befreite ihn fürs erste aus dem unmittelbaren Zugriff der Todesmaschinerie. Und wegen dieses Sprungs muß in dem offiziellen Bericht über die Anzahl der Häftlinge, die am 17. September auf einen Transport von Auschwitz nach Mauthausen gebracht wurden – so wie ihn Danuta Czech in *Auschwitz Chronicle, 1939–1945*: *From the Archives of the Auschwitz Memorial and the German Federal Archives* aufgezeichnet hat, eine Korrektur vorgenommen werden. Der fragliche Eintrag für den 17. September 1944 lautet auf 1824 Personen, darunter 1396 Polen. Man muß Bernies Eigenselektion dazurechnen, und dann beläuft sich die Zahl der Häftlinge auf 1825.

Die über 400 Kilometer lange Verlegung nach Mauthausen im Viehwagen dauerte etwa zwei Tage. Es war eine völlig andere Fahrt als die, die für Bernat Rosner einige Monate zuvor in Auschwitz geendet hatte. In dieser Gruppe gab es keine Frauen oder kleinen Kinder, keine Bekannten aus seinem Heimatdorf und keine Mitglieder seiner Familie. Alle Passagiere waren Männer in verhältnismäßig guter Verfassung, und Bernie war der jüngste. Die Türen der Viehwaggons wurden nicht verbarrikadiert, und in jedem

Wagen saßen zwei deutsche SS-Wachen, die zusammen mit den Häftlingen nach Süden fuhren. Als der Zug vorübergehend in der Tschechoslowakei, in der Nähe von Olomouc, angehalten wurde, warfen Flugzeuge der Alliierten in der Nähe des Zuges Bomben ab, trafen ihn aber nicht. Die Piloten wußten wohl nicht, daß die Viehwaggons unter ihnen voller Menschen waren. Und natürlich kennzeichneten die Nazis einen solchen Zug nicht eigens, um ihn vor etwaigen Angriffen zu schützen. Nach dem Luftangriff fuhr der Zug weiter in Richtung Süden. Keiner der Häftlinge hatte eine Ahnung, wo ihr endgültiges Ziel lag.

Bernie knüpfte mit einem der deutschen Aufseher, der sich für ihn interessierte, ein Gespräch an. Er fragte Bernie, wo er herkam, und die beiden unterhielten sich lange, während der Zug immer weiter rollte. Ich versuchte, mir diese außerordentliche Szene vorzustellen, weil sie in gewisser Hinsicht so einleuchtend und so alltäglich erschien – zwei Fremde, die ein paar Tage lang am selben Ort zusammen eingesperrt sind, verbringen ihre Zeit mit Plaudereien. Bernie unterbrach meine Versuche, diesen Vorfall zu interpretieren, indem er sagte, dieser SS-Mann sei «ein ganz gewöhnlicher Typ» gewesen. Seine Bemerkung verblüffte mich. Diese Wache war also ein ganz normaler Bursche, der sich lediglich in einer ungewöhnlichen Situation befand? Mit anderen Worten: Er tat einfach nur die Arbeit, die man ihm zugewiesen hatte? Wir wissen beide, daß dies eine makabre, aber glaubhafte Sichtweise ist.

Der Zug traf am Abend des 19. September 1944 in einem an der Donau gelegenen Dorf ein. Die Passagiere verbrachten die Nacht in den zugesperrten Viehwaggons und betraten erst am folgenden Tag das Lager. Bernie erinnert sich, auf dem Weg bergauf zu dem von hohen Mauern umgebenen Lager, eine starke Sehnsucht nach der Normalität des Landlebens verspürt zu haben, die die Häuser des Dorfes und die ringsum liegenden Feldern auszustrahlen schienen. Als sie den imposanten Eingang des Lagers mit seinen soliden Steinmauern und dem riesigen, mit dem Adler und dem Hakenkreuz des Dritten Reichs versehenen Tor erreichten, versuchten sie, mit Arbeitern, die gerade das Gelände verließen, zu sprechen, wurden aber von den Wachen daran gehindert. Sie waren im Konzentrationslager Mauthausen angekommen. Am 21. September 1944 wurde die Liste mit den Neuzugängen vom 20. September 1944, Bernies offiziellem Ankunftstag, getippt. In dieser Liste steht der folgende Eintrag: «Rosner ... Bernat ... 29.1.27 ... Budapest ... Landarbeiter», und dann folgt seine Nummer: «103.705», gleich nach Rosenfeld, Ernő (103.704), einem ungarischen Bauern, geboren 1905, und vor Rotberg, Pinkus (103.706), einem polnischen Maschinenschlosser, geboren 1908. Der Eintrag in Mauthausen enthält einen schweren Fehler, der wieder einmal auf Bernies persönliche Initiative zurückgeht – nämlich auf seinen Beschluß, das Jahr seiner Geburt (1932) für die Liste auf 1927 vorzuverlegen, um fünf Jahre älter zu erscheinen, als er tatsächlich war. Obwohl diese Lüge sein Überleben nicht garantierte, gab sie ihm zumindest eine Chance, eher den arbeitsfähigen Erwachsenen als den jüngeren Knaben zugerechnet zu werden, die fast automatisch als potentielle Arbeiter ausschieden.

Mauthausen bestand aus drei Abschnitten. Die älteste Abteilung, Lager 1, war in dreizehn Blöcke unterteilt und beherbergte deutsche Kriminelle, die als «Arier» einen höheren Status und besondere Vorrechte genossen. Als Erkennungszeichen wurden ihren Jacken grüne Dreieckswinkel aufgenäht, und sie erhielten im Lager Überwachungsaufgaben. Willy, ein österreichischer Krimineller, führte die Aufsicht über Bernies Baracke. Polnische oder ukrainische Nichtjuden trugen rote Dreiecke, die ihren niedrigeren Status symbolisierten. Am unteren Ende der Lagerhierarchie standen die Juden, die gelbe Dreiecke tragen mußten. Bernie, der jüngste in einer Gruppe von ungefähr zwanzig Burschen, die alle zu derselben menschlichen Fracht aus Auschwitz gehörten, wurde Lager 2, Block 21, zugewiesen. Wie die anderen erhielt er die Häftlingskleidung und einen Haarschnitt, der «Mauthausen-Straße» genannt wurde – das heißt, der Kopf wurde in der Mitte rasiert.

Neben der Hierarchie, die den Lagerhäftlingen von den Nazis aufgezwungen wurde, kristallisierten sich unter ihnen auf der Grundlage ihrer Herkunft bestimmte Identitätsgruppen heraus. So bildeten etwa die ungarischen Juden eine solche Untergruppe. Die Sprache, die alle Gruppen gemeinsam hatten, war die Sprache ihrer Unterdrücker – Deutsch – oder vielmehr eine Art Pidgin-Deutsch, das die meisten in den verschiedenen Lagern gelernt hatten.

Tagsüber wurden die Insassen ins Freie getrieben, wo sie Ende September und im Oktober ihre Zeit gewöhnlich damit verbrachten, untätig in der immer kälter und feuchter werdenden Luft herumzustehen. Sie rückten nahe zusammen, um sich zu wärmen, und eine der Belustigungen der SS-Wachen und der Kapos bestand darin, auf diejenigen, die im äußeren Ring der Gruppe standen, einzuschlagen, damit alle Häftlinge in der Gruppe in Panik auseinanderliefen und sich gegenseitig niedertrampelten. Bei einem solchen Gemenge trug Bernie einmal eine leichte Verletzung am Bein davon, die sich entzündete und nicht zuheilen wollte. Er suchte jedoch keine ärztliche Hilfe aus Angst, seine Verletzung würde ihn als «arbeitsuntauglich» abstempeln, was in den Konzentrationslagern einem Todesurteil gleichkam.

Nachts wurden die Häftlinge in den ungeheizten Baracken zusammengepfercht, oft zu viert nebeneinander auf einer schmalen Pritsche. Um das beinahe unerträgliche Gedränge, das einen am Schlafen hinderte, zu vermeiden, schloß Bernie mit seinen anderen Pritschengenossen ein Geschäft ab und handelte eine ihrer Bettdecken gegen die Zusage aus, daß er den ihm zugewiesenen Platz im Bett aufgeben würde. Mit seiner zweiten Decke duckte er sich unter die Schlafkojen, die sich in drei Stockwerken über ihm auftürmten, und legte sich auf den Boden. So hatten er und seine Bettgenossen etwas mehr Platz. Bernie gewann einen teilweise zugedeckten Bereich, denn erstens befand sich unmittelbar über ihm das Bett, und dann hatte er, was am wichtigsten war, eine zweite Bettdecke, die zusätzlichen Schutz gegen die Kälte bot.

Außer der Kälte herrschte auch Hunger. Die Rationen waren auf einen Viertellaib Brot pro Tag beschränkt, dazu gab es entweder ein Stück Margarine oder eine Scheibe Leberwurst und eine Schüssel Kohlsuppe, in der gewöhnlich Maden schwammen, und morgens eine lauwarme braune Brühe, die Kaffee genannt wurde. Nur Nichtjuden erhielten Zigaretten zugeteilt, mit der Begründung, daß Juden die Zigaretten nur dazu benutzen würden, sich «zu bereichern».

Während die Zeit verging, wurde aus dem Hungern bald ein Verhungern, und viele Häftlinge magerten immer mehr ab. Diejenigen unter ihnen, die am ausgezehrtesten waren und denen man kaum noch anmerkte, ob sie tot oder lebendig waren, erhielten den seltsamen Spitznamen «Muselmänner». Burschen unter Zwanzig, wie Bernie, arbeiteten in der Küche, wo sie ihre Tage mit endlosen Träumereien vom Essen verbrachten – von Mahlzeiten in warmen Häusern mit Tischen, die beladen waren mit Fleisch, Brot, Früchten, Gemüse und Süßigkeiten aller Art. Die Arbeit in der Küche ermöglichte es Bernie hin und wieder, seine knapp bemessene Essensration etwas aufzubessern. Er machte ein Geschäft mit anderen Küchenhelfern, die ihm erlaubten, Kartoffeln und Zwiebeln in sein Blockhaus zu schmuggeln. Da seine KZ-Häftlingskleidung für seinen kleinen Körper zu groß war, konnte er sie, bevor er in seine Baracke zurückkehrte, mühelos mit den kostbaren Kartoffeln vollstopfen, ohne Verdacht zu erregen. Einmal platzten allerdings seine Hose und seine Jacke auf, als er in seinem Block eintraf, und die Kartoffeln und Zwiebeln fielen ausgerechnet in dem Augenblick heraus, als ein SS-Offizier hereinkam. Sowohl die Häftlinge als auch der Offizier brachen in spontanes Gelächter aus. Bernie verlor zwar seine Schätze, aber sonst hatte die Tatsache, daß er sich auf dieses gefährliche Risiko eingelassen hatte, keine weiteren schlimmen Konsequenzen für ihn.

Gemüse zu schmuggeln war nicht die einzige Überlebensstrategie, die die verzweifelten Burschen im Lager anwandten. Unter den relativ privilegierteren deutschen Insassen gab es eine Reihe von Homosexuellen, und einige der Jungen prostituierten sich, um von diesen Männern als Gegenleistung etwas zu essen und eine gewisse Protektion zu bekommen. Doch die Tatsache, daß einer der Burschen *in flagranti* mit einem Kapo ertappt wurde, beendete für Bernie und die anderen Jungen unter Zwanzig die kurze Zeit in der Lagerküche – eine der wenigen Phasen während seines Aufenthalts im Konzentrationslager, in denen er nicht hungern mußte.

Jeden Morgen und jeden Abend wurde ein allgemeiner Zählappell abgehalten. Dann mußten alle Häftlinge ihre Blockhäuser verlassen und sich draußen aufstellen, um abgezählt zu werden. Der Rapportführer des Blocks, der österreichische Kriminelle Willy, rief dann: «Achtung! Stillgestanden, Mützen ab!» Dann wandte er sich dem SS-Offizier, der für den Appell verantwortlich war, zu und brüllte: «Herr Oberscharführer, ich melde gehorsamst!»

Während die Tage, Wochen und Monate vergingen, schufen die Routine, die vollständige Überwachung und die totale Kontrolle im Lager ein illusorisches Gefühl der Vorhersagbarkeit. Zumindest für einen Jungen von dreizehn Jahren war es mit etwas Glück möglich, seine Überlebenschancen geringfügig zu erhöhen. Schließlich wurde man, wie Bernie nüchtern feststellte, «in Mauthausen nur umgebracht, wenn man krank wurde». (Während seiner Internierung wußte er nicht, daß in anderen Teilen dieses großen Lagers andere Gesetze herrschten, und daß etwa russische Kriegsgefangene, die in nahegelegenen Baracken untergebracht waren, vor allem nach einem größeren Ausbruchsversuch, gefoltert und getötet wurden.) Aus seiner eigenen subjektiven Sicht schien der Sicherheitsring um seinen Körper herum hier ein wenig weiter zu reichen, weiter auf jeden Fall als zuvor, als er, in Auschwitz, in nächster Nähe zu den Verbrennungsöfen lebte. Von nennenswerten Krankheiten, die von den Aufsehern hätten bemerkt werden können, blieb er verschont. So gereichte ihm seine jugendliche Unverwüstlichkeit eine Zeitlang zum Vorteil – zumindest bis zu dem Tag, an dem er sich auf den Stufen des Steinbruchs wiederfand.

Auf dem Gelände des Lagers von Mauthausen gab es einen Steinbruch, in dem ausgewählte Häftlinge Steine schleppen mußten, wahnsinnig schwere Steine, lange, steile Treppen vom Grund des Steinbruchs hinauf, bis ganz nach oben. Dieser Steinbruch diente zwei Zwecken. Der eine war der Aufbau des Lagers. Aber der Hauptzweck war die Zerstörung menschlichen Lebens. Vernichtung allein genügte nicht, um die sadistischen Triebe der Lagerleiter zu befriedigen, deshalb dachten sie sich diese raffinierte Art aus, ihre Gefangenen auf dieser aus grob gehauenen Stufen bestehenden *Via dolorosa* zu Tode zu foltern. Mit schweren Steinen beladen, wurden die Häftlinge die schmalen, qualvollen Treppen immer wieder gnadenlos hinauf und hinunter getrieben, ohne Pause oder Rast. Für Bernie existierten diese Steinbruchstufen nur einen einzigen Tag lang, nämlich an dem Tag, an dem er gezwungen wurde, dort zu arbeiten. Allein an dem Tag, an dem Bernie dort schuftete, kippte um ihn herum ein halbes Dutzend Leute um und starb an Erschöpfung oder wurde von den SS-Wachen ermordet. Die Gefangenen, die zögerten oder sich nicht schnell genug bewegten, um die Wachen zufriedenzustellen, wurden angeschoben, so daß sie, die schweren Steine immer noch an ihre Körper pressend, auf den Boden der Grube fielen. Warum ließen sie die Steine nicht los, während sie hinunterfielen? Bernie hat keine Antwort und kommt immer wieder auf diese Frage zurück: Warum ließen sie die Steine nicht los? Halbtote Häftlinge beseitigten die ausgemergelten Leiber der Toten wie Müll, so daß wieder andere, die beinahe schon verhungert waren, bevor sie überhaupt bis zum Steinbruch gelangten, ihren Platz einnehmen konnten. So wurde aus Leben tote Materie. Es war schlimmer als ein Alptraum. Für Bernie war es ein Tag in der Hölle.

. . .

Während die Stunden vergingen, war die Gegenwart für uns beide vollkommen ausgeschaltet. Aber plötzlich wurde uns klar, daß wir mit unserer Heraufbeschwörung der Vergangenheit aufhören und die Treppen von Mauthausen hinter uns lassen mußten, denn Bernie hatte sich an der Bay Area Rapid Transit Station mit Susan verabredet und mußte eilig dorthin, weil sie den Abend in San Francisco verbringen wollten. Ich begleitete ihn bis zur Tür seines Autos. Er erzählte mir, daß er am Tag zuvor ganz böse von seinem Fahrrad gestürzt sei, sich aber nicht im geringsten verletzt habe. Er sah mich an und sagte: «Du weißt ja, ich bin sehr hart im Nehmen.» Ich lächelte ihn schweigend an. Während er seinen Wagen aufschloß, wandte er sich noch einmal zu mir um und lächelte mit einem Anflug von Ironie zurück. Dann sagte er, mit noch mehr Nachdruck: «Ich bin verdammt hart im Nehmen.»

Lange, nachdem er mir über den Steinbruch erzählt hatte, und noch lange nach unserem gemeinsamen Besuch in Mauthausen fragte ich Bernie einmal, warum er nur einen einzigen Tag dort gearbeitet habe. Ich hatte die Dauer dieses eintägigen Erlebnisses immer als etwas Selbstverständliches akzeptiert. Aber natürlich mußten viele dort wiederholt und so lange arbeiten, bis sie tot umfielen. Es war eine besonders grausame Methode der Vernichtung. Bernie antwortete mir in seiner üblichen, direkten und unbefangenen Art.

Er könne es nicht mit Sicherheit sagen, meinte er, aber er habe dazu eine eigene Theorie. Bernies Ankunft in Mauthausen fiel zufällig mit der Ankunft des ersten ausschließlich aus jungen Burschen bestehenden Kontingents zusammen. Da es bis dahin keine jungen Leute gegeben hatte, war es eine «Neuigkeit»; es «stellte so etwas wie eine Sensation dar», wie Bernie es ausdrückte. Die Jungen wurden in Bernies Block 21 untergebracht, dessen Blockältester jener österreichische Kriminelle war, der sich einen Hauch von Menschlichkeit bewahrt zu haben schien. Bernie glaubt, dieser Mann habe gewußt, daß Leute, die für die Arbeit im Steinbruch ausgewählt wurden, nicht sehr lange überleben würden. Und als er sah, wie diese Jugendlichen – unter ihnen Bernie – nach ihrem ersten Arbeitstag im Steinbruch aussahen, beschloß er einfach, sie nicht wieder auszuwählen, sondern sie statt dessen eine Zeitlang in der Küche arbeiten zu lassen. Der Blockälteste verfügte bei solchen Selektionen über einen gewissen Ermessensspielraum, und Bernie meint, es sei dieser Mann gewesen, der die Entscheidung getroffen habe, die ihn und etliche andere davor bewahrte, weiterhin der mörderischen Arbeit im Steinbruch ausgesetzt zu werden.

. . .

Heute ist das an der Donau gelegene Mauthausen ein ruhiges Städtchen in Österreich. Nicht weit entfernt liegt die reizende Stadt Linz, die seit Jahrhunderten für ihre Linzer Torte und ihre großzügige Gastfreundschaft berühmt ist. Mozart kam häufig nach Linz und widmete der Stadt auch eine seiner Symphonien. Auf der anderen Seite der Donau, nur ein paar Kilometer entfernt, steht die Stiftskirche von Sankt Florian mit ihren fein ziselierten barocken Schmuckelementen und Anton Bruckners monumentaler Krypta. Ihr liebevoll gepflegter Friedhof ist voller hübscher Kreuze, Blumen und sonderbarer Inschriften auf marmornen Grabsteinen, auf denen der Beruf und die soziale Stellung der Verstorbenen eingemeißelt sind. Sankt Florian und Linz sind für Reisende, die sich auf dem Weg von Süddeutschland nach Wien befinden, beliebte Zwischenstationen geworden, aber an Mauthausen, auf der anderen Donauseite, fahren die Touristen vorbei.

Für Bernie bedeutete Mauthausen im Herbst und Winter 1944–45 weder Musik noch Gebäck noch barocke Architektur, sondern Kälte, Hunger und steile Stufen im Steinbruch. Während die Alliierten im Westen über die deutsche Grenze vorrückten, erreichte die russische Armee die deutsche Grenze im Osten. Die Ardennenoffensive, die die deutsche Armee im Dezember 1944 eröffnete, um die nördliche Flanke der Briten von den weiter im Süden kämpfenden Amerikanern abzuschneiden, brachte den Vormarsch der Westalliierten nach Deutschland vorübergehend zum

Stillstand. In diesem letzten Kriegswinter sollte es in ganz Europa sehr kalt werden. Die Befreiung lag noch in weiter Ferne.

. . .

Ungefähr 500 Kilometer nordwestlich von Mauthausen besuchte ich in Miltenberg, ein paar Kilometer mainaufwärts von Kleinheubach gelegen, das Gymnasium. Heute kann ein schneller Fahrer die Strecke zwischen Mauthausen und Miltenberg in weniger als sechs Stunden auf der Autobahn zurücklegen. In meinem Dorf wußte ich allerhand über Kälte und Hunger, aber nichts vom Verhungern oder gar von den Stufen im Steinbruch von Mauthausen. So unterschiedlich unsere Schicksale in jeder Hinsicht waren – während der Zweite Weltkrieg in Europa auf seinen Höhepunkt zusteuerte und im Frühjahr 1945 endlich zu Ende ging, war unser beider Leben in diesem Mahlstrom der Zerstörung gefangen – Bernie in seinem Zentrum und ich an seiner Peripherie.

Hin und wieder, wenn meine Familie nicht zu Hause war, schaltete ich verbotenerweise die deutschsprachigen Nachrichten der BBC ein, die aus London sendete, denn es machte mir Spaß, die Berichte der Alliierten über den Fortschritt des Krieges in Frankreich mit denen zu vergleichen, die aus dem Oberkommando der Wehrmacht kamen. Abgesehen von diesem «heimlichen Wissen» wußten ich und alle anderen, daß die deutsche Armee überall in Europa aus Rache immer wieder Massenhinrichtungen durchführte, und zwar in solchen Dörfern, die im Verdacht standen, Partisanen Unterschlupf gewährt zu haben. Diese Exekutionen galten als berechtigte Kriegshandlungen und legitime Vergeltungsmaßnahmen für feindliche Aktivitäten hinter den deutschen Frontlinien. Darüber hinaus hatte man zu Hause seit Jahren vage gemunkelt, daß die SS in den frühen Morgenstunden an Haustüren klopfte, um deutsche Opfer aufzuwecken und abzutransportieren. Man sprach von «Nacht-und-Nebel-Aktionen», die das Licht des Tages scheuten und die von «gesetzestreuen Bürgern» am besten ignoriert würden. Ich erinnere mich, daß die Aktionen, die gegen die in unserer Mitte lebenden Juden gerichtet waren, nicht dasselbe Maß an Angst erregten wie die, die sich gegen die wenigen Deutschen richteten, die mit den nationalsozialistischen Gesetzen in Konflikt kamen. Selbst mein Vater, ein loyales Mitglied der Partei, erzählte uns, daß er einmal fast in Panik geraten war, als er ohne Vorwarnung von der Gestapo aufgesucht wurde; sie wollten Einzelheiten über eine Geschäftsreise nach England wissen, die er ein paar Wochen vor Kriegsbeginn unternommen hatte. Zur großen Erleichterung meines Vaters gab sich die Gestapo mit seiner Erklärung zufrieden und behelligte ihn nicht weiter.

Über Konzentrationslager wurde nicht diskutiert. Offen darüber zu spekulieren, was hinter den Mauern eines solchen Lagers vor sich gehen mochte, war mit einem Tabu belegt. In diesem Zusammenhang war jede Spekulation oder Frage gefährlich. Angesichts des Mangels an Kommunikation unter den Deutschen ist es schwierig, genau herauszufinden, was tatsächlich bekannt war und wie viele Bescheid wußten. Was wußte ich persönlich 1944, mit dreizehn Jahren also, über Auschwitz oder andere Konzentrationslager? Im Mai 1945 wußte ich mit Sicherheit, was geschehen war. Da war ich vierzehneinhalb, und die Alliierten hatten mittlerweile gesiegt. Aber was wußte ich vor dieser Zeit? Ich war ein aufgeweckter Junge, der Flugblätter sammelte, die von alliierten Flugzeugen abgeworfen wurden – verbotene Papiere, die vom Himmel fielen, aus einer anderen Welt kamen. Ich wußte, daß ich die Vorschriften verletzte, aber meine Freude am Verbotenen war zu groß, als daß ich damit hätte aufhören können. Ich erinnere mich nicht, in diesen Flugblättern jemals etwas über Konzentrationslager gelesen zu haben, oder, falls sie erwähnt wurden, dann entsinne ich mich nicht. Wären Todeslager, in denen Millionen von Juden in Gasöfen verbrannt wurden, erwähnt worden, dann hätte es, da bin ich mir sicher, jeder im Dorf für antideutsche Propaganda gehalten. Damit ist meine begrenzte Kenntnis der Welt eines Dreizehnjährigen vor dem Eintreffen der Alliierten beschrieben. Aber ich kann nicht für alle Deutschen antworten.

Der Hunger kam für mich Tag für Tag in kleinen Dosen, und im Laufe des Winters wurden meine Tagträume immer lebhafter. Ich war vierzehn und inzwischen überzeugt, daß Deutschland den Krieg verlieren würde. Ich führte ein maschinengeschriebenes Tagebuch auch über die Landung der Alliierten an der Küste der Normandie, und als es den Deutschen nicht gelang, diese Truppen auf ihre Landeköpfe zurückzudrängen, kam ich von allein zu dem Schluß, daß dies ein sicheres Zeichen für die absehbare Niederlage der Deutschen sei. Mein Argument war einfach, daß der Ärmelkanal und der deutsche Atlantikwall durchbrochen waren und die Alliierten deshalb zwischen der offenen französischen Landschaft und Deutschland auf kein Hindernis mehr stoßen würden. Der Rhein war schließlich bedeutend schmäler als der Ärmelkanal. Jeder, der sich für Geographie interessierte, würde das wissen, sagte ich mir. Aber diese Erkenntnis teilte ich niemandem mit. Ich hielt sie sogar vor meiner Großmutter geheim, die mich bestimmt für geistesgestört gehalten hätte. Wenn der Krieg vorbei wäre, würde ich in die Vereinigten Staaten zurückkehren, in das Land meiner Geburt, und in einer Schokoladenfabrik arbeiten, wo ich so viel Süßigkeiten essen könnte, wie ich wollte.

Obwohl in Kleinheubach keine Schokolade aufzutreiben war, kamen immer Kartoffeln, eingemachtes Gemüse und Brot auf den Tisch. Unsere kleinen Fleischrationen verzehrten wir am Sonntag, wenn unglücklicherweise beim Mittagessen das Patriarchat herrschte. Mein Stiefgroßvater pflegte das stets nur kümmerliche Stück Rind- oder Schweinefleisch aufzuschneiden, sich selbst die größte Portion zu nehmen und den Rest, je nach unserem Alter, in immer kleineren Stücken auszuteilen. Als der Jüngste bekam ich folglich das kleinste Stück.

Im Erdkundeunterricht wurden uns Kenntnisse über Nordeuropa beigebracht. Der Lehrer, ein korpulenter Mann mit spitzer Nase und schütterem blonden Haar, hielt mitten im Unterricht inne und sprach uns vor: «In Dänemark gibt es Käse, Schinken, Butter, Eier und frischen Fisch.» Wir wiederholten diesen Satz mit Feuereifer im Chor und sagten seine Worte mit anschwellender Stimme nach, als könnten wir dadurch, daß wir diese verlockenden kulinarischen Bilder beschworen, sie tatsächlich vor uns erscheinen lassen.

Unser Lateinlehrer hatte einen Hang zum Fanatismus. Einmal weigerte er sich während eines Fliegeralarms, uns in den Luftschutzkeller gehen zu lassen mit der Ermahnung: «Auch wenn wir die Feuergefechte verlieren, müssen wir bereit sein, die Gefechte des Geistes zu gewinnen.» Wir hatten uns natürlich nicht auf die Prüfung vorbereitet, die er abhalten wollte, und hofften, daß die Sirenen ihm einen Strich durch die Rechnung machen würden. Mit Ausnahme des Klassenbesten (der später Griechischprofessor an der Universität Freiburg wurde) fielen wir alle durch diese Lateinprüfung. Für mich war die Schule eine mühselige Ablenkung geworden. Das wirkliche Leben und der Krieg fanden außerhalb des Klassenzimmers statt.

Nächtlicher Fliegeralarm riß uns immer öfter aus dem Schlaf. An die Stelle der friedlichen Spaziergänge mit der

Schloßtante unter dem Sternenhimmel, auf denen sie mir die Namen der Sternbilder beigebracht hatte, trat jetzt ein anderes Ritual: Je nach Intensität und Richtung des fernen Feuerscheins lernten wir zu unterscheiden, welche der umliegenden größeren Städte – Heilbronn, Würzburg, Darmstadt oder Frankfurt – gerade bombardiert wurde. Bei Kriegsende fiel es mir leichter, meine Arme mit der Präzision einer Kompaßnadel in die Richtung dieser Städte auszustrecken, als die Sternbilder zu identifizieren, die ich früher gelernt hatte.

In den Monaten vor Kriegsende entwickelte sich unser Hunger zu einer ständigen Qual, ähnlich einem chronischen Schmerz, der nicht gelindert werden kann. Der Zufall wollte es, daß ein mit Weizen beladenes Schiff der Wehrmacht im Main, in der Nähe von Kleinheubach, vor Anker lag. Die Dorfbewohner kletterten an Bord und warfen die Soldaten, die Wache hielten, ins Wasser. Dann hieß es, daß wir den Weizen mitnehmen dürften. Die ganze Nacht verbrachten wir damit, jeden greifbaren Behälter damit zu füllen. Familien mit Badewannen hatten besonderes Glück. Sie konnten genug Weizen für ihren eigenen Gebrauch und zusätzlich noch etwas zum Verhökern horten. Etwa acht Kilometer flußabwärts lag ein anderes Schiff, beladen mit Heizöl, verlassen da. Auch dieses Schiff wurde geplündert, und die Frauen aus dem Dorf versuchten, das Öl dadurch genießbar zu machen, daß sie darin rohe Kartoffeln erhitzten. (Es hieß, die rohen Kartoffeln würden die giftigen Rückstände im Öl absorbieren.) Das Resultat schmeckte grauenhaft und machte viele Leute krank, aber nach einiger Zeit gewöhnte sich unser Verdauungstrakt daran. Durch solche Strategien kamen wir im Dorf durch, blieben zwar oft hungrig, liefen aber nie Gefahr zu verhungern.

Ich habe mich manchmal gefragt, ob Bernies lebenslange Berufstätigkeit für die Supermarktkette Safeway irgend etwas mit seiner frühen Erfahrung des Beinaheverhungerns zu tun hätte. Aber er sieht keinen Zusammenhang. Was jedoch mich betrifft, so erledige ich den größten Teil der Lebensmitteleinkäufe in unserem Haushalt gern selbst, weil ich mich in einem gutbestückten Lebensmittelladen einfach wohl fühle.

Während des letzten Kriegswinters wurde es in Kleinheubach sehr kalt. In unserem Haus war es nur im Wohnzimmer warm und einigermaßen behaglich. Die Schlafzimmer wurden nicht geheizt. Jeder tat sein Bestes, um während der frostigen Nächte einen Gang zum «Häusl» zu vermeiden. An Wintermorgen war der Urin in unseren Nachttöpfen gefroren, und die Fenster waren von unten bis oben mit Eisblumen überzogen. Ich erinnere mich, daß an den kältesten Tagen auf der oberen Kante meiner Bettdecke mein Atem eine weiße Rauhreifschicht gebildet hatte. Meine Füße waren aus dem einzigen Paar Schuhe, das ich besaß, herausgewachsen, aber ich mußte sie weiter tragen. Dort, wo meine Füße schmerzhaft gegen das Leder drückten, bekam ich Frostbeulen, die noch Jahre später jedes Mal juckten, wenn ich kalte Füße hatte.

Ein ganz klein wenig halfen mir meine eigenen Erfahrungen in bezug auf Hunger und Kälte, eine Brücke zu dem zu schlagen, was Bernie 500 Kilometer südöstlich von mir erlitt. Doch die Steinbruchtreppen von Mauthausen und die tiefreichenden Auswirkungen, die sie auf Bernies Leben hatten, blieben mir verborgen – abgesehen von der Zeit, in der er sie mir fünfzig Jahre später in meinem Wohnzimmer in Kalifornien schilderte. Aber eine plötzlich in mir geweckte Erinnerung half mir, die ständige Todesgefahr, der er ausgesetzt war, etwas besser nachvollziehen zu können.

1943 erkrankte ich an Tuberkulose und wurde zur Behandlung in ein Sanatorium bei Friedensweiler im Schwarz-

Fritz und seine Mutter,
Hedwig Tubach, geb. Sawicki,
San Francisco, 1932.

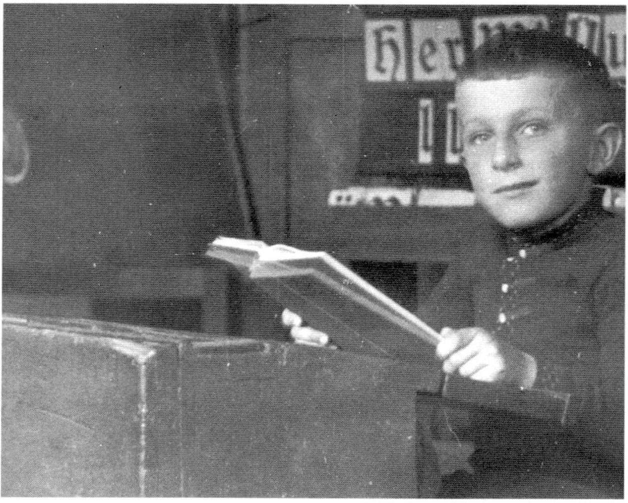

Die erste und zweite Klasse Volksschule, Kleinheubach, 1937. Fritz ist der vierte von links in der vordersten Reihe.

Fritz und sein Vater, Mitte der 1930er Jahre, Kleinheubach.

Fritz in der ersten Klasse, Kleinheubach, 1936.

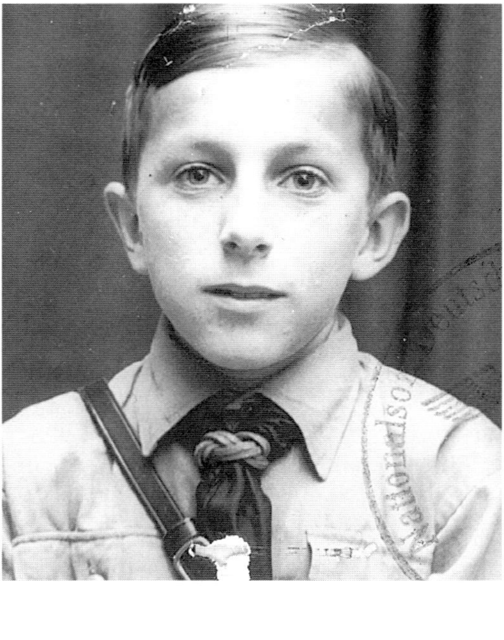

Fritz' Stiefmutter, Marie Tubach, geb. Zink, 1943.

Fritz' Vater in Wehrmachtsuniform, 1941.

Fritz mit 13 Jahren in der Uniform des Deutschen Jungvolks, 1943.

Angehörige der deutschen Besatzung auf Guernsey, Anfang 1945. Fritz' Vater (vorne links) spielt die erste Geige.

Fritz, San Francisco City College, 1949.

Bernie und Charles Merrill in Modena, August 1945 (das älteste Photo, das von Bernie erhalten geblieben ist).

Gruppenbild der Waisenhaus-
belegschaft von Selvino;
Bernie steht oben links.

Bernie (rechts) und Simcha
in Selvino, September 1945.

Bernie (ganz links) mit
Freunden in Selvino,
September 1945.

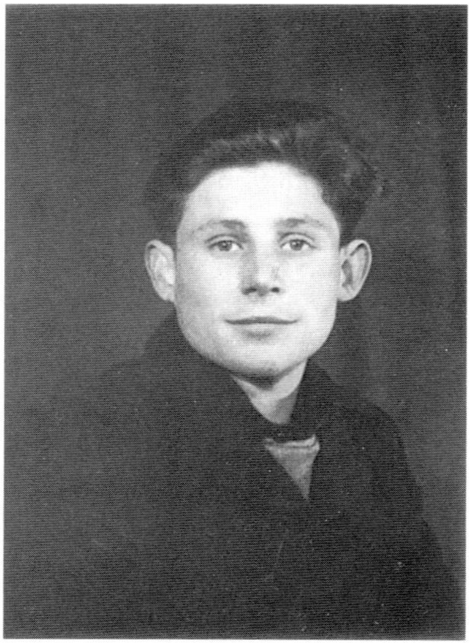

Bernie als Offiziersanwärter
der US-Army, 1954.

Bernies offizielles Photo für
die Einreise in die Vereinigten
Staaten, 1947.

Bernie in der privaten
Vorbereitungsschule für die
Hochschule, St. Louis, 1948.

TAB

Der Potsdamer Platz, Berlin, 1997. Von links: Fritz, Bernie, Manuela Bayer und Sally Tubach.

Bernie und Fritz vor dem Bahnhof von Tab, 1990.

Tab, Ungarn. Reste der Treppe, die zur Synagoge führte, 1990.

Fritz und Bernie, Seiser Alm,
Dolomiten, 1999.

Brief von Charles Merrill sen.
zu Bernies Abschluß an der
Cornell University.

MERRILL'S LANDING
580 NORTH LAKE TRAIL
PALM BEACH, FLORIDA

May 11, 1954.

Dear Bernat:

From a member of the Personnel Department of my firm, who visited Cornell University for several days recently, I have learned of the wonderful record you have made at Cornell during your four years there.

This man has written in glowing terms of your achievements -- not only of the favorable impression you made on him, but the fact that you are one of the most popular young men on the campus, and, in addition to your popularity, you are liked, rsspected and admired by all your classmates and Fraternity brothers.

Knowing your history from the time you were a child, when Charles, Jr. first became interested in you, when he met you in Italy, and later had you brought to the United States as his protege, naturally, I have been interested in you, and your career. The first time I met you I liked you, and I have always admired you greatly for your courage, -- and your ambition to make something worth while of the opportunities offered you.

What you have accomplished at Cornell speaks for itself; you have made an enviable record, and you have a very promising future before you at Harvard Law School. I am sure that Charles, Jr. is just as proud of you as I am.

It is with a great deal of pleasure that I enclose my graduation present to you, and with it go my heartiest congratulations and all good wishes for a job well done, and a happy and successful future.

Sincerely yours,
Charles Merrill

Mr. Bernat Rosner,
Cornell University,
ITHACA, New York.

CEM EK
ENC.

AFFIDAVIT IN LIEU OF BIRTH CERTIFICATE

I, BERNAT ROSNER, declare and swear as follows:

1. I was born in Budapest, Hungary on January 29, 1932.

2. In June, 1944, while Hungary was under German occupation during World War II, my entire family, including myself, was arrested by the German controlled authorities, and deported to a concentration camp in Poland. As part of this process, I was not permitted to retain or was deprived of all personal effects and documents, including any birth certificate or similar document.

3. Following the above events, I was the only survivor of my family (aged 13-1/2), and in view of post-World War II conditions, I did not attempt to return to Hungary. I spent the years 1945 through 1947 in various Western European Displaced Persons Camps as a "stateless person." I immigrated to the United States in January, 1948, and became a U. S. Citizen in May, 1953.

4. During the first 10 years following my departure from Hungary, political conditions made it impossible to attempt to secure any documents such as a birth certificate or copies thereof from that Country. Subsequent to that time, I have attempted to obtain such documents, but was advised by the relevant authorities that, because of the chaotic conditions that prevailed during and following World War II, no records consisting of or the equivalent to a birth certificate or similar evidence regarding the time and place of my birth were available or could be located.

5. In view of the above facts, which I have set forth in affidavits similar to this one, I have been granted U.S. Citizenship and a U.S. passport (which has been renewed several times) without the production of a birth certificate or similar document.

Bernat Rosner

Subscribed and sworn to before me this 9th day of October, 1986.

Judy E. Kirkland, Notary Public in and the County of Alameda, California.

OFFICIAL SEAL
JUDY E. KIRKLAND
NOTARY PUBLIC - CALIFORNIA
ALAMEDA COUNTY
My Comm. Expires March 7, 1989

Eidesstattliche Versicherung statt einer Geburtsurkunde.

wald geschickt. Während der drei Monate, die ich dort verbrachte, wurden die anderen Patienten und ich routinemäßig behandelt und untersucht. Doch einmal wurden wir in die Praxis unseres dort wohnenden Arztes gerufen, wo er und zwei oder drei uniformierte Männer zugegen waren. Wir wurden von dieser Gruppe einzeln untersucht. Ich erinnere mich, daß die Offiziere mehr Zeit für die Lektüre meines Arztberichtes als für meine Untersuchungen aufwendeten. Obwohl ich mir damals vollauf bewußt war, daß diese Untersuchung auf eine seltsame Weise von der normalen Krankenhausroutine abwich, hatte sie keine Folgen.

Was machten diese uniformierten Männer in unserer Klinik für Tuberkulosepatienten? Vor ein paar Jahren las ich zum ersten Mal in einem Zeitungsbericht, daß es Pläne gegeben habe, «untaugliche» deutsche Tuberkulosekranke zu eliminieren. Im nachhinein begriff ich, daß dieser Vorfall in Friedensweiler, der anders gewesen war als alles, was ich bis zu diesem Zeitpunkt erlebt hatte, ebenfalls eine kurze Berührung mit der Vernichtungsmaschinerie der Nazis gewesen sein könnte. Ich habe keine Beweise dafür, aber auch keine andere Erklärung.

Hilft mir meine flüchtige und vage Beklommenheit, die mich erst lange nach diesem merkwürdigen Ereignis beschlich, die Steinbruchstufen von Mauthausen irgendwie besser zu verstehen? Das, was Bernie erlebte, kenne ich nur aus seinen Schilderungen. Was empfinde ich bei alledem? Traurigkeit und Entsetzen vielleicht, weil sie ihm widerfahren sind, meinem Freund. Staunen? Nein. Mitleid? Dafür ist es zu spät. Bernie braucht es nicht. Ich kann die physischen oder seelischen Qualen, die er durchlebte, nicht nachempfinden. Jetzt im nachhinein und aufgrund der historischen Erkenntnisse kann ich zumindest auf rationaler Ebene verstehen, daß die gleiche Todesmaschinerie, die ihn ständig bedrohte, auch kurz am Horizont meines eigenen Lebens aufgetaucht sein könnte. Jedenfalls erinnere ich mich jetzt nur mit einem Frösteln an diesen besonderen Vorfall in meiner Jugend.

. . .

Als Häftling Nummer 103.705 war Bernie in eine fügsame und verfügbare Größe verwandelt worden. Eine Überstellung in ein anderes Lager oder eine neue Aufgabe in einer anderen Abteilung innerhalb eines Lagers konnte sich schnell zu einer Frage auf Leben und Tod entwickeln. Der Vorfall von homosexuellen Kontakten in der Küche von Mauthausen löste die überstürzte Verlegung aller jungen Burschen von Lager 2 ins Lager 3 aus. Dort wurde Bernie dem Block 27 zugewiesen, wo die Bedingungen entsetzlicher waren als alles, was ihm bisher begegnet war. Das Lagergelände war nicht mehr als ein sumpfiger Pferch. Die dort untergebrachten Häftlinge kamen von überall her. Nicht nur Osteuropäer, sondern auch Spanier, Franzosen und sogar einige Amerikaner waren dort eingesperrt. Außer der immer kleiner werdenden Tagesration an Brot bestand das einzige Essen aus einer Schüssel Suppe pro Tag, die fast ungenießbar war, weil obenauf eine Fettschicht schwamm, mit der sich Bernie den Magen verdarb. Eine derartige Verschlechterung in bezug auf Qualität und Quantität der Nahrung stellte eine direkte Lebensbedrohung dar. Die Chancen verringerten sich. Die Gefahr, als Halbtoter in die Ränge der «Muselmänner» abzusteigen, wuchs. Eine schwächende Krankheit, ein schwerer Durchfall, wenn auch nur vorübergehender Natur, konnten die Vernichtung bedeuten. Augen und Ohren offen zu halten, spielte immer weniger eine Rolle. Aber selbst wenn die Chancen schwanden, gab es immer noch Zufälle. Und während das Leben im Lager immer schwieriger wurde, gab es solche von Zufällen bestimmte Situationen, die Bernie zugute kamen.

So geschah es, daß der Blockälteste, der für eine der Baracken von Lager 3 verantwortlich war, ein deutscher Krimineller, sich mit Bernie, dem jüngsten der Häftlinge, anfreundete. Als sein Helfer erledigte Bernie Botengänge, sang Lieder und half, sein Quartier zu putzen. Im Gegenzug diente dieser Häftling als Bernies Freund und Beschützer und erhöhte somit seine Überlebenschancen. Zwei Wochen lang lebte Bernie, wie er sich ausdrückte, «wie Gott in Frankreich». Er bekam das normale Essen und durfte in der warmen Unterkunft des Blockältesten kampieren. Zwei Wochen lang hatte er einen Namen, nicht nur eine Nummer. Sein Freund und Beschützer befahl, daß ihm von einem anderen Häftling, der vor seiner Gefangennahme Silberschmied gewesen war, eine besondere Erkennungsmarke angefertigt wurde. Diese bestand aus einem ausgewalzten Löffel, der durch eine Verzierung seiner Ränder in ein kleines Kunstwerk verwandelt worden war. Ein Kettchen wurde daran befestigt, damit sie leichter zu tragen war, und dieses ovale Amulett ersetzte die primitive offizielle Erkennungsmarke aus Büchsenblech und Draht, die alle Häftlinge von der Lagerverwaltung ausgehändigt bekamen. Auf der Außenseite dieses neuen Armreifens stand seine Identifikationsnummer, 103.705, wohingegen die «versteckte» Innenseite seine Initialen, «BR», trug.

. . .

Während Bernie mir seine Geschichte erzählte, erwähnte er kaum noch seine Familie seit ihrer Trennung in Auschwitz. Als ich ihn danach fragte, sagte er mir: «Daß meine Familie tot war, kam mir erst allmählich zu Bewußtsein.»

Genauso lauteten seine Worte. Er sagte nicht, daß seine Familie «ermordet» oder «ausgelöscht» wurde; vielmehr benutzte er die Sprache des Alltagslebens, die den «Tod» zu den natürlichen Ereignissen rechnet. Aber seine Familie wurde *ausgelöscht*, sie ist nicht einfach nur gestorben, dachte ich für mich. Die tagtägliche Konzentration auf das Überleben ließ ihm wenig Zeit für irgend etwas anderes, auch nicht für Gedanken über die Vergangenheit oder seine verschwundene Familie. Ihr gewaltsamer Tod in den Gaskammern von Auschwitz hinterläßt sogar in seiner Sprache ein schwarzes Loch, das Bernie daran hindert, diese höllischen Tatsachen in Worte zu fassen. Und mir ist es unmöglich, irgend etwas davon zu erzählen. Nichts kommt aus diesem schwarzen Loch heraus – kein Bild, kein Schrei, kein Leid … keine Sprache.

. . .

Mein Onkel, dem die Aufgabe zugewiesen worden war, in Ploieşti, Rumänien, Öltankwagen zu fahren, wurde wahrscheinlich in die Luft gesprengt – er verschwand spurlos –, aber die meisten Mitglieder meiner Familie überlebten den Krieg. Onkel Ernst, der Kommunist, der dem Militärdienst entging, beobachtete in Ludwigsburg den Einmarsch der Alliierten von seiner Eingangstür aus und jubelte den Siegern zu. Der freundliche Onkel Ludwig, der von der Parteiversammlung in Nürnberg in Begeisterung versetzt worden war, war als Frontsoldat bis vor Moskau gekommen und wieder zurückgetrieben worden. Bei Smolensk, in Westrußland, verlor er im eisigen Winter die meisten seiner Zehen und zeitweise seinen Verstand. Als er wieder zu Hause war, pflegte er in der Nacht aufzuwachen und zu schreien, daß die Russen kämen, um ihn an den Zehen aufzuhängen. Sein «innerer Reichsparteitag» war vorbei.

Das Schicksal meines Vaters war ganz anders. 1941 wies ihm die Wehrmacht eine Stelle als Abwehroffizier auf den Britischen Kanalinseln zu; er gehörte zum Generalstab, der in Port St. Pierre auf Guernsey residierte. Sein Hauptproblem scheinen die Extrapfunde gewesen zu sein, die er nur schwer loswerden konnte, zumindest bis zu dem Zeitpunkt, als nach der Landung in der Normandie im Juni 1944 die Nachschublinien der deutschen Armee für die Britischen Kanalinseln abgeschnitten wurden. Ich erinnere mich an ein Photo, auf dem er sich auf einem entsprechenden Abmagerungsgerät sitzend abstrampelt. Ein anderes Photo zeigt ihn auf den Stufen von Sacré Cœur in Paris stehend, in Begleitung eines SS-Offiziers. Was hatte er mit einem Offizier der SS zu tun? Er erzählte mir, daß er während seines Aufenthalts auf Guernsey einmal den Befehl erteilte, einen englischen Zivilisten in «ein Lager in Deutschland» zu schicken, weil er die Nationalflagge Großbritanniens gehißt und in einem der dortigen Kinos «God Save the King» gesungen hatte. Mein Vater rechtfertigte seinen Deportationsbefehl mit der Behauptung, der Mann habe verhaftet und in dieses Lager geschickt werden wollen, um bei seiner Freundin zu sein, die sich bereits dort befand. Das war die einzige persönliche Verbindung zu einem Lager, die mein Vater je zugab.

Nach dem Krieg hatte mein Vater – im Gegensatz zu Bernie – trotz seiner Aktivitäten für die Nazis und seiner Stellung während des Krieges keinerlei Schwierigkeiten, ein Visum für die Vereinigten Staaten zu erhalten.

. . .

Mauthausen war das Zentrum mehrerer Außenlager, darunter auch Gusen, in dessen Nähe der deutsche Flugzeugbauer Messerschmitt eine Fabrik besaß, die Kampfflugzeuge herstellte. Im Dezember 1944 wurde Bernie dem Lager 1 in Gusen zugeteilt, wo er lernte, Nieten einzuziehen und kleine Metallteile auszuschneiden, die beim Bau der Flugzeuge verwendet wurden. Der Arbeitsplatz lag außerhalb des Lagers, und obwohl Bernies Gruppe die ganze Zeit überwacht wurde, verschaffte der Marsch zu dem Zwangsarbeiterlager ihnen wenigstens eine gewisse körperliche Bewegung außerhalb der Stacheldrahtzäune. Während sie durch die offene österreichische Landschaft gingen, konnten sie grüne Berge sehen, Gebirgsausläufer, die sich bis zu den Alpen erstreckten – eine andere Welt, die über den südlichen Horizont hinausreichte. Bernie erinnert sich, daß eines Tages, während seine Kolonne zur Fabrik zog, ein Österreicher, der in der Nähe auf einem Feld arbeitete, einen angebissenen Apfel fallen ließ, den Bernie aufheben konnte. Bernie ist überzeugt, daß der Österreicher beabsichtigte, mit diesem Stück Obst einem der hungernden Häftlinge zu helfen. Dieser unerwartete Segen war das einzige Stück frisches Obst, das Bernie während der elf Monate seiner Gefangenschaft in Konzentrationslagern aß.

Diejenigen, die das Lager verließen, um diese Flugzeugteile herzustellen, galten im Sinne der deutschen Kriegsanstrengungen als nützlich und weniger entbehrlich als die zurückgelassenen Häftlinge. Trotz ihres Hungers und ihrer Erschöpfung bewahrte sich diese Gruppe eine gewisse Hoffnung und, wenn es um die Beschreibung ihrer Lage ging, auch einen grimmigen Humor. Während sie zu ihrer Arbeit marschierten, sangen sie oft ein Liedchen zur Melodie von «Lili Marleen» mit folgendem Text: «Heute nicht arbeiten, Maschine kaputt.» Gewiß, die Kriegsmaschinerie war am Zusammenbrechen, aber der Zusammenbruch hatte Gusen noch nicht erreicht. Es wurden noch immer Jagdflugzeuge gebaut, die die Bomber der Alliierten auf ihren Angriffen rund um die Uhr abfangen sollten. Bernie, der Nieter, war gezwungen, nach wie vor seinen Beitrag zu den deutschen Kriegsanstrengungen zu leisten.

Ein zweites Lager, das nur für Juden reserviert war, lag nicht weit von Bernies Lager 1 in Gusen entfernt. Zwischen diesen beiden Abschnitten des Lagers gab es kaum Kontakte. Nach der Befreiung mußten die Überlebenden von Lager 1 feststellen, daß die Bedingungen im Lager 2 unendlich viel schlimmer waren als in ihrem eigenen. Es stellte sich nämlich heraus, daß es ein Horrorlager war, in dem Häftlinge notorisch gefoltert, vorsätzlich ausgehungert und getötet wurden. Nur wenige Insassen von Lager 2 überlebten.

Doch im Laufe der Zeit verschwamm für jeden in Gusen die Grenze zwischen Überleben und Tod. Der totale Krieg, den Goebbels der Welt versprochen hatte, wurde in den Lagern immer stärker spürbar. Was die routinemäßige Brutalität und das Elend in den Lagern noch verschlimmerte, war der sich ständig verschlechternde Zustand der gesamten deutschen Kriegswirtschaft. So wurden mit dem Beginn des Bodenkriegs in Deutschland auch die Bedingungen in den Lagern härter. Nicht nur systematische Ermordungen, sondern Hunger und Krankheit infolge des zunehmenden Mangels an Nahrung und anderen lebenswichtigen Dingen, führten dazu, daß sich in ganz Europa der Vernichtungsprozeß in den Lagern beschleunigte.

Ein gutes halbes Jahr war vergangen, seit die Familie Rosner aus ihrem ungarischen Dorf verschleppt worden war. Eine Orange in Budapest auf dem Weg nach Auschwitz und ein angebissener Apfel in der Nähe von Gusen auf seinem Marsch zur Arbeit stellten die einzigen greifbaren Zeichen von Hilfe oder Mitgefühl dar, die Bernie von der Außenwelt zuteil wurden. In den Konzentrationslagern selbst erfuhr man nur wenig Hilfe, sei es seitens eines Wärters, sei es seitens anderer Häftlinge. Aber die unabdingbare

Voraussetzung für ein Überleben der Lagerinsassen war vor allem das Kumpelsystem – eine Überlebenseinheit, die aus zwei Freunden bestand, die, wann immer dies möglich war, aufeinander aufpaßten.

Kurz nach seiner Ankunft in Gusen tat sich Bernie mit einem anderen jungen Burschen aus Ungarn zusammen, Simcha Katz, der zu dem ursprünglichen Gefangenentransport von Auschwitz nach Mauthausen gehört hatte, und bildete mit ihm eine solche Überlebenseinheit. Der letzte Test für diese Beziehung kam Mitte Januar 1945, als Simchas Schuhe – die offiziell zugeteilten Holzschuhe – gestohlen wurden. Zwei Tage lang trottete Simcha barfuß durch Eis und Schnee zur Arbeit. Wenn er überleben wollte, mußte er seine Schuhe von einem Häftling zurückkaufen, der seinerseits Diebstahl zu seiner Überlebensstrategie gemacht hatte und nun anbot, Simcha seine eigenen Schuhe zu «verkaufen», von denen der Dieb behauptete, er habe sie «gefunden». Die Schuhe auszulösen kostete zwei Tagesrationen Brot, aber ein so großes Opfer hätte Simchas Tod bedeutet. Die einzige Möglichkeit, sein Leben zu retten, bestand darin, daß die beiden Jungen einen Tag lang auf ihre Brotrationen verzichteten. Das taten sie, und Simcha bekam seine Schuhe zurück.

Bernie erinnert sich an den 31. Dezember 1944, den Silvesterabend. Der Blockälteste – der Häftling, der für Block 15 in Gusen verantwortlich war – zeigte sich von seiner menschlichen Seite. Bernie entsinnt sich nicht mehr, wie dieser Mann aus Wien hieß. Und er erfuhr nie, was ihn eigentlich dazu bewegte. Jedenfalls bekam der Mann etwas Alkohol und lud seine Landsleute, die in ähnlichen Stellungen dienten wie er, zu einem Umtrunk ein. Bernie und Simcha sahen von draußen, durch das Fenster, dem Trinkgelage und der Feier zu. Inmitten all des Hungers und des Sterbens fand eine Feier statt! Einige nahmen daran teil, andere sahen zu. Was feierten sie? Daß sie bis dahin überlebt hatten? Hatten sie etwas über das Vorrücken der Alliierten gehört und einen Grund zu der Annahme gesehen, sie könnten befreit werden? War es bloß ein Versuch, den Greueln des Lagerlebens eine Zeitlang zu entfliehen? Hatte das Alltagsleben eine gewisse Ähnlichkeit mit der Normalität bekommen, so daß übliche Rituale, wie das Begehen von Festtagen, auch hier gefeiert werden konnten, wie man sie in der Welt draußen feierte? Bernies Beschreibung dieser Szene verfestigte sich in meiner Phantasie zu einem Bild: Inmitten des massenhaften Mordens trinken und feiern erwachsene Männer, und die Jungen sehen ihnen dabei zu.

. . .

An denselben Silvesterabend 1944 erinnere ich mich noch sehr gut. Während des Winters war der Aktionsradius meiner Familie in Kleinheubach sehr eingeengt. Die Aktivitäten blieben zunehmend auf die unmittelbare Umgebung beschränkt. Nicht nur Berlin, das Machtzentrum der Nazis, schien weit fort, sondern mit dem Fortschreiten des Krieges wurden sogar die Entfernungen zwischen den Dörfern im Maintal größer. Wir fünf – mein Stiefgroßvater, meine Stiefmutter, zwei meiner Tanten und ich – saßen im Wohnzimmer um eine kleine Lampe, die von der Decke heruntergezogen werden konnte. Aus dem Schirm mit den grünen Glasperlenfransen fiel ein gedämpftes Licht auf den Tisch. Wir tranken Apfelwein, eine Spezialität unserer Region. Es wurde sehr wenig gesprochen. Vor Mitternacht ging ich in dem Zimmer, das neben dem Wohnzimmer lag, schlafen. Das Radio lief, und ich lauschte dem ersten Satz von Beethovens *Fünfter Symphonie*, auf den eine Ansage folgte, die ich nie vergessen werde. Mit seiner schneidenden Stimme und seinem Singsang verkündete Goebbels, der Propagandaminister, daß der Boden unter uns Deutschen schwanke, daß aber die Vorsehung, und, noch mehr als die Vorsehung, der Führer, im neuen Jahr, in dem Deutschland bestimmt den Endsieg erringen werde, alles wieder ins Gleichgewicht bringen würde. Ich hatte genug Verstand, um mich in meinem Bett, in meinem Dorf, zu fragen, was die Metapher mit dem «schwankenden Boden», realistisch betrachtet, tatsächlich bedeutete. Die Welt um mich herum war kalt, dunkel und gefährlich geworden – das wußte ich.

. . .

Das Jahr 1945 begann. Im Januar wurde das Wetter immer rauher. Die Luftangriffe der Alliierten nahmen zu. Für Bernie schien es für einen ganz kurzen Moment ein paar kleinere Verbesserungen in seinem KZ-Leben zu geben. Aber im Februar verschlechterten sich dann die Bedingungen in Gusen rapide. Bernie erinnerte sich, daß sich nur das Los von zwei Häftlingen deutlich verbesserte: Diese waren zur Arbeit im Krematorium gezwungen worden, wo sie aus den Mündern der wachsenden Anzahl von Leichen, die zu entsorgen waren, die Goldzähne ziehen mußten. Ein Teil dieses Goldes wurde heimlich deutschen Wachleuten übergeben. Wären die Häftlinge dabei erwischt worden, daß sie selbst irgend etwas von dem Gold behielten, hätte man sie erschossen. Aber die deutschen Aufseher waren froh, etwas von dem Zahngold einzustecken, und gaben den Häftlingen Anreize in Form von zusätzlichen Essensrationen, damit sie bei diesen makabren Tauschgeschäften mitmachten. Andere Lagerinsassen beneideten die Krematoriumsarbeiter und hätten für etwas mehr zu essen gern diese Höllenarbeit übernommen.

Alle anderen, einschließlich Bernies Gruppe von Jugendlichen, die bis dahin gesünder geblieben waren als die Erwachsenen, verfielen zusehends. Ihre Augen sanken immer tiefer in die Augenhöhlen. Ihre geschwächten Körper sahen aus wie Skelette, und sie ähnelten immer mehr den anderen wandelnden Toten. Alle litten zunehmend unter dem Läusebefall. Die Leichen türmten sich, und zweimal am Tag kamen Karren vorbei, um sie einzusammeln.

Bernie wurde in Block 5 verlegt, wo die Verhältnisse noch schlimmer waren. Das große, höhlenartige Gebäude war überfüllt; die Kapos waren brutaler als gewöhnlich, und infolge eines vollkommenen Mangels an Disziplin durften die Tyrannen unter den Gefangenen unbehindert ihre schwächeren Kameraden malträtieren. Hätte ihn das Glück an dieser Stelle vollkommen im Stich gelassen, wäre Bernie wahrscheinlich zugrunde gegangen. Aber zufällig lief er dem freundlichen österreichischen Häftling über den Weg, der für Block 15 verantwortlich war. Dieser Mann war in der Zwischenzeit zum Lagerältesten befördert worden und für das gesamte Lager 1 in Gusen verantwortlich. Er gab Bernie etwas zu essen, und Bernie erzählte ihm von den schrecklichen Zuständen im Block 5. Ein paar Tage später stattete der Lagerälteste frühmorgens den Baracken überraschend einen Besuch ab und war entsetzt über die Bedingungen, die dort herrschten. Nach einer erhitzten Debatte zwischen dem Lagerältesten und seinem Untergebenen, dem Blockältesten, verbesserte sich das Los der Gefangenen im Block 5 ein wenig.

Im März wurden Bernie Gartenarbeiten im Lager zugeteilt, aber da begann auch er immer schwächer zu werden. Die kargen Brotrationen wurden noch weiter gekürzt, und den Häftlingen blieben kaum mehr als eine Scheibe Brot und die tägliche Portion einer wäßrigen, von Maden verseuchten Suppe, die dadurch noch ungenießbarer wurde, da sie nicht gesalzen war. Eine Zeitlang konnte Bernie sie einfach nicht hinunterschlucken. Aber dann zwang der Hunger ihn, es doch zu tun. Es gab nichts anderes zu essen. Um ihn herum fingen die Menschen an zu taumeln, sie brachen zusammen und starben.

Während der zweiten und dritten Aprilwoche – Bernies normalerweise präzises Zeitgefühl wird jetzt etwas unscharf – wurden die Zustände in Gusen noch höllischer. Das Kampfgebiet rückte näher; die deutsche Wehrmacht war in Auflösung begriffen und zog sich von allen Fronten zurück. Auch die Todesmaschinerie der Nazis funktionierte nicht mehr so reibungslos und mörderisch präzise. Einige der deutschen Lagerinsassen, die wegen krimineller Aktivitäten inhaftiert waren und die «Elite» der Gefangenenhierarchie bildeten, erhielten eine militärische Kurzausbildung, damit sie die einbrechende Front stützen konnten. Andere Häftlinge – diejenigen, die sichtlich krank waren – wurden zum «Bahnhof» gebracht, wie die Lagerinsassen die Gaskammern nannten, um dort ermordet zu werden.

Die Opfer fingen an, untereinander darüber zu diskutieren, ob sie sich einen Teil ihrer täglichen Brotration für den Fall aufsparen sollten, daß die Zuteilungen noch weiter gekürzt würden. Die meisten von ihnen meinten, das sei nicht notwendig, weil die Alliierten bald kommen und sie befreien würden. Bernie, der jetzt zwar glaubte, daß er in keinem Fall bis zur Befreiung überleben würde, war immer noch für die Strategie des Brotsparens, um das Leben so lange wie möglich zu verlängern.

Plötzlich, am 15. April, wurden die jüdischen Häftlinge des Lagers Gusen zusammengetrommelt für einen Marsch zurück nach Mauthausen, wo zum ersten Mal seit ihrer Trennung in Auschwitz Frauen und Männer wieder zusammengebracht wurden. Bei ihrer Ankunft wurden sie in ein Behelfslager außerhalb des eigentlichen Lagers getrieben.

Nur diejenigen, die als erste eintrafen, konnten in den wenigen zur Verfügung stehenden Zelten schlafen, während die große Mehrheit draußen im Freien auf der nackten Erde, ohne Bettzeug oder irgendeinen anderen Schutz vor der Frühjahrskälte, übernachten mußte. Ohne die gut organisierte Mordmaschinerie mit ihren effizienten Methoden der Massenvernichtung wurde nun die Brutalität persönlicher und handgreiflicher. Jetzt kamen die bloßen Hände, Arme und Beine der Peiniger zum Zuge. Ein besonders gemeiner Aufseher namens Kaduk machte sich einen Spaß daraus, seine Opfer über ein Holzgestell, ähnlich einem niedrigen Sägebock, zu legen und dann auf ihrem Rücken herumzuhüpfen und ihnen das Rückgrat zu brechen.

Es kam immer häufiger zu Hinrichtungen. Die Karren, auf denen die Toten weggebracht wurden, rollten unaufhörlich. Bernie wurde Zeuge eines Vorfalls, bei dem ein Lagerinsasse, auf den ein Wachmann der SS eindrosch, versuchte, der Attacke dadurch zu entgehen, daß er sich tot stellte. Sein Körper wurde auf einen Leichenwagen geworfen, um abtransportiert zu werden; über den Leichenhaufen wurde eine Plane gebreitet. Aber eine unbeabsichtigte Bewegung, die der Häftling unter der Decke machte, wurde von einem Aufseher beobachtet, und dieser nahm ein Holzbrett und schlug mit aller Kraft so lange auf die Plane ein, bis die Zuckungen darunter endgültig aufhörten.

SS-Wachen befahlen Häftlingen oft, ihre Zelte zu räumen, um dann junge Frauen mit hineinzunehmen und sie relativ ungestört zu vergewaltigen, bevor sie ihr Vernichtungswerk fortsetzten.

Während die Alliierten durch Bayern in Richtung Österreich vorstießen, konnte man in der Ferne die Geschütze donnern hören. Aber da die Befreier sich vom Westen her näherten, waren in dem weiter östlich in Österreich gelegenen Mauthausen immer noch die Mörder am Werk. Mehrere tausend Juden im Lager, darunter auch Bernie, wurden hastig aus dem Lager von Mauthausen herausgetrieben und gezwungen, etwa 40 Kilometer nach Südwesten, über die Stadt Wels hinaus nach Gunskirchen zu marschieren – ein kleines Dorf, das man heute von der Zugstrecke Salzburg–Wien aus sehen kann. Nach dem Krieg wurde dieser berüchtigte Viertagesmarsch unter der Bezeichnung «Todesmarsch» bekannt. Wer zu schwach war, um mit den anderen Schritt zu halten, wurde erschossen oder zu Tode geknüppelt, ebenso wie die Freunde oder Verwandten, die zurückblieben und versuchten, ihnen zu helfen. Die Wachen ließen niemanden am Leben, der hinfiel oder auch nur am Straßenrand Halt machte. Hinter dem Zug ging eine Arbeitsmannschaft einher, die die Leichen, zusammen mit den von den Lebenden hinterlassenen Abfällen, einsammelten, um die Straße für die lokale österreichische Bevölkerung sauber zu halten. Doch konnten die Marschierer immer wieder Bewohner dieser Gegend sehen, die den grauenhaften Treck aus der Ferne beobachteten. Von denjenigen, die der Vernichtungsmaschinerie der Nazis bis zu diesem Zeitpunkt entronnen waren, kamen mehr als 50 Prozent während dieses vier Tage dauernden Marsches um.

Diejenigen, die den Weg bis Gunskirchen lebend überstanden hatten, wurden in ein Behelfslager aus vorgefertigten Baracken eingewiesen, das man in aller Eile in der Nähe des Dorfes inmitten eines Kiefernwaldes errichtet hatte. Aber nach einigen Tagen begannen sich auch hier die Leichen zu türmen. Sogar die Baracken füllten sich mit Toten, und die immer kleiner werdende Gruppe von Überlebenden legte die Leichen übereinander, um Trennwände zu bilden, und für jene, die in den Baracken noch am Leben waren, eigene «Räume» abzugrenzen. Die Wachen begannen jetzt, diejenigen, die sich noch immer an das Leben klammerten, wie Abfall zu behandeln. In diesem primitiven Lager hatte die SS keine effizient arbeitenden Gasöfen und Krematorien mehr zur Verfügung, was ihre mörderische Aufgabe sehr erschwerte. Einmal wollte ein SS-Offizier die überfüllte Baracke, in der Bernie untergebracht war, von Leichen und Insassen räumen, um etwas Platz und Ordnung zu schaffen. Er hatte einen schweren Holzklotz in der Hand, schwang ihn in der Luft und schlug damit wahllos auf tote Körper und lebende Häftlinge ein. Einige versuchten, sich zu bewegen, aber viele waren einfach zu schwach, um dem Befehl zu gehorchen, so daß er sie nur zu Boden schlagen konnte, wo sie sich dann vor Schmerzen krümmten. Nachdem der Offizier eine Zeitlang wild um sich gedroschen hatte, begriff er, daß seine Bemühungen sinnlos waren, ließ das Holzstück fallen und verließ mißmutig die Baracke.

Um der Überfüllung Herr zu werden, legten einige von Bernies Mithäftlingen einmal einen sterbenden Mann nach draußen. Sie wollten seine Qualen ein wenig lindern und schoben ihn unter den Dachvorsprung, so nahe an das Gebäude heran wie möglich, um ihn vor dem Regen zu schützen. Obwohl sie ihn mit einer dünnen Decke zudeckten, tropfte Regenwasser auf seinen Körper. Mehrere Stunden lang stieg von dem zugedeckten Körper Dampf auf, was anzeigte, daß er noch lebte und warm war. Doch nach einer Weile hörte die Decke auf, sich zu bewegen, und der Regen weichte das leblose Bündel, bestehend aus Decke und Gliedern, ein.

Bernie wurde in Gunskirchen auch Zeuge einer Begegnung zwischen einem der jungen Burschen aus seiner Gruppe und dem Vater des Jungen. Dieser hatte seinen Vater für tot gehalten, seit sie in Auschwitz getrennt worden waren. Nachdem sie Tränen der Freude vergossen hatten, vertraute der Sohn seinem Vater seine kostbare Brotration an und bat ihn, sie ihm für den folgenden Tag aufzubewahren. Doch in der Nacht aß der halbtote Vater, von Hunger überwältigt, die Ration seines Sohnes auf. Am nächsten Morgen gestand der Vater seinem Sohn schluchzend seine Tat. Ein paar Tage später war der Vater tot. Bernie weiß nicht, ob der Sohn überlebt hat. Gleichzeitig erinnert sich Bernie an Akte unglaublicher Selbstlosigkeit, wie zum Beispiel daran, daß eine ausgezehrte Frau ihr kümmerliches Stückchen Brot mit einem jungen Burschen teilte, den sie niemals zuvor gesehen hatte.

Nachdem praktisch nichts zu essen mehr übrig war und sich die unerträglichen Zustände durch einen für die Jahreszeit ungewöhnlichen Kälteeinbruch verschlimmerten (er erinnert sich, daß es am 1. Mai schneite), reihte sich Bernies Körper allmählich in die wachsende Zahl der «Muselmänner» ein. Er erinnert sich, daß er gerade um sein Essen anstand, als einer seiner Freunde direkt neben ihm einfach umfiel und starb. Die Armeen der Alliierten hatten noch immer nicht Österreich, Mauthausen, Gusen oder Gunskirchen erreicht.

«Mir gehen die Adjektive aus. Was kann ich noch sagen?» Einen Augenblick lang lenkte Bernie die Konversation auf uns und die Gegenwart, aber die Vergangenheit zog ihn zurück wie ein Magnetfeld mit seinen zwei Polen, wobei der eine der Tod war, der mächtige und allgegenwärtige Tod, und der andere Überleben hieß und fern und zerbrechlich war. «Die Sterblichkeitsrate lag bei 50 Prozent», sagte er. Die Hälfte oder mehr der noch verbliebenen Häftlinge, die den Marsch von Mauthausen zehn Tage zuvor überlebt hatten, wurde im Lager ermordet oder starb an Hunger oder Erschöpfung. Typhus grassierte ebenso wie Dysenterie, und viele verloren einfach den Mut und gaben auf. Kurz vor der Befreiung hatte auch Bernie das Gefühl, daß die Lage für ihn hoffnungslos geworden sei: «Ich glaubte wirklich, daß ich es nicht schaffen würde.» Alle Überlebenschancen waren geschwunden. Es herrschte das reinste Chaos. Bernie fiel hin und wieder ins Delirium. Um ihn herum verrichtete der Tod sein Werk in immer erschreckenderem Tempo, während er sein eigenes Leben dahinschwinden fühlte. Später wurde nachgewiesen, daß die Wachen in diesem besonderen Lager in Gunskirchen den übriggebliebenen Lagerinsassen portionsweise Arsen einflößten, um ihren Tod zu beschleunigen. Bernie erfuhr später, daß die Deutschen den letzten Häftlingen drei der insgesamt fünf geplanten Giftrationen verabreichten, ehe sie vor den heranrückenden Amerikanern die Flucht ergriffen. Wären alle fünf Dosen verzehrt worden, hätten – wenn überhaupt – wohl nur sehr wenige der Gefangenen den Tag ihrer Befreiung erlebt.

An einem Nachmittag Anfang Mai 1945, während man in der Ferne Geschützfeuer hören konnte, ging ein Gerücht durch das Konzentrationslager im Kiefernwald von Gunskirchen, wonach die deutschen Wachleute verschwunden seien. Um das Lager herum tobte keine Schlacht. Keine triumphierenden Soldaten trafen ein, um eine glückliche Befreiung zu feiern. Vielmehr kam es zu einer sonderbaren, vorsichtigen und allmählichen Bestätigung durch die Lagerinsassen selbst, die feststellten, daß ihre Wärter und Peiniger einfach getürmt, daß sie verschwunden waren. Bernie paraphrasiert T. S. Eliot, um das Ende seiner Gefangenschaft zu beschreiben: «Es kam nicht mit Getöse, sondern mit Gewinsel.» Er schildert die anfängliche Stimmung nicht als Hochgefühl, sondern als Betäubung – so, als wären die Überlebenden aus der Finsternis in den Sonnenschein getreten, mit Augen, die nicht mehr an das Licht und die Freiheit gewöhnt waren, ja, an die sie sich kaum noch erinnerten. Sie hatten keine Kraft mehr, um zu feiern, nur einen Drang, irgend etwas Eßbares aufzutreiben. Zusammen mit den meisten anderen Häftlingen steuerte Bernie auf jenen Bereich des Lagers zu, wo die Lebensmittelvorräte gehalten wurden. Die Überlebenden stopften ihre Kleider und die Behälter, die sie auftreiben konnten, voll mit allem, was sie an Nahrungsmitteln fanden, einschließlich der getrockneten und von Maden verseuchten Zutaten der Suppe, die während der letzten Tage ihrer Gefangenschaft ihre einzige Kost gewesen war. Auf ihrem Rückzug waren einige deutsche Soldaten nicht rechtzeitig geflohen und in ihrem Versteck von Häftlingen überfallen und umgebracht worden. Bernie zog die Hose eines dieser toten deutschen Soldaten an und rollte die Beine hoch, die viel zu lang für ihn waren; sie ersetzte seine eigene zerlumpte Hose. Über diese Aneignung berichtete er mir mit einer gewissen Verlegenheit und entschuldigte sich mit der Bemerkung, er sei zu diesem Zeitpunkt schon zu sehr an die Anwesenheit von Leichen gewöhnt gewesen.

Schließlich traf von irgendwoher ein Lastwagen des Roten Kreuzes ein. Als Bernie mir davon erzählt, verspricht er sich und sagt statt Red Cross «Bread Cross». Aus diesem Fahrzeug ergossen sich hauptsächlich Kekse. Noch während er einige dieser «Leckerbissen», wie er die Geschenke nennt, verzehrte, noch während er die Kekse in der Hand hielt, fürchtete er, daß sie seinem schwachen Körper nicht mehr helfen würden. Tatsächlich kamen sie für viele zu spät, die sie aßen und trotzdem starben, oder in einigen Fällen gerade deshalb starben, weil sie sie aßen. Einen Teil der Lebensmittel, die er gesammelt hatte, gab er einem älteren Ungarn, der versprach, sie für sie beide zwischen den Dachsparren der Baracke zu verstecken, aber der Mann betrog Bernie und aß alles allein auf.

. . .

Am Tag seiner Befreiung war Bernat Rosner dreizehn Jahre und drei Monate alt. Als die Schreckensherrschaft der Nazis endete, schwebte er zwischen Leben und Tod.

. . .

In den Monaten Februar und März 1945 rückte im westlichen Deutschland die Front immer näher an Kleinheubach heran. Die Luftangriffe nahmen zu, während taktische Einsätze und strategische Bombardierungen, die die vorrückenden Armeen der Alliierten unterstützten, unsere Tage und Nächte ausfüllten. Ich erinnere mich an die beiden Nächte, in denen Dresden bombardiert wurde: Es war der 13. und der 14. Februar. Ich hatte mir eine weithin verbreitete Karte von Deutschland besorgt sowie ein offizielles Koordinatennetz der Wehrmacht, das darüber gelegt werden konnte. Die waagerechten und senkrechten Linien waren mit Ziffern bzw. mit Buchstaben markiert. Dann hörte ich mir die Berichte der Wehrmacht über die Bombenangriffe an, die im Radio übertragen wurden, und konnte die jeweiligen Positionen der Flugzeuge, die über Deutschland hinwegflogen, mitverfolgen. «Anton, Bertha vier» entsprach den Koordinaten auf meiner Karte, und ich konnte die ungefähre Position der Bomber bestimmen. Als ich am 13. Februar das Radio einschaltete, hatte, wie ich mich erinnere, die erste Welle von Bombern Deutschland bereits überquert und befand sich in der Nähe der Grenze zu den Niederlanden. Die letzte Welle kam über die Eifel, südwestlich von Köln, nach Deutschland. Viele Schwadronen schienen zunächst in unterschiedliche Richtungen zu fliegen, tatsächlich aber steuerten alle letzten Endes Dresden an. Die Zahl der Toten war deshalb besonders hoch – während der beiden Nächte verbrannten ungefähr 135 000 Menschen –, weil eine halbe Million deutscher Flüchtlinge aus dem Osten in die Stadt geströmt war. Goebbels' totaler Krieg gegen die Welt hatte sich nun letztlich gegen die Deutschen selbst gerichtet. Doch wenige Deutschen schienen das bemerkt zu haben. Meine Lehrer in Miltenberg erteilten mir und meinen Altersgenossen ihren Unterricht, ohne auch nur eine einzige Stunde ausfallen zu lassen – so, als würde außerhalb der roten Sandsteinmauern unseres Schulgebäudes nichts passieren.

Eines Tages wurden etwa vierzig Schüler im Alter zwischen vierzehn und sechzehn Jahren – die Älteren waren bereits eingezogen worden – vom Schuldirektor in ein großes Klassenzimmer zitiert. Ich ahnte, daß etwas Wichtiges bevorstand. Ich erinnerte mich an den Rat, den mir mein Vater gegeben hatte, bevor er nach seinem letzten Urlaub wieder abfuhr. Für den Fall, daß ich je eingezogen und in den Einsatz geschickt würde, sollte ich die vorderste Linie meiden, sagte er, wo der Feind dich erschießen könnte, und ebenso die hinterste Reihe, wo dich die Fanatiker umbringen könnten. Bleib in der Mitte, wo niemand von dir Notiz nimmt. Jetzt beschloß ich, in der Mitte dieser Versammlung zu sitzen, um nur ja keine Aufmerksamkeit auf mich zu lenken. Drei SS-Offiziere mit langen Mänteln traten forsch herein, bauten sich vor der Klasse auf und fragten, wer sich freiwillig melden wolle, um Offizier-Kadett in der SS zu werden. Sie betonten, daß jeder, der sich jetzt in Deutschlands größter Not meldete, nach dem gewonnenen Krieg in den Rängen der SS mit Sicherheit rasch aufsteigen werde. Niemand meldete sich freiwillig. Enttäuscht bezeichneten die Offiziere uns als Feiglinge. Dann zogen sie eine Liste mit unseren Namen hervor und piesackten diejenigen, deren Väter Offiziere in der Wehrmacht waren. Sie fingen bei einem Schulkameraden von mir an, dessen Vater ein pensionierter Hauptmann der deutschen Kolonialarmee in Afrika war. Das war im Ersten Weltkrieg gewesen. Unter ihrem verbalen Druck und den Beschimpfungen fing er an zu weinen. Ich war einer der kleinsten in der Gruppe und hoffte deshalb, daß meine Chancen, nicht beachtet oder ausgewählt zu werden, überdurchschnittlich gut stünden. Ich hatte Angst, sie könnten einige von uns einfach herauspicken, ohne Rücksicht darauf, ob sie wirklich wollten oder nicht. Ich war nicht der einzige, der sich fürchtete – die Angst war im ganzen Klassenzimmer mit Händen zu greifen. Jeder ahnte, daß diese Fremden mehr Macht über uns hatten als unsere Eltern; sie konnten mit uns alles machen, was sie wollten, ja, uns sogar mitnehmen. Doch am Ende zogen sie empört und mit leeren Händen wieder ab. Ich glaube, es war ihnen deshalb nicht gelungen, uns zu überzeugen, weil man in unseren Dörfern die Menschen gewöhnlich in zwei Kategorien einteilte – in die, die man kannte, und die anderen, die man nicht kannte. Die schlichte Tatsache, daß wir diese Männer nicht kannten, wog bei unserer Einschätzung schwerer als die Unterschiede, die sie vor uns zwischen Helden und Feiglingen oder zwischen Deutschland und seinen ausländischen Feinden machten.

Wir spürten, daß eine Gefahr vorüber war. Ein paar Wochen später, als das schwere Artilleriefeuer immer näher rückte, wurde unsere Schule endlich geschlossen. Insbesondere in der Nacht konnte man in ein paar Kilometern Entfernung, flußabwärts, Maschinengewehrfeuer hören. Dann entdeckten wir am 30. März 1945 – es war der Karfreitag –, daß die Amerikaner den ungefähr drei Kilometer entfernten nördlichen Rand von Kleinheubach erreicht hatten. Als wir in der Ferne einen ihrer Panzer ausmachten, empfand ich eine seltsame Mischung aus Aufregung und Angst. In völliger Unordnung streiften deutsche Soldaten, einzeln oder in Gruppen, herum und versuchten unterwegs, sich etwas Eßbares und Zigaretten zu organisieren. Ein Hauptmann der Wehrmacht versuchte noch, die Gruppe uniformierter Nachzügler in eine kämpfende Einheit zu verwandeln, aber viele von ihnen hatten keine Waffen mehr, und denjenigen, die noch bewaffnet waren, fehlte es an Munition. Ich erinnere mich, daß einige von ihnen versuchten, in der Baugasse in Häuser einzudringen, um sich in den Kellern vor den Amerikanern zu verstecken, aber die Kleinheubacher weigerten sich, sie einzulassen. Eine der jüngeren Frauen im Dorf forderte sie immer wieder auf, Schnaps zu trinken, und überredete sie, weiter südlich gegen die vorrückende US-Armee in Stellung zu gehen, in einer Gegend, die, wie sie behauptete, leichter zu verteidigen sei. Aber in Wirklichkeit wollte sie einfach nur, daß sie aus dem Dorf abzogen. Die zurückweichenden Soldaten hatten kein Interesse mehr am Kämpfen und verstreuten sich rasch.

Plötzlich traf, vielleicht eine halbe Stunde später, ein gut gekleidetes und vollbewaffnetes SS-Kontingent von etwa zehn Mann in Streifenwagen auf unserem Hauptplatz ein. Sie hatten Befehl erhalten, den «Volkssturm» des Dorfes zusammenzutrommeln, der aus allen alten Männern und jungen Burschen bestand, weil diese nicht erschienen waren, um das nahegelegene Dorf Röllfeld gegen die amerikanische Dritte Armee und ihre Panzerarmada zu verteidigen. Die SS fuhr die Friedensstraße hinauf und versuchte, die in Frage kommenden männlichen Dorfbewohner einzusammeln, von denen sich die meisten in ihren Kellern versteckt hielten, und machte sich schließlich über den ersten, den sie aufgabelte, lustig und sagte: «Mit solchen Leichen können wir nicht gegen den Feind kämpfen.» Es handelte sich um den Dorfelektriker, ein älteres, asthmatisches Schlaganfallopfer, das zudem noch hinkte. Sie schickten den humpelnden Mann nach Hause und verließen selbst gegen Mittag mit ihren Wagen das Dorf – eine halbe Stunde, bevor die ersten amerikanischen Panzer kamen. Nachdem die erste Panzersalve einen der steinernen Löwen getroffen hatte, die unseren Hauptplatz zierten, floh ich, wie die anderen Bewohner meines Dorfes, in den Keller, um die Ankunft der Sieger abzuwarten, die aus dem Land meiner Geburt kamen und somit meine Landsleute waren, auch wenn ich sie nicht kannte.

Jeder hatte Angst vor dem, was die Amerikaner uns antun könnten. Würden sie die Frauen vergewaltigen und die Kinder umbringen, wie die Nazipropaganda uns hatte weismachen wollen? Ich hielt mich eine Zeitlang mit einer Nachbarsfamilie in deren Keller versteckt. Über uns schien sich nichts zu ereignen, und es war uns klar, daß wir nicht ewig dort unten bleiben konnten. Nachdem wir uns ungefähr eine Stunde darüber auseinandergesetzt hatten, was zu tun sei, tauchten eine Nachbarin und ich schließlich in ängstlicher Erwartung auf und sahen unseren ersten Amerikaner. Unsere Ängste verflüchtigten sich. Er lehnte sich in einem Jeep in den Sitz zurück, hatte die Füße auf das Armaturenbrett gelegt und kaute auf einem langen Strohhalm herum, der mit den Bewegungen seiner Lippen auf und ab wippte. Langsam wandte er den Kopf in unsere Richtung und drehte ihn mit gelangweiltem Blick genauso langsam wieder zurück. Dann kamen sie – eine Welle nach der anderen, die amerikanischen Panzer. Den ganzen Tag lang fuhren, dröhnten oder schoben sie sich in Richtung Süden durch das Dorf, wobei die Ketten auf ihrem Weg über das Kopfsteinpflaster rasselten und knirschten. Einer von ihnen pflügte an einer Straßenecke in den Rosengarten eines Hauses und drehte sich dann um neunzig Grad, um die zum nächsten Dorf führende Straße besser ins Visier nehmen zu können. Mein erster Gedanke war, die Polizei zu rufen. Schließlich und endlich hatte der Panzer den Rosengarten des Nachbarn, also sein privates Eigentum, zerstört. Erst dann begriff ich, was für eine dumme Idee das war. Wir waren ja jetzt von der Dritten Armee besetzt, deren Angehörige mit verschiedenen dreieckförmigen Emblemen in Gelb, Blau und Rot am Oberarm herumliefen. Das Geschützfeuer hatte aufgehört. Die Kämpfe waren vorbei.

Aus denselben Häusern, die zuvor an Hitlers Geburtstag und bei anderen Nazi-Feiertagen mit schwarz-weiß-roten Hakenkreuzflaggen geschmückt gewesen waren, hingen nun plötzlich weiße Fahnen. Einige von diesen waren riesig und aus mehreren Bettüchern sorgfältig zusammengenäht von Leuten, die genügend Voraussicht besessen hatten, um diesen historischen Augenblick vorherzuahnen und sie so lange zu verstecken, bis die amerikanischen Panzer heranrollten. Andere Fahnen waren lediglich Laken, die bald wieder Matratzen bedecken würden, oder Kissenbezüge, die in aller Eile von jenen Dorfbewohnern zur Schau gestellt wurden, die unwilliger waren, aber in dem allgemeinen Kapitulationsrausch dennoch nicht beiseite stehen wollten. Sofort begann man im Dorf über diese Fahnen zu reden und über das entsprechende politische Engagement von Nachbarn zu kichern, das jetzt vor aller Augen offenkundig war.

Innerhalb einer Woche hatten die Amerikaner in der Nähe von Kleinheubach ein zeitweiliges Lager errichtet, wo die GIs beherbergt und verköstigt werden sollten, die ein in aller Eile aufgebautes Gefangenenlager für die in der Umgebung aufgegriffenen SS-Soldaten bewachten. Ich bediente mich der geringen Englischkenntnisse, die ich in der Schule erworben hatte, und fragte an, ob ich in der Küche der US-Army arbeiten dürfe. Ich wurde engagiert, um die Töpfe zu spülen, und nach getaner Arbeit durfte ich das, was ich daraus noch ausgekratzt hatte, mit nach Hause nehmen. Wir wußten nicht genau, was wir aßen – eine leichte Rahmsauce, in der rötliches Fleisch schwamm. Der Geschmack war neu für uns, ebenso wie der Name: «Shit on a shingle», was soviel bedeutete wie «Scheiße auf einer Dachschindel».

Mit der Anwesenheit der Amerikaner kamen Friedenszeiten, die auf völlig neuen Regeln beruhten. Bald fingen Mädchen und junge Frauen an, mit handgeschneiderten roten Röcken herumzulaufen – Röcke, die ursprünglich einmal Naziflaggen gewesen waren. Aber die weißen Kreise mit den schwarzen Hakenkreuzen in der Mitte waren verschwunden.

. . .

An dem Tag, an dem die Amerikaner in mein Dorf einzogen, war ich vierzehn Jahre und vier Monate alt. In Kleinheubach war es für alle ein Tag der Betroffenheit. Einige fühlten sich erleichtert, andere niedergeschlagen, und die meisten versuchten zu vergessen. Niemand wollte über das nachdenken, was östlich von uns in einem Ort namens Mauthausen geschah, wo das Sterben, das Töten und das Foltern immer noch weitergingen.

. . .

Als wir mit unseren Geschichten beim Kriegsende angelangt waren, bemerkte Bernie mit einem Lächeln: «Ich konnte sagen, wer überleben würde, und wer nicht.» Aus der Art, wie er mich ansah, zog ich den Schluß, daß ich nicht zu den Überlebenden gezählt hätte. Ich drängte ihn mehrmals, meine Vermutung zu bestätigen, aber er tat es nicht. Ein Jahr später, als er mir endlich eine kurze Charakterisierung eines Überlebenden lieferte, war mir klar, daß Bernie damit sich selbst beschrieb. Ich erkannte mich in dieser Liste von Eigenschaften nicht wieder. Er sprach von Instinkten auch für die geringsten Chancen, von geistiger

Zähigkeit; der Fähigkeit, Schlägen auszuweichen, bei grauenhaften Anblicken nicht zu erschrecken und sich von seiner Umgebung abzukapseln; mit unaufhörlichen Greueln konfrontiert, dürfe man nichts an sich herankommen lassen, müsse man sich panzern, einen Winterschlaf halten, das Atmen so verlangsamen, daß es fast zum Stillstand komme. Man müsse sich einigeln, sagte er zusammenfassend, um wie ein Schalentier ganz fest an seinem Felsen oder an seiner Spalte unter Wasser zu kleben und sich an seinen Platz zu klammern, unerschütterlich, während über einem die Wogen wild zusammenschlagen.

Aber dann gibt es eben auch die Schriftstellerin Ruth Klüger, eine andere Überlebende von Auschwitz, die glaubt, daß es in Wirklichkeit purer Zufall war, wenn man am Leben blieb.

FÜNFTES KAPITEL

. . .

Westwärts

Siehe, ich sende einen Engel vor dir her,
dich zu bewahren auf dem Wege und
dich zu bringen an den Ort, den ich bereitet habe.
EXODUS[1]

Der Krieg war vorbei, die Mordmaschinerie der Nazis lahmgelegt, und Deutschland lag, wie der größte Teil Europas, in Schutt und Asche. Für die meisten Deutschen war der Alltag ein Kampf ums Überleben geworden. Niemand tanzte auf den Ruinen. Das Leben ging weiter, aber nicht in den Schlagzeilen oder in den gewichtigen Entscheidungen, die in weiter Ferne, in Washington, Moskau und London, getroffen wurden, sondern in einem düsteren Alltag voller Entbehrungen. Für mich in Deutschland gab es Hunger – keine Hungersnot, aber eine alle Lebensbereiche erfassende Desorientierung. Was würden die nächsten Tage bringen? Und das Jahr? Und die Zukunft danach? Würden die Sieger Rache nehmen für das, was wir getan hatten? Die Augen der Erwachsenen um mich herum antworteten nur mit ausdruckslosen Blicken, so sehr waren sie von Furcht und Sorge erfaßt. Für viele Deutsche war alles chaotisch und konnte sich jederzeit aus verschiedensten Gründen nur noch zum Besseren ändern – aufgrund von Glücksfällen, Geistesblitzen oder praktischer Initiativen einzelner, aufgrund der Fähigkeit, sich klein zu machen, oder auch dank der Geschicklichkeit, auf einen Zug aufzuspringen, um wegzufahren oder nach Hause zu reisen, wenn man überhaupt noch ein Zuhause hatte.

Wie erging es unterdessen dem, der später mein Freund werden sollte? Je weiter man in Europa nach Osten schaute, um so augenscheinlicher waren die zerstörerischen Auswirkungen des Krieges. Gleich nach der Befreiung bestand das Leben für Bernie aus Stibitzen, Stibitzen und nochmals Stibitzen – von Nahrungsmitteln und warmer Kleidung. Die Augen der Erwachsenen, an die Bernie sich hätte wenden können, um Antworten auf Fragen nach seiner verzweifelten Gegenwart oder unsicheren Zukunft zu erhalten, gab es nicht mehr. Jene Erwachsenen, die noch da waren, wetteiferten mit ihm auf der Suche nach Nahrungsmitteln.

So wurden in einen neuem Glücksspiel mit unvorhersagbarem Ausgang die Würfel neu geworfen. Zwei Jungen unter fünfzehn Jahren – Bernie und ich – standen, trotz der Ungleichheit unserer Schicksale auf neuen Spielfeldern, die sich jetzt mehr ähnelten als zuvor, um mit dem Ergebnis des Würfelwurfs so gut wir konnten fertigzuwerden und so zu tun, als würden wir bei der Bestimmung unserer Zukunft selbst ein Wörtchen mitreden.

Am ersten Tag nach ihrer Befreiung, das heißt, nachdem klar geworden war, daß ihre Nazi-Peiniger geflohen waren, fanden Bernie und eine Handvoll anderer Überlebender ein paar rote Rüben und kochten daraus eine Suppe, nur, um irgend etwas in ihre leeren Mägen zu bringen. In der Nacht bekam Bernie Fieber und erkrankte schwer. Die Läuse schienen die Schlacht um seinen geschwächten Körper zu gewinnen. Dennoch schloß er sich am nächsten Tag den anderen an, als die ausgemergelte Gruppe in die Landschaft ausschwärmte, um nach etwas Eßbarem zu suchen. Sie stießen auf einen Kartoffelacker, gruben die Kartoffeln aus und aßen sie an Ort und Stelle roh auf. Zwischen 10 und 11

Uhr an diesem Vormittag traf ein mit Soldaten vollbeladener Lastwagen mit einem aufgemalten weißen Stern auf der Seite ein. Bernie nannte sie «Engländer». In Wirklichkeit waren es Amerikaner, aber in Bernies Welt existierten zu jener Zeit keine solchen feinen Unterschiede. Die Soldaten warfen der zerlumpten Gruppe, die auf deutsch nach Brot schrie, Bonbons zu. Im Laufe des Nachmittags verbreitete sich das Gerücht, daß es in der Nähe ein deutsches Lebensmittellager gebe. Das Häuflein beeilte sich, den Ort ausfindig zu machen, und plünderte es gründlich. Bernie und Simcha fanden eine Dose Rindfleisch, die ursprünglich für die Wehrmacht gedacht war. Bernie glaubt, sie hätten wohl einen Türgriff oder irgendeinen anderen Metallgegenstand verwendet, um die Büchse zu öffnen. So bestand Bernies erster Festschmaus nach der Befreiung aus einer Rote-Bete-Suppe, schmutzigen rohen Kartoffeln und fettem Dosenrindfleisch aus den Beständen der inzwischen abgerückten Wehrmacht.

Am dritten Tag nach der Befreiung trafen Lastwagen der Alliierten ein, um die umherirrende Gruppe halbverhungerter Überlebender aufzulesen und sie in Kasernen beim US-Luftwaffenstützpunkt unterzubringen, der in Hörsching, unweit von Linz, eingerichtet worden war. Um sie von den Läusen zu befreien, wurden dort Bernie und seine Mit-Überlebenden, darunter auch Simcha, wie bei ihrer Ankunft in Auschwitz, mit DDT besprüht. Obwohl sie in der Air Base einquartiert waren, durchkämmten die Überlebenden weiterhin die Umgebung nach Eßbarem. Bernie war nicht immer glücklich über das, was er fand. Auf einer seiner Such-und-Iß-Expeditionen entwendete er einen großen Karton aus einem Lagerhaus und schleppte ihn mehrere Kilometer zurück zu den Kasernen. Als er ihn öffnete, fand er darin lauter rauhes Toilettenpapier der deutschen Wehrmacht – eine Beute von geringem Tauschwert.

Obwohl allmählich immer mehr Tage vergingen, seit die Überlebenden von den Nazi-Häftlingsaufsehern befreit worden waren, verschlechterte sich ihr labiler Gesundheitszustand noch weiter. Bernie selbst wurde immer schwächer und «verfiel», wie er es ausdrückt. Auch Simcha erkrankte schwer und litt wiederholt unter Übelkeitsanfällen. Einmal, als Bernie Angst um dessen Leben hatte, rannte er in der Kaserne, in der sie untergebracht waren, eine Treppe hinunter, um einen Militärarzt zu holen, und dabei verlor er sein Amulett, seine kostbare Erkennungsmarke, die der freundliche Silberschmied, der österreichische Häftling in Mauthausen, für ihn angefertigt hatte. Simcha überlebte. Aber das einzige greifbare Zeichen menschlicher Güte, das Bernie während seines Aufenthalts in den Lagern erfahren hatte, war weg. Selbst als er mir das erzählte, war das Gefühl eines Verlustes spürbar, und einen flüchtigen Augenblick lang hatte ich den irrationalen Wunsch, ihm bei der Suche nach dem Amulett zu helfen. Mir wurde wieder einmal klar, daß Bernie ein Mann ohne Erinnerungsphotos, ohne Souvenirs oder Andenken jeglicher Art ist. Und mir fallen die Schubladen und Regale in meinem Haus ein, in denen ich Photos, Briefe und Erinnerungsstücke aus meiner Jugendzeit aufbewahre.

Der Unterschied zwischen den einzelnen Tagen begann für Bernie zu verschwimmen, während sein Zustand sich weiter verschlechterte und er sich langsam dem Tod näherte. Da traf er zufällig einen Mann aus seinem Heimatdorf Tab, der Auschwitz, einschließlich der teuflischen Aufgabe, in den Gaskammern zu arbeiten, überlebt hatte. Die meisten, die dort eingesetzt worden waren, wurden nämlich von den Deutschen systematisch umgebracht, weil sie zu viel wußten. Als einer der wenigen, die überlebten, bestätigte dieser Mann – für Bernie definitiv –, daß seine Eltern vergast worden waren. Diese Nachricht, der Typhus, den er sich zugezogen hatte, die knappen Essensrationen und die Auswirkungen des Arsens, das ihm von den Lagerwachen verabreicht worden war – all das trug dazu bei, daß sein Mut weiter sank. Bernie schwanden die Sinne. Er erinnert sich, daß er Halluzinationen vom Essen hatte und in seinen Albträumen die Gespenster von Toten sah. Als er das Bewußtsein zurückerlangte, fand er sich in einem von den Amerikanern betriebenen Feldlazarett wieder. Seine ersten Gedanken galten Simcha. Inzwischen trugen er und sein Freund wieder ihre echten Namen, mit denen sie identifiziert werden konnten; die Nummer aus dem KZ hatte keine Bedeutung mehr. Damals, mit fast vierzehn Jahren, wog Bernie keine 27 Kilogramm. Ich erinnere mich, daß ich, als ich mit zwölfeinhalb Jahren an Tuberkulose erkrankte, 70 Pfund, also 35 Kilo, wog.

Der Zustand der beiden KZ-Kumpel besserte sich allmählich, und sie wurden schließlich von der Krankenstation entlassen und kehrten in ihre Kaserne zurück. Bernie unternahm einmal eine Erkundungsreise in die nahegelegene Stadt Linz, wo er versehentlich in die sowjetisch besetzte Zone geriet. Er hatte ein paar russische Wörter aufgeschnappt, die er jetzt benutzte, um sich mit den russischen Soldaten zu unterhalten. Als er wieder in seinem Lager war, verbreiteten sich Gerüchte, die sich als zutreffend erwiesen, wonach die gesamte Region der russischen Besatzungszone zugeschlagen werden sollte. Jetzt, nachdem ihm klar geworden war, daß er überlebt hatte, war es nicht mehr nur die Suche nach Nahrung, die Bernie beunruhigte. Während er langsam begriff, daß er schließlich doch noch eine Zukunft haben würde, fing er an, sich über das Gedanken zu machen, was vor ihm lag. Er dachte eher daran, nach Westen zu gehen, als nach Osten. Er sah wenig Sinn darin, in sein ungarisches Heimatdorf zurückzukehren, und er wußte, daß er, sollte es zu einem Gebietsaustausch mit den

Sowjets kommen, lieber in der amerikanischen Besatzungszone wäre.

An einem Tag im Frühsommer trieb sich Bernie in der Nähe der Landebahn von Hörsching herum, wo gerade wohlgenährte und adrett herausgeputzte Kinder in seinem Alter ein Flugzeug bestiegen. Als schäbig gekleidetes, unterernährtes Straßenkind, das er war, sah Bernie ihnen neiderfüllt zu, kletterte dann unbemerkt die Gangway hinauf und versteckte sich unter einem Sitz, obwohl er nicht wußte, wohin die Reise gehen sollte. Aber der Junge, dem der Platz zugewiesen war, entdeckte und verpfiff ihn. Bernie wurde aus dem Flugzeug geholt und in ein Büro geschoben. Er flehte die Beamten um Gnade an und sagte in seinem gebrochenen Deutsch: «Vater, Mutter kaputt. Nicht essen. Wohin kann ich gehen?» Bernie war sehr kommunikationsfreudig, und sein Flehen rührte die Beamten zu Tränen. Dennoch flog die Maschine ohne ihn ab. Die mit dem Flug beauftragten amerikanischen Soldaten versuchten, ihn mit ein paar Konservendosen zu trösten.

Doch es begegnete ihm etwas anderes, was ihn in weiter entfernte Gefilde befördern sollte. Eines Tages traf unerwartet ein Kontingent bewaffneter Männer in schmucken Uniformen ein. Diese Kampftruppe, bestehend aus Mitgliedern der Palestinian Jewish Brigade, hatte sich der Überlebenden aus den Konzentrationslagern angenommen. Sie trugen schicke britische Uniformen und als Abzeichen einen springenden Hirsch. Ihr Ziel war es, den heimlichen Exodus der Überlebenden nach Palästina zu organisieren. Den verblüfften Lagerbewohnern wurde gesagt, sie sollten sich für den Transport nach Süden bereit machen. Bald wurden sie auf zwölf Lastwagen geladen, deren hintere Verdeckklappen bei der Abfahrt offen gelassen wurden. Diese Plane wurden aber sorgfältig geschlossen, als der Konvoi sich der österreichisch-italienischen Grenze näherte, vermutlich, um eine Konfrontation mit den Grenzbehörden zu vermeiden, die, wie Bernie glaubt, wahrscheinlich um die Art dieses Transportes wußten und ihn deshalb unkontrolliert passieren ließen. Abgesehen von der Überquerung der Grenze wurde die hintere Plane die ganze Zeit über offen gelassen, so daß Bernie und die anderen Jugendlichen unterwegs die Schönheit der österreichischen und italienischen Alpen bewundern konnten. Er war, wie er sich ausdrückt, «hingerissen».

Nach all dem Leiden, das er erfahren hatte, weil er ein Jude war, lernte Bernie jetzt eine Gruppe stolzer junger Juden kennen, die ihr Schicksal in die eigene Hand genommen hatten, aber auch bereit waren, andere zu einem selbstbewußten Leben in Würde hinzuführen. Doch wichtiger als Stolz war für Bernie und seine Flüchtlingsgefährten die schlichte Tatsache, daß sie als menschliche Wesen behandelt wurden, die zu ernähren waren. Er stand ehrfurchtsvoll vor diesen jüdischen Uniformträgern, die für ihn Helden und keine Opfer mehr waren. Er wurde Zeuge eines neuen Kapitels in der Geschichte der Juden, das jetzt geschrieben wurde, weil sie für sich selbst Verantwortung übernahmen.

Der Lastwagenkonvoi fuhr also über den Brennerpaß und traf nach zwei Tagen im norditalienischen Tarvisio ein, wo die Jüdische Brigade ein Lager einrichtete. Die jungen Überlebenden wurden ärztlich versorgt und bekamen jede erdenkliche nahrhafte und wohlschmeckende Kost. Bernie fühlte sich, als sei er «gestorben und im Himmel gelandet». Aber dieser Aufenthalt war kurz, da sie schon bald in ein großes Flüchtlingslager nach Bologna verlegt wurden, wo man ihnen wenig Aufmerksamkeit schenkte, sie kärgliche Essensrationen erhielten und wo ihnen keine der Annehmlichkeiten zuteil wurden, die sie in Tarvisio genossen hatten. Bernie war wieder gezwungen, auf dem nackten

Boden zu schlafen. Die Euphorie verwandelte sich in Niedergeschlagenheit. Das Lager in Bologna erwies sich als Verwahranlage. Obwohl es etwas ganz anderes war als Mauthausen, war das Leben hier immer noch erbärmlich. Schließlich hatte man für sie einen Hoffnungsstrahl aufleuchten lassen, der aber rasch wieder verloschen war. Bernie versuchte, sich als Lastenträger ein wenig Taschengeld zu verdienen. Einen ganzen Tag lang wandte er all seine Kräfte auf, um einer italienischen Familie mit ihrem Gepäck zu helfen, bekam aber nichts für seine Bemühungen.

Bernie und die anderen wurden wieder weitertransportiert, dieses Mal nach Modena, wo sie im Palazzo Ducale untergebracht wurden. Der größte Teil des riesigen Gebäudes auf dem Hauptplatz dieser norditalienischen Stadt war von jüdischen Flüchtlingen belegt, aber ein Flügel wurde von der amerikanischen Armee benutzt. Nachdem es Bernie nicht gelungen war, bei der italienischen Familie etwas zu verdienen, versuchte er jetzt sein Glück bei den Amerikanern. Er hing mit ein paar anderen Jungen beim amerikanischen Tor des Palazzo Ducale herum. Die GIs, die mit ihren Jeeps durch dieses Tor fuhren, verkörperten alles, was verlockend und weit entfernt war von dem Hunger und der Eintönigkeit, die sein Leben immer noch charakterisierten. Sie waren auch eine Quelle von Lebensmitteln, Süßigkeiten und anderen guten Dingen, die man bekommen konnte, wenn man darum bettelte oder den GIs kleine Dienste leistete. Inzwischen trug Bernie leichte Sommershorts, die er von einem Engländer erhalten hatte – eine willkommene Abwechslung nach den unförmigen Hosen, die er dem toten deutschen Soldaten abgenommen hatte. Und da es in diesem italienischen Frühsommer heiß war, lief er barfuß herum. Mehrere Tage vergingen, an denen Bernie sich selbst den Posten eines inoffiziellen Torwächters für die GIs zuschanzte. Eines Tages fuhr ein Stabswagen mit vier Amerikanern vor. Es stellte sich heraus, daß es sich um ein Team von der 88. Division der Fünften Armee handelte, das beauftragt war, Gefangene zu repatriieren, zumeist italienische Zivilisten, die verhaftet worden waren, weil man sie verdächtigte, mit den Deutschen kollaboriert zu haben. Wie so viele Male zuvor ging Bernie auf einen dieser Fremden zu und erbot sich, ihm seinen Seesack zu tragen. Mit dem Sack beladen, ging er vor dem Soldaten her und betrat das Innere des amerikanischen Quartiers. Alles, was der Besitzer des Seesacks sehen konnte, während er hinter dem Jungen herging, war – wie er Bernie später erzählen sollte – der schwere Sack über schmalen Schultern und darunter nackte Füße. Diese Begegnung sollte Bernies Leben für immer ändern.

Nachdem er seinen Einsatzauftrag ausgeführt hatte, verbrachte der vierundzwanzigjährige Soldat, der Charles Merrill jun. hieß und der Sohn des Gründers des berühmten New Yorker Makler- und Bankhauses war, an den folgenden fünf Tagen mehrere Stunden damit, sich mit dem dreizehnjährigen Waisenkind vom Lande zu unterhalten.[2] Sie sprachen in gebrochenem Deutsch miteinander – der einzigen Sprache, die sie gemeinsam hatten. Bernie redete sich die Geschichte seines Lebens von der Seele, und Merrill war tief bewegt. Auf seinen zwei Ungarnbesuchen vor Ausbruch des Zweiten Weltkriegs hatte der junge Merrill die Bevölkerung des Landes liebgewonnen. Jetzt gab er dem ungarischen Jungen zu essen, brachte ihm Eiskrem, lud ihn in Restaurants ein und nahm ihn zu einem Boxkampf mit. Sie unternahmen zusammen eine Kutschfahrt. Aber das wichtigste war, daß sie Freunde wurden.

Charles Merrill berichtete mir später, daß in Modena unter britischer und amerikanischer Verwaltung, neben den paar palästinensisch-jüdischen Soldaten, die ihr Selbstvertrauen stärkten, vielleicht eintausend Überlebende aus Auschwitz, Mauthausen, Dachau und anderen Lagern lebten, die bereit waren, ihre eintätowierten Nummern zu zeigen. Was ihn an dem halbwüchsigen Bernat beeindruckte, waren seine Energie, seine Frohnatur und seine Höflichkeit. Er sah in ihm nicht so sehr das entwurzelte, heimatlose Kind, wie ich vermutet hatte. Vielmehr erschien dem amerikanischen GI Bernat Rosner wie ein Junge, der bereit war, die Welt zu erobern, wenn sie ihm nur eine Chance dazu gäbe.

Ungefähr ein Jahr war vergangen, seit der Zug mit den Rosners Kaposvár in Richtung Auschwitz verlassen hatte. Bernie war durch den Strudel des Mahlstroms hindurch getrieben worden und lebend wieder aufgetaucht. Und nun, im Juli 1945, nahm sein Leben eine Wende zum Guten. Zum ersten Mal, «seit er von zu Hause weg war», wie Bernie sich ausdrückt, erlebte er eine menschliche Bindung, die ihm Wärme spendete und Hilfe bot. Aber Charles Merrill wurde seinen Verpflichtungen gemäß versetzt; deshalb tauschten Bernie und er, bevor sie voneinander Abschied nahmen, ihre Adressen aus.

■ ■ ■

Während er mir jetzt über seine Begegnung mit Charles Merrill jun. oder «Charlie», wie er ihn nennt, erzählt, spricht Bernie im Präsens. «Nun schauen wir mal, was als nächstes passiert.» Im Laufe seiner Erinnerungsarbeit war nur zweimal zuvor ein Augenblick in seiner Vergangenheit mit derartiger Wucht und so vollständig in seine Gegenwart eingebrochen: Einmal war es um die Leibesvisitation seiner Mutter durch die Nazis an dem Tag gegangen, an dem die Juden aus ihren Häusern getrieben wurden, und dann in Mauthausen, wo er sich, ein paar Monate später, mit den berüchtigten Steinbruchstufen konfrontiert gesehen hatte. Aber jener Augenblick seiner Vergangenheit in Modena tauchte als etwas Wohltuendes und Gutes im Präsens auf.

. . .

Im Spätsommer 1945 wurde Bernie, zusammen mit einer Gruppe anderer Jungen mit ähnlicher Vergangenheit, nach Piazzatore gebracht. Das war ein Sommercamp, das eine zionistische Organisation für jüdisch-italienische Kinder eingerichtet hatte. Aber das Lager wurde im Herbst geschlossen, und die Flüchtlingskinder sollten wieder verlegt werden. Der Beauftragte der Organisation war Moshe Z'iri, ein zutiefst engagierter Zionist, dem es leidenschaftlich um das Schicksal seiner Schützlinge und eines noch nicht geschaffenen Staates – Israel – zu tun war. Während die halbwüchsigen ungarischen Überlebenden von Auschwitz keine Ahnung hatten, was als nächstes geschehen würde, versuchte Moshe Z'iri, die chaotische Nachkriegssituation zu ihren Gunsten zu nutzen. Er versicherte ihnen, daß er Lösungen finden würde und Orte, in die sie sich auf ihrem risikoreichen Exodus nach Palästina begeben könnten. Und das tat er.

Bernie hatte noch nie die Namen jener Orte gehört, die er jetzt sehen sollte, italienische Städte, die Stationen auf dem ungewissen Zug der Flüchtlinge wurden. Je nach der Lebensqualität, die diese verschiedenen Schauplätze zu bieten hatten, schwankte die Stimmung zwischen Hoffnung und Verzweiflung. Und schließlich gab es Selvino, ein hübsches Städtchen in den italienischen Alpen, nördlich von Bergamo, wo sie im September 1945 eintrafen. Hier wurden sie in einem Haus untergebracht, das vom faschistischen Regime ursprünglich als Erholungsheim für

TBC-kranke Kinder erbaut worden war. Der Name dieses Heims war Sciesopoli. Es folgte eine idyllische Zeit, schöne Tage in malerischer Umgebung. Bernie war glücklich dort, und das Glück wollte es, daß er lange in Selvino bleiben sollte, fast anderthalb Jahre, bis zum Februar 1947.

Kurz nach ihrer Ankunft in Selvino arrangierte Moshe Z'iri eine Versammlung, um mit den spirituell unterversorgten Jugendlichen Rosch Haschana, das Neujahrsfest, zu feiern. Es bot ihnen die erste Gelegenheit, zu den religiösen Traditionen zurückzukehren, die mit ihrer Inhaftierung von den Nazis erstickt worden waren. Für Bernie und seine orthodoxe Familie hatte das religiöse Leben in der Ziegelei beim Bahnhof von Tab geendet. Moshe Z'iri wollte diese Waisen zu den ihnen vertrauten religiösen Bräuchen zurückführen. Aber der Gottesdienst mußte abgebrochen werden, weil die ganze Gruppe von Jugendlichen in Jammern und Schluchzen ausbrach. Die so lange verbotenen Rituale beschworen nur Erinnerungen an die schrecklichen Verluste herauf, die sie erlitten hatten, vor allem an den Verlust ihrer Familien, mit denen sie ihren Glauben bekannt hatten.

Trotz des fehlgeschlagenen Versuchs einer religiösen Wiederbelebung kam Bernie zum ersten Mal seit seinem Abtransport von zu Hause in den Genuß eines verläßlichen Alltagslebens, das auf einer sozialen Ordnung beruhte, in der Aktivitäten nicht nur zum Wohle aller, sondern auch zum Vorteil der einzelnen dienten. Er genoß auch etwas, was einem regelmäßigen Unterricht nahekam. Selvino verfügte über eine stattliche Bibliothek mit hebräischen Texten, einschließlich Übersetzungen europäischer und amerikanischer Literatur, und engagierte Lehrer eröffneten ihm eine Welt humanistischer Gelehrsamkeit. Er verschlang diese Bücher, darunter auch eine hebräische Übersetzung der Van-Gogh-Biographie von Irving Stone. Die hebräische

Übersetzung von Upton Sinclairs *Der Dschungel* machte ihm die Existenz gesellschaftlicher Unterschiede in den Vereinigten Staaten bewußt. Die Heimleitung hatte sich allgemein einer prosozialistischen Ideologie verschrieben, die eine Ablehnung jenes Kapitalismus beinhaltete, für den Amerika stand. Doch auch ein anderes Gesicht von Amerika erreichte das Lager – das Amerika des Glamours. In Filmen wie *Unter dem Himmel von Hawaii* bewegten sich Hollywood-Stars wie Alan Ladd und Rita Hayworth in einer märchenhaften Welt der Phantasie und des Reichtums. Die Sprache der Untertitel spielte keine Rolle – ob Italienisch, Englisch oder sonst eine Sprache. Es waren die Bilder, die einen starken Eindruck von einem Zauberreich jenseits des Horizonts im Westen hinterließen.

In Selvino wurde Jiddisch gesprochen, eine Sprache, die alle verstanden, trotz ihrer unterschiedlichen europäischen Herkunft. Hebräisch wurde von der Lagerleitung mit Nachdruck gefördert, und Bernie wurde beauftragt, es den Gleichaltrigen beizubringen. Das Grüppchen von Mauthausen-Überlebenden – sechs Jungen, darunter Bernie und Simcha – sprach untereinander Ungarisch. Die Lehrmethode unterschied sich sehr von der orthodoxen Strenge der hebräischen Schule in seinem Heimatdorf Tab. Nun wurde Bernie an die nichtreligiöse Gelehrsamkeit herangeführt, und sie gefiel ihm. Für die Heranwachsenden wurden sogar Tanzveranstaltungen organisiert, und man konnte auch das Verbot übertreten und über den Zaun klettern, um die umliegende Landschaft zu erkunden. Während sich die Wochen zu Monaten dehnten, brachte ein verläßlicher Tagesablauf, wie er ihnen so lange verwehrt war, wieder ein Gefühl von Normalität in ihr Leben.

Der Hauptzweck des Unterrichts in Selvino bestand darin, die jungen Geister dem Anliegen der Zionisten entsprechend zu formen, den Überlebenden das Bild von einem heroischen «neuen Juden» einzuschärfen, der bereit war, die kollektive Zukunft der jüdischen Überlebenden in die Hand zu nehmen und aus ihnen einen Teil des im Entstehen begriffenen Staates des Volkes Israel zu machen. Diese leidenschaftliche Botschaft wurde mit großer Eindringlichkeit von ihrem zionistischen Vorbild, Moshe Z'iri, verkörpert, der auf diese beeindruckbaren jungen Leute wie ein alles überragender Titan wirkte. Als Inbegriff einer Führungspersönlichkeit impfte er dem jungen Bernie ein tiefes Gefühl für seinen eigenen Wert ein. Eines Tages fuhr das ganze Lager nach Mailand, um einer Aufführung von Bizets *Carmen* beizuwohnen. Danach nahmen alle an einer zionistischen Demonstration für die Schaffung eines jüdischen Staates in Palästina teil. Moshe Z'iri war allgegenwärtig: Er befaßte sich mit der Vergangenheit, organisierte die Gegenwart und bereitete die Zukunft seiner jungen Anhängerschaft vor.

Nach seiner Befreiung und insbesondere während seines Aufenthalts in Selvino stellte Bernie fest, daß die Religion ihre Macht über ihn verloren hatte. In diesem Lager wurde er mit nichtreligiösem Lernstoff vollgestopft und von den sonnengebräunten, muskulösen Soldaten inspiriert, die Schluß machten mit dem entwürdigenden, unterwürfigen Verhalten der Menschen in der Diaspora und mit dem blinden Glauben, daß Gott schon alles richten werde. In Auschwitz hatte Gott es nicht gerichtet. Außerdem war Bernies orthodoxer Glaube an seine unmittelbare Familie gebunden gewesen, die es jetzt nicht mehr gab. Allerdings erfuhr er, daß eine Schwester seiner Mutter den Holocaust überlebt hatte. Sie schrieb ihm jetzt aus dem Land, das Israel werden sollte, und ermahnte ihn, zu den Ritualen und Bräuchen seines orthodoxen Glaubens zurückzukehren. Sie forderte ihn auf, ihr in die ultrakonservative Enklave Mea Sh'arim zu folgen, die in Jerusalem gegründet worden war. Aber zu einem orthodoxen Leben zurückzukehren erschien Bernie nicht verlockend, und er lehnte es ab, zu seiner Tante zu ziehen.

In den Augen der Lagerleiter war Bernie ein vielversprechender Kandidat für das neue Land – energiegeladen, intelligent, praktisch veranlagt und, was noch wichtiger war: Er sprach fließend Hebräisch. Er verfügte auch über Grundkenntnisse der deutschen und italienischen Sprache. Vor allem aber hatte er Auschwitz, Mauthausen und Gusen überlebt, und diese geschärften Überlebensinstinkte machten aus ihm einen idealen Kandidaten für den Exodus nach Palästina. Hausarbeiten im Lager wurden von den jungen Neuaufgenommenen so ausgeführt, daß der Solidaritätsgeist untereinander und im Sinne der großen Sache des Zionismus gefördert wurde. Bernie wurde – mehrere Male – daran erinnert, daß es seine Pflicht sei, nach Palästina zu gehen.

Doch er dachte an Charlie, der ihm seine Militäradresse dagelassen hatte. Bernie hatte seinem GI-Freund bereits geschrieben und gegen Ende August eine Antwort erhalten. Er bewahrte diesen kostbaren Brief sehr sorgfältig auf, und er und Charlie begannen einen regelmäßigen Briefwechsel. Damit Bernie sich erholen und vollkommen gesund werden konnte, schickte Charlie ihm eine Schachtel Puretest Plenamin-Vitamine als Ergänzung zu seinen Essensrationen im Lager. Bis heute bewahrt Bernie die Schachtel auf, die diese Pillen enthielt – eines der ersten Erinnerungsstücke, die er retten konnte. In der Schachtel befinden sich jetzt Photos aus den italienischen Lagern.

Im Herbst erhielt Bernie das wichtigste Schriftstück seines Lebens – einen Brief, datiert vom 4. November 1945, von Charles Merrill jun., der inzwischen aus dem Militär entlassen war und wieder in den Vereinigten Staaten lebte. Der ehemalige GI, der mit vierundzwanzig Jahren bereits ein verheirateter Mann und Familienvater war, bot dem jüdisch-ungarischen KZ-Überlebenden eine andere Alternative und eine neue Chance an: «Wenn ich Reisemoeglichkeit und Visum fuer Dich bekommen koennte, wuerdest Du dann nach Amerika kommen wollen, um mit uns als unser Sohn zu leben?» Charles Merrill ermunterte Bernie, sich selbst zu entscheiden, und endete mit einem großzügigen Hilfsangebot, unabhängig davon, wie seine Entscheidung ausfallen würde: «Und ganz gleich, so Du bist und was Du tun willst, lasse mich bitte immer wissen, was ich fuer dich tun kann.» Es ist eine merkwürdige Ironie des Schicksals, daß der wichtigste Brief in Bernies Leben auf deutsch geschrieben war. Auch wenn grammatikalisch nicht perfekt, handelte es sich bei diesem Vorschlag doch um ein Zeugnis reinster Mitmenschlichkeit.

Obwohl der Krieg im August 1945 mit dem Abwurf der Atombombe über Hiroschima geendet hatte, herrschte in Europa noch lange Zeit Chaos. Und in diesem Chaos mußte ein jüdischer Junge aus dem ungarischen Tab die größte Entscheidung seines Lebens treffen. Einerseits wurde er gedrängt, sich in einer Gemeinschaft zu engagieren und dem Ruf der zionistischen Sache zu folgen und nach Palästina zu gehen. Bernie begriff, daß selbst die Utopie einer zionistischen Zukunft Nachteile haben würde. Sich für Palästina zu entscheiden würde zunächst einmal einen Aufenthalt in einem Internierungslager auf Zypern bedeuten, in das die britischen Behörden regelmäßig «illegale» Juden einwies, die dieses Land ansteuerten. Der Gedanke, noch einmal in ein von Stacheldraht umgebenes Lager eingesperrt zu werden, schreckte ihn ab. Und trotz all der individuellen Aufmerksamkeit, die Bernie in Selvino zuteil wurde, war ihm doch klar, daß es ein kollektiver Zwang war, mit dem versucht wurde, die jungen Überlebenden aus den Konzentrationslagern zu formen. Er wurde von diesem inneren Konflikt hin und her gerissen. Da war einerseits sein Gefühl der

Solidarität und sein Stolz darauf, einer Gruppe von Juden anzugehören, die keine Opfer mehr waren, und andererseits sein starker Wunsch nach persönlicher Freiheit, sein Bedürfnis, Zwängen zu entfliehen und weder physisch noch geistig eingeengt zu werden. In seiner Kindheit hatte er von einem schönen Leben geträumt, das er nur dann leben konnte, wenn er dem Lauf der Sonne folgte.

Jetzt entdeckte er, daß es Dinge gab, die tiefer in ihm wurzelten als sein Stolz und seine neugefundene Solidarität mit der palästinensischen Sache, die sein zionistischer Mentor ihm umrissen hatte. Er wollte wieder eine Familie haben.

Als Bernie Charlies Angebot annahm, reagierte Moshe Z'iri prompt. In einer leidenschaftlichen Konfrontation von Angesicht zu Angesicht «flogen», wie Bernie sich erinnert, «die Fetzen». Moshe Z'iri konnte, wenn es um sein Anliegen ging, unerbittlich und knallhart sein. Bernie wurde stark unter Druck gesetzt, damit er seine Meinung änderte. Er wurde beschuldigt, ein Verräter zu sein, und als Außenseiter geächtet. Ein Gerücht verbreitete sich im Lager, wonach Charles Merrill beabsichtige, Bernie nach Amerika zu entführen, um einen katholischen Priester aus ihm zu machen. Aber Bernie blieb bei seinem gewagten Entschluß, mit dem er fraglos eine wichtige Brücke hinter sich abbrechen würde. Und in der Tat verschloß sich jetzt für ihn der Weg in eine Zukunft in Palästina. Doch es würde entsetzlich lange dauern, bis mit der amerikanischen Bürgschaft alles geregelt sein würde. Es würde nicht leicht werden, und natürlich wurde Bernies Leben in Selvino durch seine Entscheidung für Amerika auch nicht gerade erleichtert.

Als Ende 1946 eine große Gruppe jüdischer Kinder aus Osteuropa eintraf, befand sich Bernie immer noch in Selvino. Diese Kinder, die in den nicht von den Deutschen besetzten Teilen der Sowjetunion aufgewachsen waren oder sich dorthin geflüchtet hatten, waren nicht in Konzentrationslagern gewesen. Sie hatten andere Geschichten zu erzählen als die kleinere Gruppe von Lagerüberlebenden, die Moshe Z'iri anfangs nach Selvino gebracht hatte und die durch ihr gemeinsames Leiden miteinander verbunden waren. Bis dahin war die Gesamtzahl der Bewohner des Kinderheims auf ungefähr einhundertfünfzig Jugendliche angewachsen, und nur ein kleiner Kern von Überlebenden aus Auschwitz, Mauthausen und Gusen war übrig. Ende 1946 war die Zeit gekommen, von seinem Lagerkumpel Simcha Abschied zu nehmen, der über Zypern nach Palästina reiste. Sie wußten nicht, ob sie sich jemals wiedersehen würden.

Als Bernies Aufenthalt in Selvino im Februar 1947 zu Ende ging, rollten die Würfel in eine ungünstige Richtung. Er und die anderen Altinsassen von Selvino, deren Ziele andere Länder waren als Palästina, wurden in ein großes, verwahrlostes Flüchtlingslager in Cremona gebracht, wo es mit dem Leben plötzlich wieder bergab ging. Bernie wurde immer deprimierter. Doch im Herbst eröffnete sich für ihn endlich ein Weg aus dem Elend in Cremona. In einem Brief ermunterte Charles Merrill ihn, mit einer Italienerin in Lucca Kontakt aufzunehmen, die während des Kriegs im Untergrund gearbeitet hatte. Sie hatte eine italienische Familie in Viareggio ausfindig gemacht, die bereit war, Bernie als Pensionsgast aufzunehmen. Die Rechnung wurde selbstredend von Merrill bezahlt. Diese italienische Familie war nett und freundlich zu ihm und hinterließ in Bernie eine bleibende Sympathie für Italiener. Mit Bernies mehrmonatigem Aufenthalt in Viareggio endete sein Leben in den verschiedenen Lagern in dem vom Krieg zerrissenen Europa, das ihn von den Todeslagern der Nazis bis in die verschiedenen Flüchtlingslager der Nachkriegszeit geführt hatte.

WESTWÄRTS

In der Zwischenzeit lief sich sein Bürge die Hacken ab, um Bernie ein Einreisevisum in die Vereinigten Staaten zu besorgen. Im November 1947, zwei Jahre, nachdem Bernie Charlies Brief mit dem Angebot, für ihn zu bürgen, erhalten hatte, wurden die erforderlichen Papiere endlich genehmigt, und Bernie machte sich auf den Weg nach Genua, um sie abzuholen. Da Bernie weder einen Paß noch eine Geburtsurkunde noch andere Dokumente besaß, um seine Identität bzw. seine Herkunft nachzuweisen, mußte vom amerikanischen Konsulat ein besonderes Dokument für eine staatenlose Person ausgestellt werden, das ihm erlaubte, in die Vereinigten Staaten einzuwandern. Er hätte wahrscheinlich überhaupt nicht in die Vereinigten Staaten einreisen dürfen, hätte sich Charles Merrill nicht ständig bemüht und beträchtliche Summen ausgegeben, um den Papierkrieg zu verkürzen.

Nun begann Amerika an Bernies Horizont als etwas Greifbares aufzutauchen. Mit dem Ungarisch-Englischen Wörterbuch, das Charlie ihm geschickt hatte, lernte Bernie fieberhaft Englisch. Er ließ sich auf ein anspruchsvolles Projekt ein, indem er sich in den nächsten sechs Wochen mit Robert Louis Stevensons *Schatzinsel* auseinandersetzte. Es war Schwerarbeit. Mit Hilfe des Wörterbuchs gelang es ihm, achtundzwanzig Seiten des Abenteuerromans zu übersetzen – das Beste, was er tun konnte, um sich auf den nächsten Schritt in seinem Leben vorzubereiten, den Sprung über den Atlantik in die Vereinigten Staaten von Amerika.

Charles Merrill schickte ihm Geld für die Reise. Bernie plante, mit einem Frachter billig nach New York zu fahren, aber davon wollte Charlie nichts wissen. Für Bernat Rosner kam nur eine schnelle Reise mit dem Flugzeug von Europa nach Amerika in Frage. Und so rollten für Bernie wieder einmal die Würfel – dieses Mal sollte es ein *Sechser* sein. Am 17. Januar 1948, zwei Wochen vor seinem sechzehnten

Geburtstag, checkte er in Rom für einen Flug mit der TWA ein, der über Genf, Paris, London und Neufundland zum La Guardia Airport in New York führen sollte. Er hatte Papiere in der Hand, etwas Geld in der Tasche, und seinen Bürgen, Charlie, in der Neuen Welt. Dieses Mal tauchten keine Nazischergen auf, keine Regierungsbeamten oder irgendwelche der sonstigen ungezählten Behördenvertreter – in Uniform oder in Zivil, Gute oder Böse –, die ihm im Laufe der Jahre über den Weg gelaufen waren, um ihn nach seinen Plänen auszufragen oder Gewalt gegen ihn auszuüben. Niemand besaß die Macht, Bernat Rosner daran zu hindern, das Flugzeug zu besteigen, das ihn nach Westen bringen würde.

. . .

Bei Kriegsende gab es für mich keine rollenden Würfel, oder zumindest schien es anfangs so. Unsere physische Bewegungsfreiheit war auf das Dorf und die umliegenden Felder und Wälder beschränkt. Das Leben, wie wir es gekannt hatten, hatte sich für die Deutschen, ob Nazis oder nicht, radikal verändert. Aus praktischen Gründen hörte die Außenwelt auf zu existieren. Ältere Dorfbewohner gingen sogar so weit, daß sie eine Versammlung einberiefen, um darüber zu diskutieren, ob es für Kleinheubach möglich wäre, als selbständige Einheit zu überleben und sich im Endeffekt von dem abzuspalten, was von Deutschland übrig war. Man glaubte, daß die Apfelernte, der Ertrag der Tausende von Apfelbäumen im Besitz der Dorfbewohner, ein wichtiges Handelsgut darstellte, das die wirtschaftliche Autonomie sichern könnte. Obwohl die Zusammenkunft im Gasthaus mit dem sinnigen und doppeldeutigen Namen «Zur schönen Aussicht» stattfand, löste sich diese Dorf-Utopie bald in nichts auf.

Die Amerikaner erlaubten es Deutschen nicht, Feuerwaffen zu tragen, mit dem Ergebnis, daß man nicht auf die Jagd nach den wilden Ebern gehen durfte, die vom Odenwald herunterkamen und auf den Feldern Schäden an der Frühjahrsernte anrichteten. Mein Großvater versuchte in seiner Schmiede, aus Metall Pfeile und Bogen anzufertigen, damit man die Tiere auf diese Weise abschießen konnte, aber dann organisierte niemand eine Gruppe, die den destruktiven Wühlern nachstellte. Die Schulen waren geschlossen, und kein Mensch wußte, wann sie wieder geöffnet werden würden. Viele Männer waren im Krieg umgekommen oder vermißt. Die meisten landeten in Kriegsgefangenenlagern, die über ganz Europa und Nordamerika verstreut waren. Einige Männer waren von verschiedenen zusammengebrochenen Kriegsfronten zu Fuß unterwegs in die Heimat. Ein paar waren wegen geistiger oder physischer Gebrechen aus der Wehrmacht entlassen worden und noch vor Kriegsende zurückgekehrt. Die amerikanische Besatzungsarmee hatte eine Erklärung an das Schwarze Brett im Dorf ausgehängt, daß jeder Schaden, der einem GI zugefügt würde, zur Folge hätte, daß das Dorf dem Erdboden gleichgemacht werde. In der Nähe schlugen sie ein anderes Plakat an: Das vergrößerte Photo von einem Massengrab im Warschauer Ghetto. Dieses grauenhafte Bild ausgezehrter Leichen, die an den Wänden der offenen Grube hingen, hat mich niemals wieder losgelassen.

Sämtliche Waffen, Nazifahnen und Abzeichen mußten im Rathaus abgegeben werden. Ich beschloß, den Offiziersdolch meines Vaters abzuliefern, der mit einem Elfenbeingriff und einem silbernen Eichenlaubmuster verziert war und den er nach seinem letzten Urlaub von seinem Posten auf den Kanalinseln zu Hause gelassen hatte. Während ich ihn zum Rathaus brachte, sah ihn ein amerikanischer Soldat, rannte auf mich zu und befahl mir, ihm den Dolch auszuhändigen. Er ließ dieses besondere Erinnerungsstück an den Zweiten Weltkrieg unter seinem Mantel verschwinden und zog von dannen.

Wir, die Jungen, verspürten eine ungewohnte Freiheit von Zwängen. Kein Marschieren mehr, keine Uniformen mehr und, was am besten war: nur noch wenige Befehle seitens der Erwachsenen, die zu sehr mit unserem tagtäglichen Überleben beschäftigt waren, um ihre pädagogischen Pflichten zu erfüllen. Wir ließen uns die Haare lang wachsen. Während der ersten Woche der Besatzung lungerten wir um den amerikanischen Panzer herum, der auf dem Hirschplatz, dem Dorfplatz, abgestellt war – genau dort, wo ein paar Tage zuvor das letzte Kontingent der SS versucht hatte, zur Verteidigung des Vaterlands den «Volkssturm» von Kleinheubach zusammenzutrommeln. Jetzt saßen die GIs auf ihrem Panzer und warfen uns Bonbons zu. Als unser vornehmer Volksschuldirektor, der glatzköpfige Oberlehrer Kahlert, hoch auf seinem altmodischen Fahrrad thronend, vorüberfuhr, hoben wir automatisch den Arm hoch und salutierten mit einem üblichen «Heil Hitler!» Die GIs fanden das urkomisch und fielen alle in den Chor ein und riefen unserem Mentor immer wieder: «Sieg Heil! Sieg Heil!» zu, während dieser in die Pedale trat, um möglichst schnell vom Ort des Geschehens zu verschwinden. Die meisten Soldaten waren weiß, aber die wenigen schwarzen Soldaten in der Besatzungstruppe waren, wenn sie uns von ihren Panzern herunter Süßigkeiten zuwarfen, besonders nett und freundlich. Während das Dorf und unser Teil von Deutschland offensichtlich unter der Kontrolle der Amerikaner standen, glaubten wir, die Dorfjugend, daß die Straßen und die nahegelegenen Felder und Wälder uns gehörten.

Alles Amerikanische, das man bis kurz zuvor als dekadent verpönt hatte, war nun von einer verlockenden und glamourösen Aura umgeben. Vor dem Zusammenbruch hatten uns Schulbeamte Nazipropagandafilme gezeigt, die uns Haß auf die amerikanische «Dekadenz» einflößen sollten – einen Ausschnitt mit Benny Goodman, der seine Klarinette spielte, während junge Amerikaner in einer Music Hall zu synkopierten Rhythmen herumhüpften. Der düstere Kommentar der Nazis verkündete, daß der Jude Goodman die amerikanische Jugend verführe und wir uns vor solchen Gefahren schützen müßten. Jetzt, da Benny Goodmans Musik bei uns ebenso angekommen war wie Tommy Dorseys Band, liebten wir sie, vor allem deshalb, weil sie noch ein wenig nach verbotener Frucht schmeckte. Wir lernten eifrig den Text von *Chattanooga Choo Choo* und *Hey Bob a-Ree Bob* auswendig, obwohl wir nur halb verstanden, was wir sangen, aber wir hielten alles für echt amerikanisch. Einer der ersten deutschen Hits der Nachkriegszeit war ein Liebesduett, in dem die beiden Liebenden einander versprachen, nach Arkansas oder Arizona zu ziehen, um gemeinsam Bohnen zu züchten.

Die Amerikaner richteten ein nicht sehr wirksames Entnazifizierungs- und Umerziehungsprogramm ein, zu dem ein Fragebogen mit 132 Fragen gehörte, der von allen erwachsenen Deutschen auszufüllen war. Da ich die einzige Schreibmaschine in unserer Straße besaß, füllte ich eine Menge solcher Fragebogen für unsere Nachbarn aus, die mir ein paar Einzelheiten nannten und mich den Rest frei erfinden ließen. Einige Fragen waren leicht, so etwa die, ob eine alte Frau in der Waffen-SS gedient hatte oder nicht. Andere waren schwieriger, zum Beispiel, wenn es um die Zugehörigkeit zur Partei oder um Sympathien für die Nazis ging. Alle Befragten wurden in fünf Kategorien eingeteilt, die vom Kriegsverbrecher bis hinunter zum Unbelasteten reichten. Die meisten fielen als Sympathisanten oder Aktivisten irgendwo in die Mitte, oder galten einfach als Leute, die den Mund gehalten hatten. Als Gegenleistung für meine Tippdienste und – in einigen Fällen – für meinen Erfindungsreichtum bekam ich etwas zu essen.

Für die Amerikaner war es schwer, Deutsche zu finden, die in politischer Hinsicht so akzeptabel waren, daß sie die Jungen unterrichten konnten, und sie verlangten, daß die Bewerber um ein Lehramt einen Aufsatz über die drei historischen Persönlichkeiten schrieben, die sie am meisten bewunderten. Einer der Kandidaten, dessen Aufsatz ich tippte, sagte mir, daß die beliebtesten Drei «Jesus Christus, George Washington und Franklin Delano Roosevelt» und «Jesus Christus, Abraham Lincoln und Albert Einstein» waren. Offensichtlich achteten alle Anwärter genau darauf, daß einer oder zwei auf der Liste ihrer angeblichen Favoriten Amerikaner waren.

Viele Deutsche wollten zuerst glauben, daß die Uhr auf eine «Stunde Null» zurückgestellt worden sei. Es war eine bequeme Methode zu vergessen, daß diese deutsche Uhr vor und während des Kriegs pünktlich gegangen war und im Gleichtakt mit der Todesmaschinerie der Nazis getickt hatte. Tatsache war, daß die Uhr des Dritten Reichs am Ende des Kriegs nur stehenblieb und die Unschuld einer Stunde Null eine Form der Selbsttäuschung war, an der die Deutschen eine Zeitlang festhielten. Doch der verführerische Glamour Amerikas konnte, so aufregend er für die Jungen auch war, nicht den allgemein herrschenden Pessimismus vertreiben. Schließlich hatte die Präsenz der Amerikaner während der ersten Jahre unmittelbar nach dem Krieg mehr mit Panzern zu tun als mit Filmen und Musik. Es wurde viel über Demokratie geredet und darüber, was sie bedeuten könnte. Zunächst war es nicht mehr als ein Begriff, der in unserer Vorstellung vage mit unserem kollektiven schlechten Gewissen über die Verbrechen der Nazis gekoppelt war.

Ein paar Wochen, nachdem der Krieg zu Ende war, übte ich mein Englisch mit einem amerikanischen Offizier, einem «Chicken»-Colonel – ein Begriff, den ich von einem GI gelernt hatte. Der Beiname des Obersten leitete sich von dem kleinen silbernen Adler-Abzeichen her, das er an seinem Revers trug. Ich stand in der Nähe unseres Dorfplatzes neben dem Jeep des Obersten, als der Amerikaner mitten in unserer Unterhaltung plötzlich wütend ausrief: «Ihr Deutsche habt die Juden umgebracht, und ihr habt es alle gewußt!» Ich war über diese Bemerkung schockiert und wich zurück. Instinktiv wies ich diese Anschuldigung dem Offizier gegenüber zurück, aber was ich zurückwies, war nur der zweite Teil seiner Behauptung. Ich hatte, zusammen mit den anderen Bewohnern meines Dorfs, die Photos von den Massengräbern im Warschauer Ghetto gesehen, die die US-Armee am Schwarzen Brett des Rathauses angeschlagen hatte. Aufgrund dieser Photos wußten wir alle, was geschehen war. Ich glaubte schon, daß wir Deutschen das getan hatten, aber mit dieser Beschuldigung konfrontiert, konnte ich nicht glauben, daß Leute aus meinem Dorf, denen ich jeden Tag auf der Straße begegnete – ganz zu schweigen von Mitgliedern meiner eigenen Familie –, gewußt hatten, was in den Konzentrationslagern vor sich ging. Zusammen mit allen anderen schrieb ich die Greueltaten *einigen* Deutschen zu, nicht allen Deutschen – vor allem der SS, und, genauer gesagt: dem Sicherheitsdienst (SD), einem speziell ausgebildeten Spitzel- und Informationsdienst im Rahmen der SS. Ich hatte einen persönlichen Grund dafür, daß ich sie verdächtigte, weil ich einmal mit einer Gruppe solcher Offiziere in Berührung gekommen war.

Als der Krieg zu Ende war, errichteten die Amerikaner im Park des Schlosses der Fürsten zu Löwenstein ein provisorisches Lager für SS-Gefangene. Unter der Bewachung eines bewaffneten GIs wurden vier dieser Gefangenen zur Schmiede meines Großvaters abkommandiert, wo sie Arbeiten durchzuführen hatten, die der Instandhaltung des Lagers dienten. Ich erbte von dem amerikanischen Wärter, der aus St. Louis stammte, eine Eisenhower-Jacke und ein Paar US-Army-Stiefel – die einzigen Stiefel, die ich für den Winter hatte. Aus meinen alten deutschen Stiefeln, in denen ich im Jahr zuvor Frostbeulen bekommen hatte, war ich endgültig herausgewachsen. Dieser Soldat pflegte sein geladenes Gewehr unten in der Schmiede zu lassen, während er heraufkam, um seine Zeit mit meiner Familie zu verbringen und sein Heimweh zu lindern. Dieses Gewehr stand unbewacht in Reichweite der gefangenen SS-Leute, die alle zwischen Zwanzig und Dreißig waren, aber sie wagten nie, es auch nur anzurühren. Die Angst, die sie buchstäblich ausschwitzten, war mit Händen zu greifen.

Zu diesem Zeitpunkt hätten gewöhnliche deutsche Kriegsgefangene in amerikanischen Händen keinen Grund zu so großer Angst gehabt. Deshalb hegte ich den Verdacht, daß diese Gefangenen versuchten, etwas Entsetzliches zu verbergen. Sie hatten immer wieder behauptet, sie hätten zu einer kämpfenden Einheit gehört, die nichts mit Konzentrationslagern zu tun hatte. Einer gab an, er sei ein einfacher Soldat gewesen, dessen Einheit gegen seinen Willen der SS einverleibt worden sei. Aber seine Geschichte wirkte auf mich nicht glaubhaft. Tatsächlich krochen diese jungen Männer mit unterwürfiger Angst in den Augen vor mir, einem Vierzehnjährigen, der gar keine Macht über sie besaß. Sie trieften geradezu vor Schuld und Angst. Ich kann es nicht beweisen, aber ich bin überzeugt, daß sie für Greueltaten verantwortlich waren. Die Welt hatte sich auf den Kopf gestellt. Nur drei Wochen zuvor hatte ich Leute wie sie gesehen, die in schicken SS-Uniformen, großspurig und herablassend, durch unser Dorf fuhren und bereit waren, jeden mit ihren Maschinenpistolen niederzustrecken, der anderer Meinung war als sie. Jetzt, bei Sonnenuntergang und vor Beginn der abendlichen Sperrstunde, erinnere ich mich, daß viele Dorfbewohner sich vor dem in aller Eile mit Stacheldraht umzäunten Schloßpark versammelten und den gefangenen SS-Leuten, die wohl nicht genug zu essen bekamen, Lebensmittel zuwarfen. Ich erinnere mich nicht, ob wir den vier, die in unserer Dorfschmiede arbeiteten, etwas gaben, aber ihr amerikanischer Wärter befahl ihnen, unser Feuerholz für den Winter aufzuschichten, und selbstverständlich gehorchten sie.

▪ ▪ ▪

Die schwarz-weiß-roten Fahnen waren verschwunden, und es war, als hätte es das Hakenkreuz nie gegeben. Doch mein Dorf war, wie der Rest von Deutschland, in den kollektiven Wahnsinn verstrickt gewesen, in jener tödlichen Mischung aus Ordnung und Wut, die die Nazibewegung charakterisiert hatte. Spaltungen innerhalb des Dorfes, gespaltene Loyalitäten innerhalb der Familien und sogar Risse in den Seelen der Individuen waren typisch für die Kämpfe hinter den Kulissen – Kämpfe, von denen in der Öffentlichkeit nichts zu sehen war.

Als der Krieg vorbei war, wollten alle glauben, daß ihn niemand befürwortet habe. Und niemand gab zu, daß er etwas über den Holocaust gewußt oder dessen Ausmaße geahnt hatte. Nachdem wir alle die Bilder von den Greueltaten gesehen hatten, herrschte Verwirrung, und ein breites Spektrum an Reaktionen wurde geäußert, angefangen mit: «Es stimmt nicht» bis zu dem: «Ich habe Schlimmes geahnt» meines Stiefgroßvaters. Alle fragten: «Was wird jetzt mit uns geschehen?» Was ich am häufigsten hörte, war: «Das haben *andere* gemacht – die *schlechten* Deutschen.» Die

Nürnberger Prozesse gegen die Nazi-Hauptverbrecher lieferten Durchschnittsdeutschen, die stark hierarchisch dachten, eine bequeme Ausrede, um sich von Gefühlen der persönlichen Schuld oder der Mittäterschaft reinzuwaschen. Dieser tiefe Glauben an die Hierarchie gestattete es sogar jenen, die direkt verstrickt waren, sich hinter der Behauptung zu verstecken, sie hätten nur Befehle ausgeführt. Hier saßen sie nun auf der Anklagebank – der fette Hermann Göring, der steife General Keitel, der verrückte Rudolf Heß und all die anderen. *Sie* hatten es getan. Weg mit ihnen. *Wir* sind unschuldig. Leben wir unser Leben weiter.

▪ ▪ ▪

Unmittelbar nach dem Krieg war für diejenigen, die es vorgezogen hatten, eine Zusammenarbeit mit den Nazis zu leugnen und sich der Vorstellung von einer Stunde Null hinzugeben, nicht der Augenblick gekommen, sich über die Vergangenheit Gedanken zu machen, sondern mit dem Aufbau des nächsten Deutschland zu beginnen. Die Stimmen derjenigen, die gegen das Dritte Reich gewesen waren, waren in Kleinheubach zu wenige und in den meisten Fällen zu schwach gewesen, als daß sie nun ihre Geschichten erzählt hätten. Sie fürchteten auch, daß sie in ein neues politisches Spiel hineingezogen werden könnten, das sie nicht verstanden. Und schließlich war es ihnen auch nicht gelungen, sich zu jener Zeit eindeutig zu bekennen, als es wirklich darauf angekommen wäre. Warum sollten sie also jetzt ihre Meinung sagen? Diese Leute paßten nicht in die neue Gesellschaftsordnung, die sich gerade herausbildete. Aber die Erinnerungen eines Dorfes reichen weit zurück und sind genau. Sie fixieren sich besonders gern auf das von der Norm abweichende Verhalten einzelner und registrieren und kritisieren Regelverstöße, die man im Gedächtnis behält und die von Generation zu Generation weitergegeben werden. Seit Jahrhunderten dient das Dorfgedächtnis als Träger, Bewahrer und Vollstrecker der lokalen Bräuche. Es ist so wirkungsvoll und normgebend wie die Gesetze der Höfe und des Staates.

Für die meisten Dorfbewohner war die Politik wie das Wetter: Da man keine Kontrolle darüber hat, akzeptiert man es. Wenn andere vom Hagel heimgesucht wurden, dann war das deren Problem, aber du hast wenigstens versucht, dich selbst gegen alle Widrigkeiten zu schützen, die dich bedrohten. Das Nazi-Regime war in Kleinheubach allgemein akzeptiert worden. Viele zahlten der Partei ihren Mitgliedsbeitrag, und manche wurden aktive Mitarbeiter. Ein paar Fanatiker unter den Nazi-Aktivisten wurden jedoch von den meisten Leuten gefürchtet. Herr ter Meer zum Beispiel hatte einen nervösen Tick, der ihn zwang, Kinn und Hals auf groteske Weise zusammenzuziehen. Selbst wenn er Freunden beim Einkaufen auf der Straße begegnete, warf er den rechten Arm ruckartig nach vorn und zog dann die ausgestreckte Hand wieder auf die Brust zurück. Das war die Kurzform des Nazigrußes. Die meisten Leute hielten von ihm Abstand, da er jeden anzeigte, den er nazifeindlicher Gesinnung verdächtigte. Zu ihnen gehörten natürlich Nachbarn, mit denen er aus allen möglichen Anlässen – ob politisch oder nicht – im Clinch lag.

Zu den anderen Extremisten zählte ein Ehepaar, das seinen zwei Söhnen befahl, sich, sobald sie alt genug waren, freiwillig zur SS zu melden. Beide fielen an der russischen Front, und die Eltern waren stolz auf die «Helden», die sie für das Dritte Reich geopfert hatten. Wer mit Leuten dieses Schlages über Politik hätte diskutieren wollen, hätte auch gegen einen Sturm oder eine Dürre wettern können. Sie waren noch gefürchteter als Herr ter Meer, weil ihnen ihr Opfer eine besondere Legitimität verliehen hatte. So «erbte» die Familie eines der schönsten jüdischen Häuser in der Hauptstraße, und die Frage, wie es in ihren Besitz gelangte, hätte denjenigen, der sie stellte, in ernste Gefahr gebracht.

Dann gab es auch die vielen spießbürgerlichen Nazis in den unteren Rängen, die versuchten, den sozialen Aufstieg, den die Bewegung ihnen ermöglichte, so schnell wie möglich zu vollziehen. Wegen ihres Eifers machte man sich bisweilen offen über sie lustig. Man kreidete ihnen nicht ihre politische Haltung an, was riskant gewesen wäre, sondern ihr gesellschaftlich inakzeptables Verhalten, das gefahrlos attackiert werden konnte. Einmal taten sich sämtliche Jugendgruppen der Nazis mit dem NSKK, dem Nationalsozialistischen Kraftfahrkorps, der NSDAP und der SA zusammen, um im weitläufigen Park des Fürsten zu Löwenstein eine örtliche Parade vorzubereiten. Als alle in Reih und Glied standen und der Ortsgruppenleiter des Dorfes aus irgendeinem Grund das Aufmarschgelände verlassen mußte, befahl er einem seiner Untergebenen, einem einfachen SA-Mann, vorübergehend seinen Platz einzunehmen. Dieser Kerl nahm Habachtstellung an und schlug dabei die Hacken so fest zusammen, daß er vom Boden abhob. Gleichzeitig kreischte er in seiner Aufregung den Befehl: «Alles hört auf *mir*!» [sic!] Seine lächerliche Positur brachte uns alle zum Lachen, und die Moral verschlechterte sich weiter, als sich das Gekicher in der versammelten Menge fortpflanzte. Heute weiß ich, daß diese lächerliche Figur jeden, ob Jude oder Christ, umgebracht hätte, nur um in der Partei auf Dauer voranzukommen.

Schließlich war da noch meine Volksschullehrerin, Fräulein Gundelfinger, die mir, als ich in der zweiten Klasse war, das antisemitische Lesebuch gegeben hatte. Am Morgen nach der Parteiwahl von 1938 betrat sie das Klassenzimmer, um zu verkünden, daß dreizehn Kleinheubacher gegen Hitler gestimmt hätten. Sie ließ uns *unisono* wiederholen: «Pfui, pfui, pfui!» Einer der dreizehn war natürlich Hermann Bohn gewesen, der Vater meines Kumpels Ludwig. Hermann Bohn war ein Verehrer seines Idols aus dem Ersten Weltkrieg, General Ludendorff, der die Ansicht vertrat, daß die Bolschewiken, Nazis, Katholiken und Juden sich zu einer weltweiten Verschwörung gegen Deutschland zusammengeschlossen hätten und Hitler nur das bereitwillige Werkzeug dieser «Kräfte» sei, die die deutsche Seele zerstören wollten. Hermann Bohn glaubte nicht nur an diese Theorien, er legte oft auch ein sozial anstößiges Wesen an den Tag. So fuhr er zum Beispiel am Sonntag Gülle auf seine Felder hinaus, weil er die katholische Kirche noch mehr auf dem Kieker hatte als Hitler. Er war jemand, den man lieber nicht ärgerte, denn er war stark und ehrfurchtgebietend. Abgesehen davon war er der beste Metzger im Dorf und stellte die feinste Fleischwurst der ganzen Gegend her.

Hermann Bohns eigenwillige und illusionäre politische Anschauungen waren für nichts anderes charakteristisch oder repräsentativ als für seine eigene Exzentrik. Es gab aber in unserem Dorf auch einen ernsthaften, wenn auch leisen Widerstand gegen das Naziregime. Ich erinnere mich an einen Buchdrucker, den ich gut kannte, weil er nur zwei Ecken vom Haus meiner Großmutter entfernt wohnte. Bei einem Besuch 1999 konnte ich immer noch die große, mittlerweile verblaßte Beschriftung auf einer Mauer seines Hauses lesen: «Josef Dier, Buchdruckerei». 1934, ein Jahr, nachdem die Nazis an die Macht gekommen waren, hatte Herr Dier den Mut, jene Broschüre zu drucken, die der protestantische Pfarrer des Dorfes, Pfarrer Gottlieb Wagner, über die Geschichte der Juden von Kleinheubach geschrieben hatte und deren Titel lautete: «Geschichte der Jüdischen Gemeinde zu Kleinheubach a. M.». In diesem Text wurde die Präsenz der Juden in Kleinheubach von der ersten dokumentierten Erwähnung im Jahr 1326 bis zum Jahr 1933 dargestellt. Herr Dier war wegen seiner antifaschistischen Überzeugungen mehr als ein Jahr im Konzentrationslager Dachau eingesperrt.

Während mein Vater in der NSDAP seine Glanzzeit erlebte, lief er einmal Josef Dier in die Arme und bot ihm an, ihn in einem ausgeliehenen Dienstwagen ins nächste Dorf mitzunehmen. Wie mein Vater uns nach der Begegnung erzählte, wollte er von jemandem, der in Dachau gewesen war, etwas über die dortigen Zustände erfahren; deshalb fragte er Dier während der Fahrt nach seinen Erlebnissen. Statt zu antworten, bestand Dier darauf, daß mein Vater sofort anhielt und ihn aussteigen ließ. Trotz der wiederholten Versicherungen meines Vaters, daß er ihm mit dieser Frage nichts Böses tun wolle, sondern nur neugierig sei, weigerte sich Dier zu antworten und verlangte erneut, aussteigen zu dürfen. Er ging wortlos davon. Mein Vater kam recht bestürzt nach Hause, weil er von einem Nachbarn, den er trotz der zwischen ihnen bestehenden politischen Meinungsverschiedenheiten gern hatte, für einen gefährlichen Denunzianten gehalten wurde.

Jahre später, im November 1943, als ich während des letzten Fronturlaubs meines Vaters mit ihm zum Postamt spazierte, begegneten wir Josef Dier. Dier war nicht mehr der gehetzte Mensch, der er vor dem Krieg gewesen war. Er fragte meinen Vater: «Na, Albert, glaubst du, daß du diesen Krieg gewinnen wirst?» und gab damit eindeutig zu verstehen, daß Deutschland seiner Meinung nach nicht siegen werde. Jetzt war mein Vater derjenige, der schweigend von dannen zog. Hätte er mit Herrn Dier übereingestimmt – was er damals wahrscheinlich tat –, hätte dies Verrat bedeutet. Und hätte er Herrn Dier angezeigt, hätte es diesen höchstwahrscheinlich das Leben gekostet. Und das wollte mein Vater gewiß nicht. Ich war alt genug, um zu verstehen, daß ihr kurzer Wortwechsel in der Nähe unseres Dorfpostamtes für beide politische Gefahren barg. Psychologisch war mein Vater diesem tapferen Andersdenkenden jedenfalls nicht mehr überlegen.

Mit Kriegsbeginn verloren die politischen Konflikte, die es im Dorf gegeben hatte, an Bedeutung, da die Menschen vollkommen mit den täglichen Sorgen über den Krieg beschäftigt waren und mit den Gedanken daran, inwiefern er sie persönlich betreffen würde. Die wesentlichen Geschichten des Widerstands spielten sich anderswo ab, nämlich in den großen Städten, wie München, Leipzig und Berlin. Und am Ende des Krieges hatte man keine Zeit, um über das nachzudenken, was geschehen war. Doch Josef Dier wartete – demzufolge, was man im Dorf munkelte – geduldig auf die Heimkehr von Herrn ter Meer, der während des deutschen Rückzugs 1945 mit der SS abgezogen war. Als der Nazi zurückkam und an Diers Haus vorbeiging, habe Dier, so erzählte man sich, ter Meer gegrüßt und zu ihm gesagt: «Auf deine Rückkehr haben wir gewartet!» Ter Meer wurde später von der amerikanischen Militärpolizei verhaftet und mehrere Monate lang eingesperrt. Aber er wurde schon bald wieder entlassen und fügte sich zusammen mit uns anderen rasch in das Nachkriegsleben des Dorfes ein.

. . .

In den ersten Monaten nach dem Krieg lasteten die Folgen des Dritten Reichs auf allen. In dem Land, das in Trümmern lag, bedeutete das ein alles durchdringendes Schweigen und eine langwierige Suche nach Essen, vermißten Verwandten, Unterkunft, Brennholz und nach allem, was sich auf dem Schwarzmarkt verhökern ließ. Ein kaltes Grausen packte Körper und Seele, und die innere Finsternis spiegelte die Dunkelheit der Winternächte wider.

Wie viele andere Familien war auch die Familie Tubach verzweifelt. Meine Großmutter weinte jeden Tag nach ihren vermißten Söhnen und nach den Enkelkindern, die man in den zerstörten Städten noch nicht wiedergefunden hatte. Ihr am Dorfrand gelegenes Haus sollte zunächst von der amerikanischen Armee besetzt werden, aber als sie meine Großmutter, meinen fast blinden Großvater, meine kranke Tante und deren hochschwangere Tochter sahen, ließen die Amerikaner sie in ihrem Haus. Die Betroffenheit im Haus meiner Stiefmutter ging nicht so tief. Keines der unmittelbaren Mitglieder der Familie Zink hatte jemals aktiv bei den Nazis mitgemacht, im Gegensatz zu einigen der Tubachs. Bei den Zinks war kein Glaube erschüttert worden. Es waren keine politischen Träume, mit denen sie sich identifiziert hätten, zerplatzt. Der Widerstand der Familie Zink gegen Hitler vermittelte ihrem Leben ein Gefühl der Kontinuität. Und in der Schmiede gab es Arbeit; Pferde mußten beschlagen, neue Holzräder mit Eisen bereift werden, und, was am wichtigsten war, im Frühjahr mußten die Felder bestellt werden. Das seltsam tröstliche Motto: «Wer essen will, muß arbeiten» half mir, einen Weg durch das Chaos zu finden. Ich erinnere mich noch an die tiefe Genugtuung, die ich am Ende eines Erntetages im Herbst 1945 empfand, als ich, müde von der Arbeit, auf einem von Kühen gezogenen Fuhrwerk saß; es war beladen mit Säcken voller Kartoffeln, die wir den ganzen Tag lang aus unseren Feldern herausgehackt hatten.

Die Schule fing kurz vor Ausbruch einer bitteren Kältewelle wieder an. In den ungeheizten Klassenzimmern blieb das Eis, das innen die Fensterscheiben bedeckte, als wir hereinkamen, stundenlang haften, bis es die Wärme unserer Körperausdünstungen geschmolzen hatte. Es stellte sich heraus, daß auch meine «neuen» GI-Stiefel für meine frostbeulengeplagten Füße zu eng waren.

Trotz der Entnazifizierung kehrten dieselben Lehrer zurück, um den Unterricht genau dort wieder aufzunehmen, wo sie ihn vor dem Zusammenbruch unseres Tausendjährigen Reichs eingestellt hatten. Obwohl der Direktor, ein erklärter Nazi, nicht mehr mit der Leitung des Gymnasiums betraut war, kam er als einfacher Lehrer zurück. Sein Fach war Deutsch, und er beglückte uns mit Themen wie «Was in der Gesellschaft gepflegt werden muß, muß von der Familie ausgehen» – Themen, die denen der Nazizeit ähnelten. Sie hatten genauso wenig Bezug zur gegenwärtigen Realität wie die zuvor gestellten.

Auch der Geschichtslehrer kam zurück, als sei nichts geschehen, seit er neun Monate zuvor mit seinem Unterricht aufgehört hatte. Allerdings wurde der «Heil-Hitler»-Gruß bei seinem Eintreten in das Klassenzimmer durch ein zackiges «Grüß Gott!» ersetzt, auf das ein Gebet in lateinischer Sprache folgte. Im Frühjahr 1945 hatte er unseren Überblick über die europäische Geschichte mit den Einfällen der Germanen in das Römische Reich beendet, nachdem wir auf unserer langsamen Wanderung durch die europäische Geschichte ungefähr beim Jahr 100 v. Chr. angelangt waren. Wir hatten gelernt, daß moralisch einwandfreie germanische Stämme, vor allem die Kimbern und Teutonen, vom Norden ins Reich gestürmt waren, um die geschwächten Römer von ihrer dekadenten Lebensweise zu befreien. Jetzt, Ende 1945, beschrieb derselbe Lehrer dieselben Germaneninvasionen und dieselbe Schlacht von Aquae Sextiae, teilte uns dieses Mal aber mit, daß die kosmopolitischen Römer die Zivilisation gegen den Angriff der barbarischen Teutonen aus dem Norden verteidigten. Wo stand er? fragte ich mich. Er hatte die Seiten gewechselt, ohne dabei seinen pädagogischen Schwung einzubüßen. In diesem Augenblick verlor er in meinen Augen jede Glaubwürdigkeit, und ich ließ mir seither Möglichkeiten einfallen, um den Unterricht zu stören, allerdings nur so weit, daß man mich nicht entdeckte. Ich brachte also ein ganzes Sortiment ausrangierter Zahnräder und Schrauben aus unserer Schmiedewerkstatt mit und ließ sie heimlich unter den Bänken hindurch über den Boden des Klassenzimmers nach vorne rollen. Sie machten ein angenehm störendes Geräusch, doch nach ein paar Tagen wurde die Rollbahn dieser subversiven Gerätschaften auf mich zurückgeführt, und ich wurde beinahe von der Schule verwiesen.

Unordnung übte eine Faszination auf mich aus. Ich genoß sie als Reaktion auf die Wahnidee, die nach dem Motto: «Ein Volk, ein Reich, ein Führer» die meisten Deutschen fest im Griff gehabt hatte. Als jemand, der von Natur aus unter Klaustrophobie leidet, hat mich das Wort *ein* immer gestört, selbst bevor dieses «Eins-Sein» am Ende des Krieges in Millionen und Abermillionen von Einzelwesen aufgesplittert wurde, die allesamt versuchten, diesem Eins-Sein zu entfliehen, das ein wesentliches Element der zwölf Jahre dauernden Massenhysterie gewesen war. Außerdem war ich mir immer anders vorgekommen als meine Klassenkameraden, und zwar in einer Weise, die mit meiner Person zu tun hatte und nicht ideologisch bedingt war. Einerseits hatte ich als kleines Kind meine Mutter verloren, diese rätselhafte Frau, die man mir gegenüber stets als «die Amerikanerin» titulierte und von der es hieß, sie habe ihren Humor zu unpassender Zeit an den Tag gelegt. So erzählte man mir zum Beispiel, daß sie lachte, als sie zum ersten Mal eine Parade von Soldaten sah, die im Stechschritt marschierten. Schwerer wog, daß ich zu jedem, der es hören wollte, sagte, daß ich in San Francisco, Kalifornien, geboren war. Zu Beginn jedes Schuljahrs mußten wir unseren Namen und unseren Geburtsort angeben, und ich war immer froh, daß ich einen Geburtsort nennen konnte, der weit vom Maintal entfernt war.

Der erste Nachkriegswinter war nicht nur kalt, es war nachts auch völlig dunkel. Zwei schwache elektrische Glühbirnen hingen in unserem Haus – eine im Wohnzimmer und eine in der Küche. Unser schrumpfender Kerzenvorrat war für Stromausfälle reserviert. Es gab wenig zu tun, und jeder war mit der eigenen privaten Welt beschäftigt. Nur die Klagen der Frauen um ihre Männer, die nicht aus dem Krieg heimgekehrt waren, unterbrach die düstere Eintönigkeit des Dorflebens. In der Weihnachtszeit saßen wir um die Lampe im Wohnzimmer und fertigten Sterne aus Pappmaché an. Das Radio stand immer noch in seiner alten Ecke. Ein Jahr zuvor hatte Goebbels' Stimme aus ihm gedröhnt und die Deutschen ermahnt, größere Opfer zu höherem Ruhm zu bringen. Ich suchte nach einer gewissen Orientierung – sehr vorsichtig –, denn ich war zwar jung, aber das erschütternde Plakat von dem Massengrab im Warschauer Ghetto, das im Schaukasten unseres Rathauses hing, hatte in mir einen Warnmechanismus geweckt, der Vorsicht vor einem Engagement in jeder Angelegenheit, ob klein oder groß, gebot. Seit ich mit diesem Bild konfrontiert war, bin ich mißtrauisch gegen Gruppen, die größer sind als ein Chor oder eine Fußballmannschaft, und gegen alle Institutionen, in denen die Kontrollhebel nicht sichtbar und die Kontrolleure weit entfernt sind. Ich empfinde auch tiefen Argwohn gegenüber Menschen, die hundertfünfzigprozentig von der Richtigkeit ihrer Sache überzeugt sind.

Aus diesem gebändigten Chaos ragten einige Erwachsene heraus. Es waren diejenigen, die nicht durch die Massenhysterie kompromittiert waren und mir ein Gefühl von Kontinuität vermittelten. Da war zunächst meine unverwüstlich optimistische Großmutter Tubach, die sich als erste die Tränen trocknete. Sie wiederholte uns anderen gegenüber ständig, daß auf Jahre der Sorge bestimmt Jahre der Freude folgen würden. Ihr erklärter Glaubensgrundsatz, daß «bald wieder der Fasching kommt, und die jungen Leute das Leben genießen werden», klingt mir noch heute in den Ohren nach. Und dann war da mein Stiefgroßvater Zink, der sich jetzt, da das politische Delirium verrauscht war, nicht mit seiner erklärten Nazi-Feindseligkeit brüstete. Vielmehr arbeitete er weiterhin schwer und schwieg gewöhnlich über alles, was über seinen Wirkungskreis hinaus ging. Die Familie meines Freundes Herbert, die aus Vater, Mutter, fünf Kindern und einem Großvater bestand und unter einem gemeinsamen Dach wohnte, erschien mir wundersam intakt. Die Braachs, fromme, aber weltoffene Menschen, wurden für den verlorenen Halbwüchsigen, als den ich mich selbst empfand, zum verläßlichen Richtungsweiser. Ob es an meiner Anpassungsfähigkeit oder an ihrer Freundlichkeit lag – ich konnte mich jedenfalls auf sie stützen und genoß es, von ihnen akzeptiert zu werden. In der Schule gab es meinen strengen, halb gelähmten Englischlehrer, Herrn Molitor, der uns im Englischen drillte. Er war überzeugt, daß uns seine hohen Ansprüche nützen würden und Englisch der Schlüssel zu unserer Zukunft sei, falls wir überhaupt eine hätten. Seinen Unterricht störte ich nicht, während wir uns durch Shakespeares *Richard III.* quälten und die Handlung des Dramas kaum verstanden. Wir lernten auch schottische und amerikanische Lieder, von *D'you Ken John Peale?* bis *Way Down upon the Swanee River* auswendig. Jeden Tag erweiterte er unseren Wortschatz um ein paar neue Redewendungen, wie etwa «to make a beeline for» (was soviel bedeutete wie «schnurstracks auf etwas losgehen»). Selbst in jenen kalten, klammen Klassenzimmern des Gymnasiums von Miltenberg begriff ich, worauf er hinauswollte.

In den Monaten nach Kriegsende gingen in unserem Dorf geheimnisvolle Fremde ein und aus. Die meisten von ihnen verfolgten Absichten, die uns nicht klar waren, und selbst wenn wir sie verstanden hätten, hätten wir ihretwegen bestimmt nicht unsere neugewonnene Freiheit von Zwängen aufgegeben. Einige waren Vertreter von Kirchen, die versuchten, unsere Seelen zu retten; andere waren Esperantolehrer, die versprachen, uns eine Lingua franca beizubringen, die uns ein Tor zur Welt öffnen würde – natürlich erst, nachdem wir unsere Gebühren in Form von Nahrungsmitteln oder Waren von einem gewissen Tauschwert entrichtet hätten. Eines Tages erschien von irgendwoher ein Zivilist und trommelte in einer der wenigen eleganten Villen von Kleinheubach die jungen Burschen unter Zwanzig zusammen, um uns zu überreden, seiner Organisation beizutreten. Er versprach uns Uniformen, Freizeitgestaltung und praktisch verwertbare Kenntnisse. Wir zogen uns, so schnell wir konnten, aus der Villa zurück und erfuhren erst später, daß er ein Vertreter der Internationalen Pfadfinder-Bewegung war und versucht hatte, unsere Marschgewohnheiten in harmlose und nützliche Anstrengungen umzumünzen.

In meiner freien Zeit, fern von der Schule und den Erwachsenen, schuf ich mir meine eigenen Fluchtwege in eine Phantasiewelt, die niemand antasten konnte. Ich hatte mich in meine ganz eigene, private Welt der Reflexion und der Phantasie hineingelesen, in deren Zentrum Schopenhauers mystischer Pessimismus stand. Mein Atlas, Band 12 von *Meyers Lexikon,* lieferte die geographische Karte für so manche imaginäre Reise, die ich mit der Spitze einer Nadel nachzeichnete und die zu fernen Bergen, Flüssen und Städten führte. An meinen heimlichen Grübeleien ließ ich nur sehr wenige Freunde teilhaben. Wir waren uns darüber einig, daß die Welt um uns herum so dumm und so brutal war, daß wir sie nicht an uns herankommen lassen wollten. Ein minimaler Arbeitsaufwand für die Schule bewahrte mich vor dem Sitzenbleiben.

Im Frühjahr 1948, als ich siebzehn war, kehrte mein Vater aus dem britischen Kriegsgefangenenlager zurück, wo man ihn seit Kriegsende festgehalten hatte. Sonnengebräunt und übergewichtig stieg er in Kleinheubach aus dem Zug. Die Koffer, die er nach Hause mitbrachte, waren voller Geschenke; unter anderem gab es für mich einen englischen Zauberkasten sowie Gegenstände, die sich sehr gut auf dem Schwarzmarkt verhökern ließen, wie etwa Zigaretten und Feuersteine. Aus den meisten seiner Erzählungen über den Krieg und das POW-Lager wurde deutlich, daß ihm seine Verwandlung vom Gegenspionage-Offizier in der deutschen Wehrmacht zu einem britischen Kriegsgefangenen spielend gelungen war, ja er stellte sich sogar selbst als Filou dar. Mit der Geige, die ihm seinerzeit, in den 1930er Jahren, im Golden Gate Theater von San Francisco gute Dienste geleistet hatte (das Instrument war stets an seiner Seite), stellte er ein POW-Orchester auf die Beine, das in ganz Nordengland zu Auftritten eingeladen wurde. Es machte ihm Spaß zu erzählen, wie sein Orchester die Melodie von «Deutschland, Deutschland über alles» aus Haydns *Kaiser-Quartett* in einer Molltonart und mit leicht verändertem Rhythmus spielte und das britische Publikum gar nicht bemerkte, daß sie einen heimlichen Klagegesang auf die Nationalhymne der Nazis aufführten.

Als ich ihn nach den Konzentrationslagern fragte, sagte er mir, daß die Briten die deutschen Kriegsgefangenen gezwungen hätten, einen Film anzusehen, der Greueltaten zeigte. Einige aus dem Publikum – ausschließlich deutsche Offiziere – riefen: «Lügen!», so berichtete mein Vater, und ein Offizier sprang sogar auf, deckte die Linse des Projektors zu und beschwerte sich, weil sie solchen Dingen nicht ausgesetzt werden wollten. Das gleiche galt angeblich für Heinrich Himmler, den Oberschurken der Gestapo, der ausgerechnet nicht Zeuge jener Greueltaten werden wollte, die er selbst befohlen hatte. Zu einem späteren Zeitpunkt, als ich mit mehr Nachdruck auf der Frage nach dem Holocaust beharrte, wiederholte mein Vater dieselbe Anekdote und fügte fast wie bei einem Ritual ein paar stereotype Sätze hinzu: «Es war das fürchterlichste Verbrechen, das je in der Geschichte begangen wurde. Aber kaum jemand glaubte es. Ich war ein Offizier der Spionageabwehr und habe es nicht geglaubt.» Jedes Mal, wenn er mit dieser Antwort kam, schien es, als formuliere er sie zum ersten Mal, und daß sie wieder einmal die ganze Wahrheit und nichts als die Wahrheit über das enthalte, was er gewußt hatte und was nicht. Andere Male, wenn er sich mehr in die Defensive gedrängt fühlte, wies er gern darauf hin, daß bald nach ihrer Ankunft im Offizierslager von Haltwhistle der britische Geheimdienst eintraf und fragte, wer von den deutschen Offizieren an der russischen Front gekämpft habe. Als zwei SS-Offiziere vortraten, wurden sie abgeführt, um, wie mein Vater es ausdrückte, «in die Dienste Großbritanniens zu treten», und damit hatte sich ihre Kriegsschuld erledigt (höchstwahrscheinlich waren diese Offiziere für die westlichen Alliierten in der Anfangsphase des Kalten Krieges von Nutzen). Er glaubte, daß dieses kleine Rückzugsmanöver für sich selbst spreche, und ließ sich niemals näher darüber aus. Aber mir war klar, daß er auf diese Weise die Rolle, die er selbst während des Dritten Reichs spielte, nachträglich rational begründete, um sich zu entlasten.

Wieder zu Hause übernahm mein Vater seine Rolle als Leitfigur und Erzieher. Als erstes durchwühlte er, als ich außer Hause war, all meine Schubladen und fand das geheime Tagebuch, das ich geführt hatte, seit ich zwölf Jahre alt war, und dem ich alle meine wirren Gedanken eines Heranwachsenden anvertraut hatte. Ich deckte seine Perfidie auf, als das Tagebuch während einer Lateinstunde zwischen meinen Schulbüchern zum Vorschein kam. Er hatte jede

Zeile gelesen, die Seiten mit roter Tinte mit seinen eigenen kritischen Kommentaren versehen und hinter dem letzten Eintrag angefügt: «Wärest Du nicht mein einziger Sohn, würde ich Dich als das schwarze Schaf der Familie bezeichnen.» Es war klar, daß er das Tagebuch absichtlich in meinen Schulranzen gesteckt hatte, damit ich es während des Unterrichts finden würde. Ich fühlte mich verletzt und am Boden zerstört. Ich vernichtete das Tagebuch, noch bevor ich nach Hause zurückging. Da in meiner Generation von Deutschen die Vorstellung von einer Privatsphäre als persönlichem Privileg noch nicht entwickelt war, fehlten mir die Argumente, mit denen ich mich hätte verteidigen können, und so hielt ich angesichts seines autoritären Verhaltens den Mund.

Schließlich überreichte er mir eine Liste mit Namen, auf der er aufgeschrieben hatte, welche Freunde ich behalten durfte, und welche ich fallenlassen müßte. Diese Liste ignorierte ich. Für mich war er inzwischen ein Eindringling, dessen Führungsrolle ich nicht anerkannte. Seiner unverändert autoritären Haltung fehlte meines Erachtens jegliche Legitimation. Die erwachsenen Frauen, mit denen meine Altersgenossen und ich gelebt hatten – Mütter, Großmütter und Tanten –, hatten Mut und Ausdauer bewiesen. Was noch schwerer wog: Wir hatten gesehen, wie sie unter Entbehrungen litten und um die Toten trauerten. Am schwersten aber wog, daß wir sie hatten weinen sehen. Meine Generation junger Deutscher fühlte sich immer noch gekränkt von den Vätern und Onkeln, die aus den Kriegsgefangenlagern in Europa zurückkamen, und wir ärgerten uns über sie. Was gab es an ihnen, was nachahmenswert gewesen wäre? Viele von uns hatten das Gefühl, daß sie ihre moralische Autorität verspielt hatten, weil sie sich von einem üblen Regime hatten verführen lassen. Einige sahen in ihren heimkehrenden Vätern einfach nur besiegte

Versager. Die meisten der zurückkehrenden Männer waren desorientiert, krank und geistig tot. Nicht so mein Vater, der genauso stark wie eh und je auftrat.

Ich konnte mich mit ihm nicht verständigen. Er und ich wurden im Dorf ausgelacht, als wir uns eine Zeitlang Briefe schrieben und sie über das Postamt verschickten, während wir doch unter einem Dach wohnten. Ich konnte das wichtigste Thema in meinem Leben nicht anschneiden, das damals wie eine allgegenwärtige verborgene Strömung war, aber jetzt, wenn ich wieder davon spreche, merkwürdig abstrakt und abgehoben erscheint: Ich konnte in der Welt um mich herum keinen Sinn erkennen. Unser Wissen um die ungeheure Gewalt, die sich nur ein paar Jahre zuvor entladen hatte – Granaten, die Leiber aufrissen, Frauen, die in Gaskammern nach dem letzten Atem rangen, Flugzeuge, die Phosphorbomben auf Kinder warfen –, das alles wurde jetzt in Schweigen gehüllt, als wäre nichts geschehen, und das machte mich orientierungslos. Alles, was ich hatte, waren meine innere Welt der Tagträume, meine Freunde und die sexuellen Eskapaden und Partys, die eine beginnende Rebellion gegen die «Infamie des Gewesenen» darstellten.

Mein Vater schob meine freundliche Stief-Familie Zink – Großvater, Mutter und die Dorfschmiede mit allem, was dazugehörte – beiseite. Ich fühlte mich in meiner Familie, in der Schule und im Dorf meiner Kindheit wie in einer Falle. Fußballspiele und unzählige Trainingsabende mit dem Ziel, ein erstklassiger Tormann zu werden, ergaben letztlich noch keine Perspektive für ein Leben mit Zukunft. Doch mit dem Eintreffen der Amerikaner hatten meine Fluchtträume neuen Auftrieb bekommen. Die Fäden, die mich mit dem Ort meiner Geburt verbanden, waren niemals ganz durchschnitten worden. Wir besaßen eine Sammlung amerikanischer Comic-Strips, ein paar Notenblätter für

Klaviermusik, darunter auch Stücke von Fats Waller, die amerikanische Flagge aus Seide, mit der ich im Deutschen Jungvolk meine eigenen Versteckspiele gespielt hatte, und ein ganzes Set unbeschriebener Postkarten, die eine Zugreise zu Beginn des 20. Jahrhunderts von der Ostküste über die westliche Prärie nach San Francisco schilderten. Ein Bild von einem Zug, der durch die Salzebenen von Utah fährt, gehörte zu meinen Lieblingskarten. Und jetzt war Amerika zu mir gekommen. Vom Gesetz her war ich berechtigt, in die Vereinigten Staaten zurückzukehren. Aber was würde ich dort machen? Ich hatte außer der Feldarbeit nichts gelernt und keine beruflichen Ziele. Meine Ausbildung am Gymnasium hatte keinen Marktwert, und meine durchschnittlichen Noten würden mich ebenso wie meine Mittellosigkeit an einem Universitätsstudium hindern. Außerdem: Was sollte ich denn studieren? Schopenhauer? Es schien alles weit hergeholt. Aber ich hatte einen Großonkel in San Francisco, einen Berufsmusiker, der nach dem Ende der Kinoorchester während der Weltwirtschaftskrise Spezialbote beim US-Post Office geworden war. Neben seinem Job verwaltete er ein Apartmenthaus an der Shrader Street, in der Nähe des Golden Gate Parks. Ich schrieb diesem entfernten Onkel einen Brief und fragte ihn, ob er für mich bürgen wolle. Nach einem Monat erhielt ich eine positive Antwort. Jetzt bekam ich Auftrieb. Ich *mußte* weg, und die Tatsache, daß ich keine Ziele hatte, war unwichtig. Schließlich hatte ich mich jahrelang damit amüsiert, auf meinem Weltatlas Karten nachzuzeichnen, und das einzige Fach, in dem ich mich hervortat, war Geographie. Jetzt aber war die Zeit gekommen, mir einen Weg nach Westen zu bahnen, und zwar nicht mit der Nadelspitze auf einer Landkarte, sondern mit meinem eigenen Körper, ganz allein.

Ich fuhr also zum amerikanischen Generalkonsulat nach Frankfurt, wo ich zum ersten Mal einen amerikanischen

Regierungsbeamten traf, der nicht direkt etwas mit der US-Army zu tun hatte. Dieser Vizekonsul war so kurzsichtig, daß seine Brillengläser mich an den Boden von Coca-Cola-Flaschen erinnerten. Später fragte ich mich, ob seine Kurzsichtigkeit nicht symbolisch war für die Grundsätze, die die Vereinigten Staaten damals bei der Überprüfung deutscher Auswanderer anwandten. Vor diesem Vizekonsul in Frankfurt wies ich meine amerikanische Staatsbürgerschaft auf der Grundlage meines Geburtsorts nach und verzichtete zugleich auf meine deutsche Staatsangehörigkeit, die nach deutschem Recht vom «Blut» bestimmt war. Mit meiner abgebrochenen Ausbildung am Gymnasium und ohne Geld riß ich mich von meiner Familie und meinem Dorf los, um mich auf den Weg zu machen zu einem «Onkel» in San Francisco, einem Halbbruder meines Großvaters, den ich nur vom Hörensagen und durch unseren Briefaustausch kannte.

Während wir auf dem Bahnhof von Aschaffenburg auf den Nachtzug nach Bremen warteten, überreichte mir mein Vater ein leeres Notizbuch. Er sah traurig aus. Man hatte mir immer gesagt, daß ich von meinem Äußeren her sein jüngerer Zwillingsbruder hätte sein können. Ich bestieg den Zug und fand einen Platz am Fenster. Mein Vater stand auf dem Bahnsteig, und während der Zug aus dem Bahnhof herausfuhr, schaute ich ihm nach, bis seine Gestalt in der Ferne verschwand. Als er außer Sichtweite war, schlug ich das Notizbuch auf und blätterte durch die leeren, blaulinierten Seiten. Er wollte, daß es mein neues Tagebuch für die Zukunft sein sollte. Er wußte, daß ich das Tagebuch, das ich seit meinem zwölften Lebensjahr geführt hatte, vernichtet hatte, nachdem er es mit seinen kritischen Kommentaren versehen hatte. Er wollte, daß ich jetzt mit einer «tabula rasa» begann, die seinen Erwartungen entsprechend gefüllt werden sollte. Wahrscheinlich glaubte er, daß

Dinge auszulöschen die beste Art sei, ohne moralische Bedenken und Behinderungen durchs Leben zu gehen.

Ich sollte ihn nicht zum letzten Mal gesehen haben. Ein paar Jahre später beschloß er, gegen meinen heftigen Protest, noch einmal auszuwandern und zu mir nach Kalifornien zu kommen. Ich hatte mich während des Kriegs und seiner Kriegsgefangenschaft von ihm entfremdet, und in dem einen Jahr, das wir nach seiner Heimkehr zusammen in Kleinheubach verbrachten, hatten wir uns noch weiter auseinandergelebt. Er war so vom Lager zurückgekehrt, als hätte es die Nazijahre nie gegeben. Ich glaube, es war ihm egal, für wen er arbeitete, solange es ihm nur persönliche Vorteile brachte. Sobald er wieder in Amerika war, heiratete er eine 25 Jahre jüngere Frau und hatte drei Kinder mit ihr. Er pachtete ein beliebtes Bierlokal im Sonoma-Tal, genannt «Little Switzerland», wo er, mit dem Mikrophon in der Hand, zur Begleitung seiner Band gern *Sur le pont d'Avignon* sang. Nach ein paar Jahren kam er zu dem Schluß, daß Deutschland für ihn doch besser sei, und kehrte in den frühen 1960er Jahren zurück, um seine Kinder dort großzuziehen und amerikanischen GIs, die in der Nähe von Nürnberg stationiert waren, Deutschunterricht zu geben.

Aber seine Rastlosigkeit trieb ihn zu einer weiteren Wende in seinem abenteuerlichen Leben. Nach etlichen Jahren in Nürnberg freundete er sich mit einer Gruppe amerikanischer Christen an und überredete sie, für ihn und seine Familie zu bürgen, damit sie noch einmal in die Vereinigten Staaten zurückkehren könnten. Zu diesem Zweck beschloß er, Christ zu werden. Nicht, daß er so tat, als sei er ein Christ – das würde als zu offenkundige Schlußfolgerung erscheinen, und dies wäre eine zu einfache Erklärung gewesen. Da pragmatischer Opportunismus und persönlicher Glaube für ihn untrennbar zusammengehörten, war

Christsein ein natürlicher und vernünftiger Beweggrund, der ihm seine Rückkehr in die Vereinigten Staaten erleichterte. Schließlich ließ er sich in Lubbock, Texas, nieder, und erreichte als geachtetes Mitglied der Kirchengemeinde, die ihn förderte, ein sehr hohes Alter.

Während seines Aufenthalts in Texas besuchte er mich in Kalifornien nie, aber ich traf ihn einmal in Lubbock. Als er schon sehr alt war, erkrankte er und schien dem Tode nahe. Er wollte, daß ich ihn besuchte, damit wir «uns aussöhnten». Widerwillig flog ich nach Lubbock. Als mein Halbbruder mich am Flughafen abholte, berichtete er mir, daß unser Vater sich besser fühle und sich überhaupt nicht mit mir aussöhnen wolle. Ich brachte zwei Tage in seinem Haus mit höflicher Konversation zu. In der Vorstellung, daß ich ihn nie wieder sehen würde, reiste ich ab – erleichtert, daß er keine «Aussöhnung» gewollt hatte. Ich habe ihn in der Tat nie wieder gesehen.

Einige Jahre später, 1992, starb er, umgeben von seiner dritten Frau und deren Kindern, im Alter von neunzig Jahren in Lubbock – ein Mensch ohne moralischen Kompaß. Er war ein Mann, der zu schwach war für die stürmischen Zeiten, in denen er lebte, und zu sehr darauf erpicht, eine wichtige Person zu sein – um jeden Preis, auch um den Preis seiner Seele.

Doch als Kind hatte ich ihn geliebt. Er dachte sich Abenteuergeschichten eines fiktiven Helden aus, der in Afrika mit Löwen kämpfte, in Südamerika nach Gold suchte und im Herzen von Australien fast verdurstete. Meine Liebe zur Geographie geht auf diese Erzählungen zurück, die er für mich erfand. Sein ganzes Leben lang liebte er seine Geige, und er behauptete oft, daß das Geigenspiel ihn gesund erhalte. Als ich ein kleiner Junge in Kleinheubach war, erzählte er mir gern von Kalifornien und wie herrlich es dort sei. Er sagte öfter, daß er es bereue, 1933 das Land verlassen zu haben. Ich glaube, das entspricht der Wahrheit, denn ich erinnere mich, daß er das schon früh in meinem Leben sagte, zu einer Zeit, als die Nazis auf dem Höhepunkt ihrer Macht standen. Wie seine positiven kosmopolitischen Erfahrungen in Amerika mit seinen vorrangigen opportunistischen und ehrgeizigen Bestrebungen innerhalb der Nazipartei und der Wehrmacht in Einklang zu bringen seien, löste mit Sicherheit den größten inneren Konflikt in ihm aus, den er während dieses verhängnisvollen Abschnitts seines Lebens auszutragen hatte. Als ich erwachsen war, erzählte er mir, daß er immer wieder unter einem Alptraum gelitten habe, in dem er sich als letzter Überlebender auf der Erde wiederfand und in leeren Straßen verzweifelt nach menschlicher Gesellschaft suchte. Ich hoffe, daß dieser Traum eine bessere Seite seines Charakters widerspiegelte, von der er in seinem Lebenswandel einfach wenig Gebrauch machte.

. . .

Meine Reise vom Bahnhof in Aschaffenburg nach Norddeutschland, der erste Abschnitt meines Weges ins weit entfernte Kalifornien, ging langsam vonstatten, da der Zug oft anhielt. Das Abteil war voller Leute, die illegale Grenzübertritte in die sowjetisch besetzte Zone von Deutschland planten, ein Unterfangen, das zusehends schwieriger wurde, weil der Eiserne Vorhang immer undurchlässiger wurde. Es handelte sich in den meisten Fällen um Menschen, die einen illegalen Besuch im Westen gemacht hatten und nun nach Hause zurückkehrten. Der Schaffner bahnte sich lustlos seinen Weg durch das schwach beleuchtete Abteil, um sie darüber zu informieren, wo sie aussteigen sollten, um am sichersten die Grenze zwischen Osten und Westen zu passieren. Er fragte sie nach ihren Zielorten – Halberstadt, Magdeburg und Schwerin. Alle waren müde, beladen mit Taschen und bedrückt von Sorgen, während sie seinen Ratschlägen lauschten. Als der Schaffner zu mir kam, antwortete ich nüchtern: «San Francisco». Die Leute rüttelten sich auf und blickten in meine Richtung. Mit unbewegter Miene gab der Schaffner mir den Rat, ruhig noch etwas länger sitzen zu bleiben. Alle brachen in Gelächter aus, während der Zug weiter durch die Nacht fuhr. Ich blieb bis zur Endstation sitzen.

Am 8. Juni 1949 verließ ich Bremerhaven auf einem umgebauten Frachtschiff, der Marine Shark. Zehn Tage später traf es im Hafen von New York ein.

. . .

Fast anderthalb Jahre vor mir ging am 17. Januar 1948 Bernat Rosner im La Guardia-Airport von Bord, nachdem sein Flug zwei Tage zuvor in Rom gestartet war. Er vergaß seine Erschöpfung, da er gleich seinen amerikanischen Freund, den GI, begrüßen sollte, den er in Italien, in Modena, kennengelernt hatte. Bernie stieg aus dem Flugzeug und betrat den Terminal des Flughafens, um nach Charlie Ausschau zu halten. Während die anderen Passagiere von ihrer Familie oder ihren Freunden herzlich in Empfang genommen wurden und entschlossen auf die Gepäckausgabe zusteuerten, suchte Bernie nach dem einzigen Gesicht in diesem riesigen Land, das er wiedererkennen würde. Würde er es tatsächlich wiedererkennen? Und würde sein Bürge ihn, Bernie, auch noch wiedererkennen? Nach und nach verschwanden alle Passagiere und die Leute, die sie abgeholt hatten, und Bernie stand allein an einem leeren Gate. Er blickte sich um und sah die Tatsache bestätigt, daß niemand gekommen war, um ihn abzuholen. Mutterseelenallein im Terminal von La Guardia stehend, brach Bernie in Tränen aus. Und fünfzehn endlos lange Minuten weinte er weiter, bis plötzlich Charles Merrill auf das Gate zueilte und Bernies Leben von Grund auf veränderte.

Während sie in ein Taxi stiegen, das sie nach Downtown Manhattan fuhr, erklärte ihm Charlie, er sei im New Yorker Verkehr steckengeblieben. Als die ersten Wolkenkratzer in Sicht kamen, konnte Bernie nur ihre oberen, beleuchteten Stockwerke sehen und glaubte, es seien Berge. Die Taxifahrt durch die Häuserschluchten dieser Megalopolis führte sie zu Charlies Stiefmutter, einer warmherzigen, gastfreundlichen Südstaatlerin, die den ungarischen Teenager in ihrem eleganten Apartment an der Upper East Side empfing. Am nächsten Morgen nahm Charlie, der bemerkt hatte, wie schäbig Bernie gekleidet war, ihn zum Einkaufen zu Brooks Brothers mit und stattete ihn mit einer neuen Garderobe aus, die zu seiner neuen Stellung im Leben paßte. Jetzt schlüpfte Bernie in seine erste Weste und wurde in ein Herrenoutfit vom Feinsten gesteckt. Als sie in die Wohnung der Stiefmutter zurückkehrten, sah er hundertprozentig wie ein «Preppie» aus, das heißt, wie ein Zögling einer privaten Schule, die auf den Besuch einer Hochschule vorbereitet, obwohl er weder im Geiste noch seiner Ausbildung nach ein solcher Preppie war. Er sollte aber schon bald einer werden.

Bernies Englisch war so rudimentär, daß Charlie ihre auf Deutsch geführten Gespräche für den Rest der Familie dolmetschen mußte. Während ihrer ersten gemeinsamen Mahlzeiten bot Charlies Stiefmutter Bernie einen Riesenteller mit Vanilleeiskrem an. Bernie, der niemals zuvor Eiskrem in solchen Mengen gesehen hatte, glaubte, er habe einen großen Klumpen Schweineschmalz vor sich. Zum Erstaunen seiner freundlichen Gastgeberin lehnte er höflich ab. Aber Bernie brauchte nicht lange, um zu begreifen, daß man in diesem Haushalt kein Schweineschmalz aß und daß seine europäische Tragödie sich in ein amerikanisches Märchen verwandelt hatte.

Charles Merrill nahm Bernie mit nach St. Louis, um ihn mit seiner Frau, Mary, und seinen beiden Töchtern bekanntzumachen. In Merrills Familie genoß Bernie zum ersten Mal seit seinen Kindheitstagen in Tab die Behaglichkeit eines Zuhauses. Einen Moment lang hatte er fast das Gefühl, es sei sein eigenes. Als sein Englisch gut genug war, erzählte Bernie der ältesten Tochter der Merrills, Catherine, die Geschichte von Ali Baba und den vierzig Räubern, eine Geschichte, an die sie sich bis zum heutigen Tag erinnert. Jahre zuvor hatte Bertha Rosner diese Geschichte aus *Tausendundeiner Nacht* ihrem kleinen Sohn in Tab erzählt; Bernie hatte sie in Auschwitz, Mauthausen, Gusen und Gunskirchen im Gedächtnis behalten, um sie nun in St. Louis weiterzuerzählen.

Doch der Übergang von einer Brieffreundschaft zu einer alltäglichen Beziehung von Angesicht zu Angesicht fiel allen schwer, insbesondere den Merrills, die sich an den Neuankömmling erst gewöhnen mußten. Deshalb wurden nach ein paar Wochen Vorkehrungen getroffen, damit Bernie in einem Studentenheim der Thomas Jefferson School in St. Louis, einer 1946 von Charles Merrill gegründeten Preparatory School, wohnen konnte. In Bernies Klasse gab es vorwiegend Jungen, die aus Tulsa und Dallas stammten, aber es gab auch einen Polen, einen Belgier und einen Japaner, wobei der letztere, wie mir Merrill erklärte, wahrscheinlich der erste Japaner der Nachkriegszeit war, der eine amerikanische Schule besuchte. Bernies Befürchtung, von der Familie Merrill abgelehnt zu werden, erwies sich rasch als unbegründet, da sein getreuer Wohltäter viele Stunden mit ihm verbrachte und ihm auch selbst Privatunterricht erteilte. Bernie fühlte sich wohl in der Geborgenheit der privaten Schule, die die

Jungen an die prestigereichen Universitäten der Ivy League vermittelte. Während seines ersten Sommers in den Vereinigten Staaten lernte er auch den Patriarchen seiner neuen Familie, Charles Merrill sen., in seiner luxuriösen Sommerresidenz in Southampton, New York, kennen. Wie Bernie es heute auf seine zum Understatement neigende Art ausdrückt: «Ich hatte mich daran gewöhnt, mich an neue Umgebungen anzupassen, und bei dieser fiel mir das weitaus am leichtesten.»

Für Bernie war endlich die Zeit gekommen, seine geistigen Gaben zur vollen Entfaltung zu bringen. Keine feindlichen Kräfte, keine gefährlichen Umstände, keine tödlichen Feinde standen ihm nun mehr im Weg. Innerhalb weniger Monate hatte er sich in der Schule gut eingearbeitet und sich voll in seine akademische Umgebung integriert. Er erinnert sich an einen bestimmten Augenblick an einem frühen Abend im März oder April 1948 im Hause der Merrills. Er war gerade in die Lektüre von John Steinbecks *The Moon Is Down* («Der Mond ging unter») vertieft, als ihm schlagartig klar wurde: «Mein Gott, ich lese ja fließend Englisch!» Als er an der Preparatory School seinen Abschluß machte, gewann er den ersten Preis für kreatives Schreiben. Und von diesem Augenblick an klappte, wie er sagt, «alles wie am Schnürchen». Sein amerikanisches Ich war geboren.

. . .

Mein Weg in das amerikanische Leben war länger und weniger vorhersagbar. Meinen ersten Tag in New York verbrachte ich in der Grand Central Station, wo ich mich um das Büro von Traveler's Aid herumtrieb und auf den Scheck wartete, den mir mein Onkel aus San Francisco versprochen hatte. Mit einem 25-Cent-Stück und ein paar deutschen Mark in der Tasche hielt ich den Atem an, bis das Geld über Western Union bei Traveler's Aid eintraf. Es waren 113 Dollar: 83 Dollar für den Fahrschein bis Kalifornien und 30 Dollar für unterwegs. Ich wagte mich auf die Straßen von New York hinaus und war eine Zeitlang von der Angst befallen, daß man mich, sollte ich jetzt zusammenbrechen, in einen der riesigen Müllwagen kehren würde, die an mir vorbeirumpelten. Ich trug alte Knickerbocker aus der Vorkriegsgarderobe meiner Familie, einen Tirolerhut und eine deutsche Eisenhower-Jacken-Version, die meine Stiefmutter mir nach der amerikanischen Vorlage genäht hatte. Ich kam mir ganz flott vor, bis ich merkte, daß die Leute mich anstarrten und mich offensichtlich viel merkwürdiger fanden als den Sikh mit seinem Turban, der vor mir ging und den sie ignorierten, der für mich aber eine der exotischsten Erscheinungen war, die mir je unter die Augen gekommen war. Ich ärgerte mich, daß man mich nicht für einen Amerikaner hielt. Ich flüchtete mich in die nächste Cafeteria und versuchte, mich wieder zu fassen. Sobald ich am nächsten Tag in Chicago mit dem Limited-Zug eingetroffen war, steuerte ich auf die öffentlichen Bahnhofstoiletten zu, warf meinen Hut und meine Knickerbocker in eine Mülltonne und zog das einzige andere Kleidungsstück an, das ich besaß – einen alten, dunkelblauen Anzug mit Nadelstreifen, den einer meiner Onkel ausrangiert hatte. Danach nahm niemand mehr von mir Notiz.

In Chicago mußte ich sechs Stunden lang in der Northwestern Station warten, bis der California Zephyr zu seiner zweitägigen Fahrt nach Oakland aufbrechen würde. Diese Stunden, in denen ich in Bahnhofsnähe durch die Straßen bummelte, sollten meine ersten Jahre in Amerika entscheidend prägen. Ich sah sowohl die unglaubliche Armut, die Gassen voll mit zerbrochenen Flaschen und gebrochenen Menschen, als auch die eleganten Autos, die vorüberglitten und in denen gutgekleidete, nur ein paar Blöcke entfernt wohnende Leute saßen. Jeder war mit seinen eigenen Problemen beschäftigt, und niemand schien sich um die anderen zu kümmern. Die Lektion war mir klar. Ich würde auf dieser Leiter, die die Menschen nach ihren Leistungen oder ihrem Versagen – oder nach ihrem Glück – einteilte, entweder auf- oder absteigen. Als ich wieder im Zug saß, fragte mich jemand, was ich in Kalifornien tun würde, und ich sog mir eine Geschichte aus den Fingern: «Ich werde an der University of California in Berkeley studieren.» Leicht gesagt, dachte ich bei mir, da ich weder über Geld noch über akademische Befähigungen verfügte, ja, nicht einmal das Abschlußzeugnis einer amerikanischen Highschool in der Tasche hatte. Alles, was ich besaß, war eine Adresse, die mir, wie ich hoffte, zu einem guten Job verhelfen würde: Es war die Anschrift von Agnes Albert, einer Kunstmäzenin aus San Francisco, deren deutschen Ehemann mein Vater in dem Kriegsgefangenenlager in Großbritannien kennengelernt hatte.

Die Würfel waren am Rollen, aber ich hatte keine Ahnung, wie es ausgehen würde. Zumindest war ich einmal hier, auf meinem Weg nach Westen, auf einer endlosen Zugfahrt durch die Weite der Prärien. In Nebraska zog sich der North Platte River ewig hin. Einmal, als ich aus dem Fenster sah, wirkte alles so, als sei es, mitten im Sommer, mit Schnee bedeckt. Ich begriff, daß ich auf die Salzebenen westlich von Salt Lake City schaute. Am Morgen des letzten Tages hielt der Zug im Zentrum einer Stadt, die mit Neonlampen geschmückt war. Ich blickte aus dem Fenster und sah nur ein paar Meter entfernt ein Schild, das quer über der Hauptstraße hing und auf dem stand: «Reno, die größte Kleinstadt der Welt». Als der Zug Kalifornien erreichte, war ich überwältigt von dem, was in meinen Augen eine große Leere war. Draußen waren nicht wie bei Zugfahrten in

Deutschland alle paar Minuten Dörfer, Kirchtürme oder weidende Kühe zu sehen. Als wir durch Sacramento kamen, erinnerte der Name nicht mehr an die Stadt, über die ich in Abenteuergeschichten über den Wilden Westen gelesen hatte; für einen Dorfbewohner, der nun in einem fernen Exil leben sollte, klang es wie ein Fluch. Sobald ich im Bay Area war, hatte ich das Gefühl, am Ende der Welt – *finis terrae* – angelangt zu sein.

Als ich dreizehn Tage, nachdem ich Bremen verlassen hatte, im Bahnhof von Oakland aus dem Zug stieg, holte mich mein Onkel ab; er stand direkt vor meinem Wagen. Er erkannte mich sofort, weil er, wie alle meine Verwandten, meinte, daß ich genauso aussah wie mein Vater. Es war der 21. Juni 1949, der längste Tag des Jahres, und als er mich im strahlenden Sonnenschein über die Oakland Bay Bridge nach San Francisco fuhr, war ich erleichtert, bei jemandem zu sein, der in mir nicht einen sonderbaren Fremdling sah.

Mein Onkel versorgte mich mit Kost und Logis, aber es war klar, daß es meine Sache sein würde, etwas aus mir zu machen. Mein erster Schritt war, ein Treffen mit der Kunstmäzenin in ihrer Residenz in der Lyon Street zu vereinbaren. Agnes Albert war in ihrem eleganten Taftkleid ein erfreulicher Anblick. Sie empfahl mich an einen ihrer Vettern weiter, der Präsident der Hibernia Bank war. Doch als dieser höfliche Herr feststellte, daß ich über keine verwertbaren Kenntnisse verfügte, gab er mir eine Empfehlung an einen seiner Freunde mit, der im Stadtzentrum ein gutes Restaurant betrieb. Aber dieser Freund hatte seinerseits im Augenblick keinen Job für mich. Als er mich an ein abgetakeltes Eßlokal am Strand weiterempfahl, wo man jemanden brauchte, der Hamburgers aufklappte, beschloß ich, aus dieser abwärts führenden Spirale auszusteigen. Statt dessen half ich meinem Onkel bei der Instandhaltung des Apartmenthauses. Um mir etwas Taschengeld zu verdienen, schaute ich mich um und fand allerlei sonderbare Beschäftigungen, wie das Ausgraben von Wurzeln aus den Gärten, die Reinigung eines Lagerhauses an der Bryant Street an den Wochenenden und einmal sogar den Verkauf verbilligter Eintrittskarten für das Roller Derby an Geschäfte in der East Bay. Bei diesem Job lief ich von einem Ende der East 14th Street zum anderen und dann, ein paar Tage später, die ganze Länge der San Pablo Avenue von Downtown Oakland bis nach San Pablo.

Mein Onkel kam zu dem Schluß, daß ich ohne eine zusätzliche Ausbildung nicht weiterkommen würde. Er war Witwer, kinderlos und so etwas wie ein Bohemien. Obwohl er meinen Vater nie besonders gemocht hatte, bat er mich eines Tages nach ein paar Flaschen Bier, mich zu ihm zu setzen: Er sei nämlich zu dem Ergebnis gekommen, daß es wahrscheinlich eine bessere Investition sei, wenn er einen Teil seiner Geldreserven für meine Ausbildung ausgebe, als sie in John Murio's Bar oben an der Ecke Shrader und Haight zu tragen. Ich hätte zwei Jahre Zeit, um am San Francisco City College meinen Abschluß zu machen.

Als ich am City College anfing, war mein Englisch so unzulänglich, daß ich Nachhilfestunden nehmen mußte. Gegen Ende des Semesters bekam ich eine Chance zu beweisen, was ich gelernt hatte, und bereitete mich deshalb sorgfältig auf einen mündlichen Vortrag über deutsche Musik vor. Aber warum meine Klassenkameraden losprusteten, als ich anfing, über Beethovens schwermütige «Moonshinesonata» zu referieren, war mir nicht klar; ich lernte erst später, daß es «Moon*light*sonata» hätte heißen müssen.

Verlegen, aber nicht entmutigt, belegte ich im Wintersemester 1950 einen Kurs in «English Composition» – der Kunst des Aufsatzschreibens – bei Ruth Somers, einer Lehrerin, die als besonders streng galt. Als Mrs. Somers am ersten Tag ins Klassenzimmer trat, lümmelten alle ein wenig herum und schenkten ihr, als sie ihre Bücher und ihre Tasche auf das Pult legte, nur wenig Aufmerksamkeit. Ruth Somers war eine korpulente, stimmgewaltige Dame. Plötzlich erscholl es: «So shaken as we are, so wan with care/Find we a time for frighted peace to pant ...» («Erschüttert, wie wir sind, vor Sorge bleich,/Ersehn wir doch für den gescheuchten Frieden ...»)[3] Im Raum wurde es still vor Bestürzung und Erstaunen, als sie uns mit *König Heinrich der Vierte, Erster Teil* konfrontierte. Wie ich Jahre später herausfand, war sie eine Verehrerin von Sarah Bernhardt gewesen und hatte in ihrer Jugend Schauspielerin werden wollen. Sie hatte es zu ein paar Männerrollen in klassischen Stücken gebracht, die 1915 im Greek Theater der University of California aufgeführt wurden.

Sie war die erste Autoritätsperson, die ich aufrichtig bewunderte. Ich verschlang die englische Literatur im selben Tempo, wie Mrs. Somers sie uns anbot, und zwar von Shakespeare bis Hemingway. Für die erforderliche Semesterarbeit entschied ich mich, etwas über Thomas Wolfes *You Can't Go Home Again* («Es führt kein Weg zurück») zu schreiben. Dieser Aufsatz beschäftigte mich so sehr, daß ich zwei Nächte lang nicht schlief, und es dämmerte mir nicht, daß der Titel eine Antwort auf meine eigene Lebenslage war. Dann kam der entscheidende Augenblick, mein großer Durchbruch, mein eigenes «Wunder von Modena». Gegen Ende des Semesters gab Mrs. Somers alle Aufsätze der Klasse zurück bis auf meinen. Und sie verbrachte eine ganze Sitzung damit, ihn als Beispiel für eine gelungene Semesterarbeit laut vorzulesen. Ein paar Wochen später, nachdem ich diesen wunderbaren Akt der Anerkennung voll begriffen hatte, begann ich, an mich selbst zu glauben, und entwickelte den Wunsch weiterzustudieren. In dem Maße, wie die Finanzen es erlaubten, würde ich Fremdsprachen, andere Kulturen und vielleicht sogar Psychologie und Anthropologie studieren, um herauszufinden, was die Menschen antrieb. Ich glaubte, daß man, wenn man die Ursache der Dinge kenne, die eigene Angst überwinden könne. Und vielleicht würde ich eines Tages an derselben Schule unterrichten, an der meine Mentorin lehrte – am San Francisco City College. Langsam begriff ich, daß ich meine Berufung gefunden hatte. Jetzt verwandte ich meine ganze Zeit darauf, im Unterricht so gut zu sein, daß ich zur University of California zugelassen würde. Als mir dies gelang, stellte ich fest, daß mein Würfel genau in meine neue Nische an der Universität in Berkeley, auf der anderen Seite der San Francisco Bay, gerollt war. Und schließlich war meine Mentorin dort früher einmal Studentin gewesen. Endlich hatte ich jemanden gefunden, in dessen Fußstapfen ich getrost treten konnte – eine gute und integre Person, die sich der Leidenschaft hingab, Einsichten und nicht Macht über die Menschen zu gewinnen.

. . .

Als halbwüchsige Einwanderer begannen Bernie und ich unser neues Leben auf völlig unterschiedlichen Ebenen hinsichtlich der sozialen und wirtschaftlichen Hierarchie. Doch am Ende erhielten wir beide eine Chance – nicht mehr und nicht weniger –, unsere eigene Zukunft zu bestimmen und dabei Erfolg zu haben, und zwar aufgrund unseres Talents und nicht unserer Herkunft. Wir mußten es nur geschickt anstellen und hart dafür arbeiten. In Europa hatten unsere Stufen so ausgesehen: Einige hatten nach oben und viele nach unten, manche zur Vernichtung und andere nirgendwohin geführt. Hier waren alle Stufen von einer anderen Art: Es gab solche nach vorn, zur Seite und über Hindernisse hinweg, um Sackgassen herum, Schritte und Sprünge in neue Abenteuer des Geistes und des Herzens – so, als sei einzig und allein für uns ein riesiges Himmel-und-Hölle-Raster über die Neue Welt gelegt worden. Als wir unser amerikanisches Leben anfingen, sangen sowohl Bernie als auch ich mit Walt Whitman: «My ties and ballasts leave me .../I am afoot with my vision.» («Fesseln und Ballast fallen von mir ab .../Ich wander mit meinen Gesichten.»)[4]

SECHSTES KAPITEL

. . .

Karrieren: Eine amerikanische Geschichte

> So wie der Weber seine Muster aus reiner Freude am künstlerisch gestalteten Werk, ohne einen Zweck vor Augen zu haben, ausführte, ... so kann der Mensch sein Leben schauen: ein schön durchgeführtes Muster.
>
> W. SOMERSET MAUGHAM[1]

In diesem ersten Sommer in Amerika lernte Bernie – oder Bernat, wie Charles Merrill ihn nannte – Reichtum und Luxus kennen. Von St. Louis reiste Merrill mit seiner Familie, einschließlich Bernie, zur Ostküste, um an der Abschlußfeier seines Bruders Jimmy in Amherst teilzunehmen. Dann fuhren sie weiter nach Southampton, Long Island, auf Charles Merrill sen. prachtvolles Anwesen, das als «The Orchard» bekannt ist. Bei ihrer sommerlichen Zusammenkunft akzeptierte die Familie das merkwürdige Anhängsel in Gestalt dieses jungen Ungarn als eine jener idealistischen Marotten, zu denen Charles jun. nun einmal neigte. Wenn man seinen kulturellen und sozialen Hintergrund in Betracht zieht, so behandelte der ältere Merrill Bernie mit einem bemerkenswerten Maß an Toleranz und Höflichkeit. Dasselbe galt für die anderen Verwandten von Charles, insbesondere seine Schwester, Doris Magowan, und deren Mann, Robert (letzterer sollte, als er Präsident und Chief Executive Officer der Firma Safeway war, Bernies berufliche Karriere sehr fördern). Für Bernie reihte sich nun eine wundersame Erfahrung an die andere. Er hatte sich in eine verlockende Welt begeben, die nach neuen Regeln des Privat- und Berufslebens definiert war. Mit seinen Algebrastunden bei Charlie, einem Sommerhäuschen auf Cape Cod und seiner ersten amerikanischen Freundin war Bernie für den Start gut gerüstet, und es zeichneten sich viele Chancen für ihn ab.

Er bemühte sich nach Kräften, ein typischer amerikanischer Teenager zu werden, und legte sich sogar einen Mittelwest-Akzent zu, um seine Verbundenheit mit seinem ständigen Wohnort St. Louis hervorzuheben. Er war konkurrenzbewußt, aber gleichzeitig geistig sehr flexibel. Stets bereit, sich seiner sozialen Umgebung anzupassen, verspürte er ein starkes Bedürfnis, akzeptiert zu werden und sich in das Schema zu fügen, das ihm ein gutes Leben ermöglichte. Er hatte sich jener Art von Erfolg verschrieben, die er um sich herum wahrnahm, und paßte sich gern den Normen dieses Oberschichtenmilieus an. Seine in Europa geschärften Überlebensfähigkeiten verwandelten sich in ein feines Gespür für die Möglichkeiten, die ihm diese neue Welt bot; doch gab es, wie Bernie glaubte, auf dieser Ebene der amerikanischen Gesellschaft keinen Platz für einen jüdischen Überlebenden von Auschwitz. Er empfand seine Vergangenheit als Bürde, die ihn gesellschaftlich und emotional niederdrücken würde.

Dennoch ließ ihn die Vergangenheit nicht so leicht los. Am 15. Mai 1948 wurde der Staat Israel gegründet, und ein paar Monate später erhielt er einen Brief von Simcha Katz. Sein alter Kumpel aus dem Konzentrationslager schilderte den Kampf der Nation ums Überleben, unter anderem auch die Qualen jener Gefährten aus Selvino, die in den Schlachten um den entstehenden Staat gefallen waren. Die Nachrichten brachten Bernie völlig aus der Fassung. Er war so verstört, daß er von Schuldgefühlen und, bis zu einem gewissen Grad, auch von Gefühlen der Reue geplagt wurde.

Eine Zeitlang machte er sich Gedanken über dieses andere Leben, das er abgelehnt hatte, um statt dessen nach Amerika zu gehen. Aber bald konzentrierte er sich lieber wieder auf neue Ziele als auf die Vergangenheit.

Bernie sieht sich selbst gern als einen zähen Menschen, als jemanden, der, wenn es nötig ist, vorwärtsgehen kann, ohne zurückzublicken. Deshalb überraschte er mich eines Tages – wir waren zu jenem Zeitpunkt bereits mehrere Jahre mit unserer gemeinsamen Arbeit befaßt –, als er während eines Alltagsgesprächs ohne jeden Zusammenhang bemerkte: «Weißt du, in einem der Briefe, die Simcha mir im Juni 1948 schrieb, erzählte er mir, daß ein Mädchen, mit dem ich im Lager von Selvino eine Liebelei hatte, meinen Namen flüsterte, als sie, schwer verwundet, im Sterben lag.» Er war kaum imstande, seine Tränen zurückzuhalten, und wechselte schnell das Thema, um sich wieder zu fassen.

Hätte Bernie dem Ruf, nach Israel zu gehen, folgen sollen? Man könnte sich fragen, wer konsequenter war – Simcha Katz, der Überlebende, der an der Bildung einer neuen, kollektiven Identität mitwirkte, oder Bernat Rosner, der sich für den Individualismus Amerikas entschieden hatte, wo sein Spielfeld bereits abgesteckt war. Seither hat sich Bernie oft gefragt, welche Wendung sein Schicksal genommen hätte, wenn er sich für eine Auswanderung nach Palästina entschieden hätte. Aber während seiner ersten Tage in Amerika, als sich ihm ein neues Leben eröffnete, blieb keine Zeit für Tränen über die Vergangenheit.

Bernie machte seinen Highschool-Abschluß und wurde im Herbst 1950 an der Cornell University aufgenommen. Als er auf seinem Weg von St. Louis nach Cornell im Zug saß, schloß sich ihm ein anderer «Preppie» an, der nach Princeton fuhr. Dieser Reisegefährte warnte ihn vor Studentenverbindungen, die Juden aufnahmen. Bernie bedankte sich für den Hinweis.

Sobald er in Cornell war, stürzte er sich in sein «Undergraduate»-Studium. Anfangs waren Literatur und Geschichte seine Lieblingsfächer, aber mit der Zeit fühlte er sich immer mehr zu den betriebswirtschaftlichen Lehrveranstaltungen hingezogen. In seinem gesellschaftlichen Leben tat er alles, was er konnte, um «dazuzugehören». Er trat der «richtigen Verbindung» bei, die, nebenbei bemerkt, nichtjüdisch war. Das Credo des amerikanischen Colleges der 1950er Jahre diktierte Konformität, und Bernie nahm es an. Er glaubte am Ende sogar, zusammen mit seinen Verbindungsbrüdern, daß «typische Juden» nicht zu «seiner Art von Leuten» gehörten. Obwohl seine Förderer, Charles und Mary Merrill – beide traditionelle Liberale und Anhänger des New Deal – Bernies entschlossenen Bemühungen, ein Mitglied der «Generation der 50er» zu werden, bestenfalls ambivalent gegenüberstanden, konzentrierte er sich nach wie vor auf sein Ziel einer vollkommenen Assimilation.

So berechnend diese Einstellung oberflächlich betrachtet erscheinen mag, so lieferte sie Bernie doch tatsächlich eine wirksame Chance, die letzten Spuren seiner Rolle als Opfer zu überwinden – in der ihn Mörder aufgrund seiner religiösen und ethnischen Zugehörigkeit zur Vernichtung bestimmt hatten. In den Baracken von Auschwitz war er über eine Mauer gesprungen, um Teil jener Zwangsarbeitergruppe zu werden, die aus dem Lager heraus verlegt werden sollte, und hatte die andere Gruppe, die für die Vernichtung bestimmt war, hinter sich gelassen. Jetzt, in Cornell, entzog er sich wieder durch einen Sprung über eine Mauer – dieses Mal war es die unsichtbare Mauer rassisch und religiös begründeter Vorurteile –, um in den sicheren Hafen einer prestigereichen Verbindung der Oberschicht zu gelangen, in der sich die geistige Hauptströmung des amerikanischen Campus-Lebens widerspiegelte. Mit diesem Schritt hatte er sich, ohne groß darüber nachzudenken, jenen angeschlossen, für die der Holocaust und seine Greuel keine besondere Bedeutung hatten. Habe ich mit meinem deutschen geschichtlichen Hintergrund ein Recht auf ein moralisches Urteil? Schließlich folgte auch ich, wie Bernie, einer Gepflogenheit der fünfziger Jahre. Ich beharrte auf meiner Individualität, um mich vor dem zu schützen, was die Deutschen den Juden und dem Rest von Europa angetan hatten.

Bernie wollte sich dem Kurs anpassen, dem die meisten seiner Verbindungsbrüder in Cornell folgten. Er wollte auch seine Ausbildung am College beenden, ohne in den Koreakrieg geschickt zu werden. Deshalb trat er in das ROTC (Ausbildungskorps für Reserveoffiziere) ein. Als er während seines anschließenden Militärdienstes in den Rang eines Oberleutnants der US-Army befördert wurde, dachte er mit Stolz und Genugtuung an jenen funkelnden ungarischen Leutnant zurück, der ihn als Junge in Tab so beeindruckt und den er inzwischen rangmäßig überholt hatte. Als in seinem letzten Studienjahr die Collegeleiter, die seinen außergewöhnlichen Hintergrund und seinen Erfolg in Cornell kannten, einen Studenten suchten, der vor den Studienanfängern eine programmatische Rede, die sogenannte «Personal Values Speech», halten sollte, fiel darum ihre Wahl auf ihn. Vielleicht lag in der Tatsache, daß er diese Rede auf einer Einkaufstüte aus Papier entwarf, so etwas wie eine Prophezeiung.

Seine zunehmende Orientierung an den traditionellen, konservativen Werten, in Verbindung mit seinem wachsenden Interesse an den Lehrveranstaltungen in Betriebswirtschaftslehre, sorgte für Spannungen zwischen Bernie und den Merrills. Obwohl Charles Merrill nominell Mitglied der Episkopalkirche war, sich selbst aber scherzhaft als «Halb-Marxisten» bezeichnete, hatte er sich bereits in seiner Jugend weniger für die religiösen Feste der kirchlichen

Hauptströmung interessiert als für ethische Grundsätze und aktives soziales Engagement. 1941 hatte er für zehn Cents in der Stunde als Ladenangestellter in einer gemischtrassigen, christlich-sozialistischen kooperativ betriebenen Farm gearbeitet – lange bevor ein Engagement für die Bürgerrechte in Mode kam. Bernies Anpassungsfähigkeit und sein Mangel an Idealismus zugunsten eines Pragmatismus im eigenen Interesse stießen mit Charlies progressivem Liberalismus oder vielmehr seiner unbeugsamen moralischen Einstellung zusammen – Begriffe, deren sich der junge Student bediente, um seinen gestrengen Wohltäter in die Nähe eines alttestamentarischen Patriarchen zu rücken. Ihre herzliche Beziehung kühlte sich für einige Jahre ab.

Während Bernie in Cornell studierte, erlangte er die amerikanische Staatsbürgerschaft, und nach seinem Abschluß in Cornell wurde er 1954 in die Juristische Fakultät von Harvard aufgenommen. Neben den Vorlesungen im Fach Jura fand er auch in Henry Steele Commagers Werk, *The History of the American Republic,* eine Bestätigung jener laizistischen Prinzipien des Individualismus, an denen sich jetzt sein neues amerikanisches Leben ausrichtete. Er hatte sich gegen ein Engagement für das Kollektiv namens Israel entschieden, das auf der Grundlage nichtreligiöser zionistischer Prinzipien gegründet war, und hatte auch seinen Glauben im Sinne der orthodoxen Religion seiner Familie verloren.

Aber Bernie hat immer behauptet, daß das Studium des Talmud in seiner Kindheit sein Interesse am Recht – insbesondere am Verfassungsrecht – beeinflußt hat, das ihn zunehmend faszinierte. Der Respekt vor der Präzision des geschriebenen Wortes war nicht nur ein erlernter professioneller Reflex, sondern ein wichtiger Bestandteil seines kulturellen Hintergrunds. Halb im Scherz erklärte er, inwiefern sein Beschluß, die Juristische Fakultät zu absolvieren, von einem Prozeß aus dem Jahr 1861 beeinflußt war, auf den er im Rahmen seiner Recherchen für seine «Senior Thesis», die Semesterarbeit zur Abschlußprüfung, in Cornell gestoßen war und bei der die *ex-post-facto*-Klausel in der Verfassung der Vereinigten Staaten im Mittelpunkt gestanden hatte. Tatsächlich ging es bei *Hartung versus the People of the State of New York* um eine Frau, die zum Tode verurteilt worden war, weil sie ihren Mann vergiftet hatte. Zum Zeitpunkt ihres Verbrechens sollte eine Person, die im Staate New York zum Tode verurteilt wurde, ins Gefängnis zurückgeschickt und binnen einer festgesetzten Anzahl von Tagen nach der Verkündung des Urteils hingerichtet werden. Das Gesetz wurde, nachdem Hartung das Verbrechen begangen hatte, dahingehend geändert, daß die verurteilten Gefangenen in Einzelhaft zu nehmen und nur auf besonderen Befehl des Gouverneurs hinzurichten waren. Aus Versehen aber schloß die Gesetzgebung nicht die übliche «Vorbehaltsklausel» ein, wodurch das alte Gesetz auf jene anwendbar wurde, auf die das neue Gesetz nicht angewandt werden konnte. Mrs. Hartungs Anwälte argumentierten nun, daß das neue Gesetz eine schwerere Strafe vorsah als das alte und daß die Anwendung des neuen Gesetzes auf ihre Mandantin gegen die *ex-post-facto*-Klausel verstoßen würde, die, unter anderem, eine rückwirkende Erhöhung der Strafe untersagte. Außerdem gab es, da das alte Gesetz automatisch durch das neue Gesetz aufgehoben war, überhaupt *kein* Gesetz, auf dessen Grundlage Mrs. Hartung hätte hingerichtet werden können. Erstaunlicherweise machte sich der Oberste Gerichtshof des Staates dieses Argument zu eigen, und Mrs. Hartung konnte frei ausgehen. Bernie hatte das Gefühl, daß es sich lohnte, einen Beruf zu ergreifen, der einem derartig kreativen Einsatz von Logik und Argumentation Spielraum gab.

Er benutzte die Begriffe «Finesse» und «Eleganz», um das Ergebnis dieses ungewöhnlichen Prozesses zu beschreiben, und ich begriff, daß für ihn das formalistische Spiel mit juristischen Kniffen eine tiefe Genugtuung bedeutete. Zunächst fiel es mir schwer zu akzeptieren, daß dieser Fall seine Entscheidung für das Jurastudium beeinflußt haben konnte. Doch da weder er noch ich großes Vertrauen in den psychologischen Reduktionismus von Ursache und Wirkung haben, beließ ich die Sache zunächst bei seinem freimütigen Bericht. Erst später, als ich seine Geschichte noch einmal durchging, wurde mir eine merkwürdige Koinzidenz bewußt, die uns beiden entgangen war.

Während des Holocaust war Bernie kurz vor Eintreffen der Alliierten dem Tod sehr nahe – dem Hungertod und dem Gifttod durch das Arsen, das die Deutschen ihm vor ihrer Flucht verabreicht hatten. Damals lebte er zwischen zwei Gesetzeswelten – den Gesetzen der Mörder, die geflohen waren, und denen der befreienden Armeen, die heranrückten. Chaos und Todesnähe kennzeichneten dieses Schweben zwischen zwei Welten, die unter radikal verschiedenen Regimes standen. Als er diese prekäre Übergangszeit für mich heraufbeschwor, wurde seine Todesangst greifbarer als zu jedem anderen Zeitpunkt in der Erzählung seiner Geschichte. Bedeutete der Mordfall im Staate New York für Bernie einen existentiellen Schritt über einen der traumatischsten Momente seines Lebens hinaus? War dies einfach nur ein Zufall, oder ging es tatsächlich um eine Frage von Ursache und Wirkung? Ich glaube, es handelt sich hier um eine willkürliche Verkettung von Ereignissen, die von Faktoren wie Erinnerung, Gedächtnis und Geschichtsschreibung bestimmt wird. Doch als ich dies Bernie gegenüber erwähnte, meinte er, das sei eine meiner typischen abgehobenen Spekulationen, die vielleicht ganz interessant seien, aber jeden Beweis schuldig blieben.

Nachdem Bernie im Frühjahr 1959 sein Jurastudium in Harvard abgeschlossen hatte, machte er die «richtige» Partie, indem er Betsy Baylies, die Tochter einer zum Ostküste-Establishment gehörenden Familie, heiratete. Er gibt zu, daß er nach der Lektüre von Maupassants Roman *Bel Ami* beschlossen hatte, ein Mädchen aus der Oberschicht zu heiraten. Wie sich herausstellte, war Bernie dieser sanften Frau, die «nichtjüdisch» war und wie die Merrills und die Magowans der Episkopalkirche angehörte, zutiefst ergeben. Betsy beflügelte nicht nur Bernies Aufstieg auf der wirtschaftlichen und gesellschaftlichen Leiter, sie war auch eine freundliche und warmherzige Frau. Als Hochzeitsgeschenk erhielten die Rosners von Charles Merrill einen neuen Vauxhall, mit dem sie in die Flitterwochen nach Westen fuhren und nach einer neuen Bleibe suchten. Sie ließen sich in Lafayette, Kalifornien, nieder, um dort, in einer Vorstadt, eine glückliche Ehe zu führen. Wie Merrill sich erinnert, gab es in Bernies neuem Zuhause keine Anzeichen, die irgendwie auf seine jüdische Herkunft hindeuteten. Ja, eine Zeitlang hatte er sogar vor seiner Frau die Tatsache geheimgehalten, daß er als Jude erzogen worden war.

Zunächst, so sagte mir Bernie, habe er Betsy nichts über seine jüdische Herkunft erzählt, weil diese ein Teil seines nunmehr irrelevanten «ersten Lebens» war. Später gab er eine detaillierte und zwingende Erklärung für dieses besondere Verhalten ab. Als er nämlich den Beschluß faßte, nach Amerika auszuwandern, und nicht nach Palästina, war er entschlossen, mit seiner Vergangenheit zu brechen – sowohl im Hinblick auf die Religion als auch auf den jüdischen Nationalismus und die jüdische Gesetzestreue. Nicht nur in den Konzentrationslagern, sondern auch schon während seiner Kindheit in Ungarn, hatte ihm die Außenwelt, das «Establishment», wie er sich ausdrückt, die Vorstellung eingeschärft, daß Juden unterlegen, häßlich und abstoßend seien. Eine solche Behandlung und Atmosphäre löste Selbsthaß und Minderwertigkeitsgefühle aus. Der

Krieg und seine Umwälzungen boten ihm dann die Perspektive eines neuen Lebens. So glaubte er, daß er in Amerika ein neuer Mensch, frei von seiner früheren Identität, werden müsse. Die Oberschicht, das Milieu der Ivy League, in das er nun eintrat, stellte einen mächtigen Anreiz dar, sich voll und ganz zu assimilieren und anzupassen. Schon in St. Louis wurde aus den Einstellungen seiner Schulkameraden deutlich, daß es nicht unbedingt ein Vorteil war, Jude zu sein. Bernie zog eine Parallele zwischen der Nonchalance der schönen jungen Leute, die er in Tab bewundert hatte, während sie zum Tennisplatz schlenderten, und den Erzählungen seiner amerikanischen «Preppie»-Kommilitonen über ihre Abenteuer beim Debütantenball am letzten Samstag. Dieses Mal war er fest entschlossen, sich bei den Richtigen einzureihen.

Obwohl Bernie sagt, daß er seine jüdische Herkunft niemals direkt verleugnete, spielte er unter seinen Freunden und Bekannten die Tatsache herunter. Wenn er über seine Erfahrungen im Konzentrationslager sprach, erklärte er gewöhnlich, die Behörden hätten herausgefunden, daß seine Familie die verbotenen Sender der Alliierten abgehört hätte. Den Umstand, daß es in seinem Stammbaum «etwas jüdisches Blut» gab, erwähnte er nur als nebensächliche Begründung für ihre Deportation. Mit seiner Strategie wollte er vermeiden, sein zutiefst vom orthodoxen Judentum geprägtes Familienleben und seine Erziehung überhaupt zu erwähnen.

Natürlich kannten Charles und Mary Merrill seine wahre Abstammung und Geschichte. Doch nachdem er aufs College gegangen war, dann den Militärdienst abgeleistet, das Jurastudium absolviert und seine Karriere angebahnt hatte, waren seine Kontakte zu den Merrills seltener geworden, vor allem aber, weil sie einen großen Teil der 1950er Jahre in Europa verbrachten. Doch sie kehrten in die Vereinigten

Staaten zurück und ließen sich 1957 in Boston nieder. Das war das Jahr, in dem Bernie sich an der Juristischen Fakultät in Harvard immatrikulierte. Als Mary sich mit seiner Verlobten, Betsy, anfreundete, mußte sie feststellen, daß er ihr eine «selbstzensierte Version» seiner Vergangenheit, wie Bernie sich ausdrückte, erzählt hatte.

Nach dieser Entdeckung stellte Mary Merrill Bernie mit harschen Worten zur Rede. Als ich Bernie fragte, was er unter «harschen Worten» verstehe, berichtete er, daß Mary Ressentiments gegen die Deutschen und ihre Kriegsverbrechen hegte und ihn daran erinnerte, daß seine Eltern umgebracht worden waren, weil auch sie Juden waren. Sie wollte damit zum Ausdruck bringen, daß er zu sich selbst nicht aufrichtig war, und ermahnte ihn, Betsy die Wahrheit zu sagen. Das tat er. Er wußte, daß es seiner Frau zu diesem Zeitpunkt nichts mehr ausmachen würde. Die Tatsache, daß Betsys Familie ihn als das akzeptierte, was er war, habe ihn, wie er mir sagte, «überrascht und beschämt». Seither besteht zwischen ihnen ein herzliches Verhältnis.

Doch der Konflikt mit Mary sorgte für eine gewisse Entfremdung von den Merrills, die viele Jahre andauerte. Den ersten Schritt, diesen Riß zu kitten, unternahm Mary, als sie 1980 erfuhr, daß Betsy, im Alter von fünfundvierzig Jahren, unheilbar an Krebs erkrankt war. Die von Natur aus mitfühlende Mary ließ alle Bedenken außer Acht und eilte zu Bernies leidgeprüfter Familie, um sie zu trösten. Die endgültige Aussöhnung erfolgte 1999, als Mary auf dem Totenbett lag und Bernie sie besuchte. In den ausführlichen Gesprächen, die sie miteinander führten, hatten sie Gelegenheit, Erinnerungen an lange vergangene Zeiten wachzurufen, als die Merrills Bernie in ihre Familie aufgenommen hatten, und er hatte die Möglichkeit, ihnen für ihre Großherzigkeit zu danken. Und Mary sprach ihn von seiner früheren «Unterlassungssünde» frei.

KARRIEREN: EINE AMERIKANISCHE GESCHICHTE

Als eine der verblüffenden Wendungen im Leben meines Freundes interpretiere ich die eigenartige Tatsache, daß Bernie, das verwaiste Flüchtlingskind mit seinem jüdisch-orthodoxen Hintergrund, ausgerechnet von liberalen amerikanischen Protestanten gerettet wurde und von ihnen eine Perspektive geboten bekam, die ihn gar nicht erst ermunterte, ein Engagement in irgendwelchen jüdischen Organisationen in den Vereinigten Staaten anzustreben. Hätte er danach gesucht, hätte er seine KZ-Erfahrungen mit anderen Überlebenden teilen oder ein gewisses Maß an emotionaler Hilfe und Solidarität finden können. Aber er hatte sich entschieden, dies nicht zu tun. Er kam mit seinen Wunden allein zurecht und bezog die Legitimität, die er brauchte, um in seiner neuen Welt zu wachsen und seine Rolle auszufüllen, einzig und allein aus seiner außergewöhnlichen inneren Stärke. Er legte einen weiten Weg zurück, ehe er beschloß, sein erstes mit seinem zweiten Leben in Einklang zu bringen.

Nachdem er und Betsy nach Kalifornien gezogen waren, rückte die Frage nach seiner jüdischen Herkunft völlig in den Hintergrund. Die kalifornische Kultur war offener als die der Kreise, in denen er sich an der Ostküste bewegt hatte. Außerdem schwanden die Unsicherheiten, was seine Vergangenheit anging, in dem Maße, wie sein Selbstvertrauen wuchs und er begriff, daß die Welt, in der er jetzt lebte, ihn akzeptierte. Als seine drei Söhne alt genug waren, um zu verstehen, erzählte er ihnen die «ungeschminkte Wahrheit». Und da er seine emotionalen Bindungen an das Judentum verloren hatte, erhob er keine Einwände gegen Betsys Wunsch, ihre Kinder als Christen zu erziehen. Zwei von ihnen wurden getauft. Aber die Gottesdienste in der Lafayette Episcopal Church besuchten die Rosners nur selten.

▪ ▪ ▪

Bernies Ehe mit Betsy war die Krönung dessen, was er in Amerika sowohl in seinem Privatleben als auch im Hinblick auf sein öffentliches Image hatte erreichen wollen. Sie stellte einen Triumph über eine Vergangenheit dar, die er bewältigt hatte. Erst gegen Ende unserer gemeinsamen Arbeit verstand ich, inwiefern diese Tatsache mit jener antisemitischen Haßtirade des betrunkenen Mannes zusammenhing, die Bernie und Betsy 1971 am Bahnhof von Tab über sich hatten ergehen lassen müssen, und warum diese Begegnung eine derart niederschmetternde Wirkung auf ihn hatte. Als wir diese Episode noch einmal durchgingen, verblüffte er mich, weil er plötzlich in Tränen ausbrach. Es kam sehr selten während unserer Zusammenkünfte vor, daß es ihm nicht gelang, sie zurückzuhalten. Endlich begriff ich die Tragweite dieses schmerzlichen Nachmittags in Ungarn. Bernie hatte angenommen, er könne diesen Besuch in seinem ungarischen Dorf aus der souveränen Distanz eines erfolgreichen amerikanischen Geschäftsmanns mit einer wohlhabenden, liebevollen Ehefrau an seiner Seite bewältigen und die Trennung von seinem früheren Leben als gejagter Jude aufrechterhalten. Doch in den schrecklichen Augenblicken, als der Betrunkene sie anpöbelte, brachen seine gegen die Vergangenheit aufgebauten Abwehrmechanismen zusammen. Er sagte mir: «Alles, was ich mit meinem Leben angefangen hatte, seit ich von diesem Bahnhof in Tab nach Auschwitz deportiert wurde, schien sich in Luft aufzulösen. Ich fühlte mich genau auf den Punkt zurückgeworfen, an dem für mich und meine Familie alles begonnen hatte.»

. . .

In Kalifornien startete Bernie im Juni 1959 seine Laufbahn bei der Firma Safeway, die ursprünglich von Charles Merrill sen. mitbegründet worden war und später von seinem Schwiegersohn, Robert Magowan, geleitet wurde. Während seiner College-Zeit und seines Jurastudiums, als die Spannungen mit seinen Wohltätern zunahmen, hatte ihn seine wachsende Bewunderung für das «Know-how» in den Chefetagen des amerikanischen Kapitalismus immer mehr zur Magowan-Seite der Familie hingezogen (wie bereits erwähnt, war Robert Magowan mit Charlies Schwester, Doris Merrill, verheiratet). Die Magowans erkannten, daß Bernie mehr war als das menschliche Treibgut, das Charlie in Europa aufgelesen hatte, und als das sie den jungen Einwanderer zunächst wahrgenommen hatten. Robert Magowan bewunderte seine Entschlossenheit, seinen Mut und seine Anpassungsfähigkeit. Bernie begann, in der Rechtsabteilung der Firma zu arbeiten, und wurde 1980 stellvertretender Hauptanwalt des Unternehmens. 1984 stieg er zum Senior-Vizepräsidenten, Hauptanwalt und Geschäftsführer auf. Inzwischen war Roberts Sohn Peter zum Präsidenten und Chief Executive Officer von Safeway avanciert. In Bernies Augen ist seine enge persönliche und professionelle Beziehung sowohl zum Vater als auch zum Sohn maßgeblich für seinen Erfolg gewesen und bis heute eine Quelle von Stolz und Genugtuung.

Als Hauptanwalt von Safeway spielte Bernie bei einer Reihe von wichtigen Prozessen, die seit den 1960er Jahren Schlagzeilen machten, eine zentrale Rolle – für ihn eine Quelle des Stolzes. Während er mit all seinen Fähigkeiten für die Interessen der Lebensmittelkette kämpfte, lagen meine Sympathien, als sozial engagierter Professor an der University of California in Berkeley, bei den Stimmen des «Anti-Establishments», also auf der anderen Seite des politischen Grabens. In einem denkwürdigen Fall war Safeway angeklagt, seine Waren den Verbrauchern in der Stadt Washington, D. C., zu überteuerten Preisen zu verkaufen.

Bernie sagte mir, er habe die Anschuldigung persönlich überprüft und festgestellt, daß diese Behauptung nicht der Wahrheit entsprach. Deshalb verteidigte er Safeway nicht nur aufgrund seiner beruflichen Verpflichtungen, sondern auch aus persönlicher Überzeugung. Man schrieb das Jahr 1967 – eine Zeit, in welcher der politische Aktivismus der amerikanischen Universitäten die Werte der Jungen und Benachteiligten gegen die soziale Ordnung von Johnsons «Great Society» absetzte. Die Studenten reagierten nicht nur auf das Engagement Amerikas in Vietnam, sondern protestierten auch gegen das, was sie als anonyme Gruppierung übergroßer Firmen wahrnahmen. Safeway, die gigantische Lebensmittelkette, war für sie ein perfektes Symbol für die Hartherzigkeit der Unternehmen.

Ebenfalls im Jahr 1967 beschuldigten Viehzüchter Safeway, die Firma würde gegen Bundesgesetze verstoßen, die Preisabsprachen untersagten. Vertreten zunächst durch Joe Alioto sen. und später durch dessen Sohn, behaupteten die Viehzüchter, daß sie an den Profiten aus der Fleischvermarktung nicht angemessen beteiligt würden, weil Safeway sich mit der Verpackungsindustrie und anderen Einzelhändlern darüber geeinigt habe, die Preise zu manipulieren. Infolge einer Entscheidung des Obersten Bundesgerichts zur Preisabsprache «gewann» Safeway schließlich das Verfahren, als es 1984 vom Bundesgericht eingestellt wurde.

Dann kam der Prozeß der kalifornischen Traubenpflücker, die, angeführt von ihrem charismatischen Sprecher, César Chávez, der Firma Safeway vorwarfen, im Interesse von Unternehmensprofiten der Ausbeutung von Farmarbeitern Vorschub zu leisten. Jeder, der damals auch nur am Rande von der Sache berührt war, wird sich erinnern, daß der Boykott von Safeway – das Unternehmen weigerte sich, seine Kunden weiterhin mit Trauben zu beliefern – ein moralischer Lackmustest für eine progressive politische Einstellung war. Auch ich aß lange Zeit keine Trauben. Zu jener Zeit kannte ich meinen Freund Bernie noch nicht, aber hätte ich gewußt, daß er einer der Hauptfiguren war, der das anonyme Amerika der Bosse gegen die ausgebeuteten Traubenpflücker, die alle Chicanos waren, verteidigte, hätte ich mich – da bin ich mir ganz sicher – an einem Sit-in in seinem Büro beteiligt. *Tempora mutantur, et nos mutamur in illis* («Die Zeiten ändern sich, und wir ändern uns mit ihnen»).

In dem wichtigsten Prozeß seiner Laufbahn, Mitte der achtziger Jahre, erzählte mir Bernie, wie er ein Fachmann in Sachen Übernahmen von Konkurrenzfirmen und Aufkäufe von Unternehmen wurde, die über Kredite finanziert wurden – und zwar auf dieselbe Art und Weise wie ein Mensch, der von einem Hochgeschwindigkeitszug angefahren wird, zu einem Experten hinsichtlich kinetischer Energie wird. Wir beide kannten uns bereits, als er Safeway gegen eine versuchte Übernahme durch die Firmenschlucker Herbert und Bobby Haft sichern mußte. Das Unternehmen Safeway, das ein paar Jahrzehnte zuvor von Traubenpflückern, Viehzüchtern, Universitätsstudenten und deren Professoren für allmächtig gehalten worden war, wurde nun von einem aus Vater und Sohn bestehenden Duo von Desperado-Unternehmern bedroht. Der Übernahmeversuch und seine Konsequenzen wurden zum bedeutsamsten Einzelereignis in der Geschichte der Firma Safeway und gerieten zur wichtigsten Schlacht in Bernies Berufsleben. Er schlief wenig und machte unendlich viele Überstunden, aber schließlich gingen Bernie und das Management von Safeway aus diesem besonderen Spiel mit finanziellen Höchsteinsätzen als Sieger hervor.

Als Verantwortlicher für die Entscheidungen in Safeways Rechtsabteilung erwies sich Bernat Rosner als Spitzenanwalt. Darüber hinaus aber hatte er seine Karriere jener Familie gewidmet, die ihm in Amerika zu einem Start verholfen hatte. Seine Arbeit war nicht nur die eines gewissenhaften Angestellten, sondern auch das mit Freuden erwiderte Geschenk eines dankbaren Adoptivsohns. Es wäre falsch, eine Laufbahn wie die Bernies bloß als eine Reihe von Ereignissen «post factum» verstehen zu wollen, die auf die großen traumatischen Augenblicke des 20. Jahrhunderts folgten, welche ihn in der Rolle eines Opfers gesehen hatten. Er spielte jetzt in einer großen amerikanischen Firma die Rolle eines Insiders und genoß dies sehr. Einmal, als Bernie meine kritischen Vorbehalte in bezug auf seine Karriere und die Freude an seinem Engagement bemerkte, hielt er mitten im Satz inne und warf dazwischen: «Ich vermute, daß ein Überlebender von Auschwitz es nicht so empfinden dürfte.» Ich erwiderte damals nichts darauf, aber ich glaube, daß sich ein Überlebender schließlich und endlich dasselbe Recht und dieselbe Freiheit wie jeder andere auch verdient hat, unter all den Möglichkeiten einen Weg für sich selbst auszusuchen – ob seine Wahl nun mit einer bestimmten Ideologie übereinstimmt oder nicht.

Mitten in seiner Karriere mußte Bernie einen schweren Schlag hinnehmen. Betsy erkrankte an Gebärmutterhalskrebs. Eine Operation im Alta Bates Hospital in Berkeley konnte den Verlauf der Krankheit nicht mehr aufhalten. Ein paar Monate vor ihrem Tod feierten Bernie und Betsy ihr gemeinsames Leben mit einem Urlaub auf Hawaii. Sie starb am 13. Januar 1981. Bernie war jetzt allein mit seinen drei halbwüchsigen Söhnen: Michael, 18, Andy, 16, und Owen, 11. Er fiel in eine tiefe Depression und hatte, wie er sagte, unter so großer Angst zu leiden «wie niemals seit den Konzentrationslagern» – Schlaflosigkeit, Beklemmungen, Brustschmerzen, Energieverlust –, während ihm die ganze Zeit über bewußt war, daß er in seinem Berufsleben seinen Mann stehen mußte. Mit Betsys Krankheit und Tod durchlitt er noch einmal das Ausgeliefertsein an eine Welt des tödlichen Zufalls, des finsteren Abgrunds, die ihm in seiner Jugend nur allzu vertraut geworden war. Aber es war ihm schon einmal gelungen, da wieder herauszukommen. Und auf dem Tennisplatz – dem Ort, an dem sich Bernie nächst seinem Büro am häufigsten aufhielt – lernte er seine zukünftige Frau, Susan, kennen, die ihm im Sommer 1982 aus seiner Depression heraushalf.

Bernat Rosner, der als erfolgreicher Firmenanwalt gefeiert wurde und wichtige Prozesse führte, der Verfasser von Artikeln im *Antitrust Law Journal*, der Referent bei zahllosen Konferenzen und Seminaren zum Thema Kartellrecht, das Vorstandsmitglied der *Antitrust and Trade Regulation Section* der Anwaltschaft des Staates Kalifornien und stellvertretender Vorsitzender der *American Bar Association Section of Antitrust Law*, ging 1993 in den Ruhestand.

▪ ▪ ▪

Die Stufen, die zu meiner Karriere führten, waren um vieles bescheidener als im Fall von Bernie. Nachdem mein Onkel meine Ausbildung am Junior College finanziert und meine Englischlehrerin, Ruth Somers, mich ermuntert hatte, um meiner «inneren Entwicklung» willen zu lernen, konnte ich mich als «Umsteiger» des San Francisco City College an der University of California in Berkeley einschreiben. Für mich war die Aufnahme dort ein Schritt der Befreiung von dem Dorf, in dem ich aufgewachsen war, aber ebenso auch von meinen persönlichen Ängsten angesichts der krassen Gegensätze zwischen arm und reich, denen ich an der Northwestern Station in Chicago begegnet war. An der Universität würde man mich ermutigen, auf der Grundlage einer Reihe etablierter Normen weiterzumachen, und es würde dann meine Sache sein, diesen Normen zu entsprechen. Folglich versuchte ich zumindest am Anfang, mich in den allgemeinen Konformismus der 1950er Jahre zu fügen.

Durch das Sather Gate auf den Campus zu spazieren war, als blickte ich durch einen Zauberspiegel in eine faszinierende Welt mit einem riesigen intellektuellen Büfett, das für mich angerichtet war. Ich vertiefte mich in ein breites Spektrum von Fächern und gönnte mir kaum freie Zeit für ein gesellschaftliches Leben oder Erholung. Ja, die Sonntage, die eigentlich zum Ausspannen gedacht waren, deprimierten mich. Ich wurde von einer grenzenlosen Neugier geradezu verzehrt; gleichzeitig bedeuteten meine Studien eine entschlossene Flucht vor der «Außenwelt», vor der ich mich wegen ihrer versteckten Gefahren, der plötzlichen Ausbrüche von Gewalt und ihrer Unberechenbarkeit zutiefst fürchtete. Nachdem General MacArthur aus Korea heimgekehrt war und auf der Parteiversammlung der Republikaner 1952 in Chicago mit halbstündigem stürmischem Applaus empfangen wurde, war ich davon überzeugt, daß die Vereinigten Staaten sich auf dem Weg in eine Diktatur befänden. Doch als er auf der letzten Abstimmung für die Nominierung des Präsidentschaftskandidaten der Republikaner nur drei Stimmen erhielt, bekam ich meine erste Lektion in amerikanischer Demokratie. Ich beruhigte mich wieder.

Der McCarthyismus, der in den 1950er Jahren überhandnahm, lag außerhalb meines Horizonts. Ich war mir eher der psychologischen Gemeinheit der im Fernsehen übertragenen Verhöre bewußt als jeglicher Bedrohung, die diese Hexenjagden für die demokratischen Werte bedeuteten. Für mich lag das amerikanische Streben nach Glück innerhalb der gut geschützten Mauern der Universität. Berkeley stellte für mich einen intellektuellen Zufluchtsort dar, einen alles absorbierenden Brennpunkt, der kein Engagement in der Gesellschaft im großen und ganzen verlangte – zumindest nicht während des Jahrzehnts, das für seine Neigung zur Selbstbespiegelung bekannt ist. Es dauerte eine gewisse Zeit, bis ich bemerkte, daß der Treueeid, den die Fakultät forderte, ein Angriff auf die akademische Freiheit gewesen war, die ich, der neuangekommene Einwanderer, für selbstverständlich hielt.

Das Germanistische Institut zählte zu seinen Studenten und Fakultätsmitgliedern viele Flüchtlinge aus Nazi-Deutschland. Die meisten von ihnen hatten eine tiefe Liebe zur deutschen Literatur und Kultur nach Amerika mitgebracht. Zu diesen Akademikern gehörte auch Frau Strauss, eine stets tadellos gekleidete Frau mit schweren Lidern und gepflegter Frisur, die entkommen war, ehe die Nazis eine Chance hatten, sie zu vernichten. Ihre Vergangenheit kam im Laufe unserer Gespräche nie zur Sprache. Sie konnte den ganzen ersten Teil von Goethes *Faust* auswendig rezitieren. Trotz des großen Altersunterschieds zwischen uns fühlte ich mich ihr verbunden, und wir bereiteten uns zusammen auf verschiedene Abschlußprüfungen vor. Sie schien die Güte meiner Großmutter zu besitzen.

Später tat ich mich mit einem anderen Jungakademiker, Franz Bäuml, zusammen, dessen jüdischer Vater und nichtjüdische Mutter 1938 aus Österreich geflohen waren. Wir beide, bekannt als «Fritz und Franz», arbeiteten uns gemeinsam durch das Oberseminar-Programm. Wir wurden beide Mediävisten, und als wir so weit waren, daß wir auf dem engen Markt auf Jobsuche gingen, beschlossen wir, uns nicht gegenseitig ins Gehege zu kommen. Statt dessen zog jeder von uns je fünf Strohhalme für die zehn Top-Universitäten, die wir auf einer Liste zusammengestellt hatten und bei denen wir uns um eine Dozentenstelle bewerben wollten. Er landete an der University of California in Los Angeles, wo er eine Bilderbuchkarriere durchlief, während ich meine akademische Karriere an der University of Michigan begann, aber nach einem Jahr nach Berkeley zurückberufen wurde. Ich glaube, wir lernten voneinander mehr als aus all unseren Pflichtveranstaltungen. Unsere unterschiedliche ethnische und soziale Herkunft und der Krieg, der erst ein Jahrzehnt hinter uns lag, spielten in unserer Freundschaft niemals eine Rolle. Er kehrte seinen leicht britischen Akzent hervor und versuchte einmal, mir beizubringen, wie man ein Weinglas hält, ohne auf ihm Fingerabdrücke zu hinterlassen. Nachdem ich in einem Dorf mit bäuerlichen Sitten aufgewachsen war, erhob ich Einwände gegen seine hochnäsige und herablassende Haltung, und wir gerieten uns über die Vorschriften der Etikette manchmal in die Haare.

Das einzige Mal, daß während des Oberseminars meine Jugend in Nazi-Deutschland ins Visier genommen wurde, war im Fortgeschrittenen-Unterricht in deutscher Stilkunde, den jeder besuchen mußte, unabhängig davon, ob er Muttersprachler war oder nicht. Ich dachte, diese Lehrveranstaltung wäre ein Klacks für mich, aber die Lehrerin, eine Emigrantin aus Nazi-Deutschland, gab mir eine meiner schriftlichen Aufgaben zu Beginn des Semesters mit einer Drei zurück. Sie hatte ein paar Ausdrücke unterstrichen, von denen sie behauptete, sie enthielten Anklänge an die Nazi-Mentalität – nicht im Inhalt, sondern in der Syntax. Ich war zutiefst schockiert über ihre Anschuldigung und verteidigte mich vor ihr. Aber als ich mir ihre Kommentare genauer ansah, begann ich zu meinem Bedauern insgeheim zu verstehen, was sie meinte. Mein nachhaltiges Interesse für die Beziehung zwischen Sprache und Ideologie führe ich auf diesen Vorfall zurück.

Die Popularität des Existenzialismus an den Universitäten im Nachkriegsamerika kam meiner intensiven Selbstbeobachtung sehr entgegen. Ich begann, mich mit dem Symbolismus in der europäischen Dichtung zu beschäftigen, und las Baudelaire und Rimbaud auf französisch und Rilke und George auf deutsch. Ich arbeitete Sartre, Camus und Kafka durch – die geistige Hauptnahrung der Generation der Nachkriegsstudenten. In den Geisteswissenschaften jener Tage zählte nur der Text selbst, während man die Frage nach der sozialen Bedeutung der Literatur den Soziologen überließ. Daß Hannah Arendt Mitte der 1950er Jahre Gastprofessorin in Berkeley war, blieb ohne Auswirkung auf die Institute, in denen Fremdsprachen gelehrt wurden. In einem meiner Französisch-Seminare verbrachte ich noch als Studienanfänger ein ganzes Semester mit dem Studium eines einzigen Gedichts – Rimbauds *Les voyelles* –, ein Sonett über Vokale, in dem das wahnsinnige siebzehn Jahre alte Genie der französischen Dichtung versuchte, die tieferen Geheimnisse der Synästhesie zu ergründen, einen verborgenen Kern in der Psyche zu entdecken, in dem sämtliche menschlichen Sinne eins sein sollten. Gekoppelt mit einer Lehrveranstaltung über Nietzsche bei Hans Wolff, einem Emigranten aus Berlin, der am Ende des Semesters Selbstmord beging, führte mich meine introvertierte Suche nach dem, was ich für tiefere, in der Sprache von Dichtung und Philosophie verborgene Wahrheiten hielt, nur zu einer unüberwindlichen Mauer des Schweigens. Es gab keine Antworten, weil ich nicht die richtigen Fragen gestellt hatte. Im letzten Semester meines letzten Studienjahrs stürzte ich in eine heimliche Hölle größter Angst und Panik. Etwas Unbekanntes in meinem Leben hatte mich eingeholt, aber ich hatte keine klare Vorstellung, worum es sich bei dieser namenlosen Angst ohne Inhalt handelte. Auf der Suche nach Orientierung und Hoffnung brachte ich Vergils Tribut an Lucretius über meinem Schreibtisch an: «Glücklich ist derjenige, der die Ursachen der Dinge kennt und jede Angst bezwingt.» Ich war sehr dünnhäutig geworden.

Schließlich gelang es mir, mich aus dieser katastrophalen Gemütsverfassung zu befreien. Und bald, nachdem ich 1954 mit dem Oberseminar begonnen hatte, fühlte ich mich hingezogen zu einem immer größer werdenden Kreis von Fakten, Figuren, historischen Ereignissen und Ideen, die nicht mehr dazu dienten, die intellektuelle Introvertiertheit meiner verwirrten Anfangssemester zu speisen. Es bereitete mir jetzt Vergnügen, schwierige Texte der älteren europäischen Literatur zu entziffern, die ein faszinierendes kulturelles Substrat darstellten. Das Glück wollte es, daß Archer Taylor, eine Koryphäe auf dem Gebiet der internationalen Volkskunde, mich als einen seiner letzten Doktoranden annahm. Er hatte ein enzyklopädisches Gedächtnis für historische Fakten und setzte diese legendäre Gabe des Sicherinnerns als Waffe gegen die unbesiegbare Kraft des Vergessens ein. Von Professor Taylor ermutigt, ließ ich mich auf eine zehn Jahre dauernde Untersuchung mittelalterlicher Erzählungen mit religiösem Inhalt ein, die schließlich von der Finnischen Akademie der Wissenschaften unter dem verklausulierten Titel *Index Exemplorum*[2] veröffentlicht wurde – eine Sammlung, in der 5400 religiöse Geschichten mit 44 000 Varianten zusammengefaßt sind. Doch diese Beschäftigung mit dem greifbaren Material der Kultur- und Religionsgeschichte brachte die Skepsis, die ich in bezug auf die Stichhaltigkeit historischer Untersuchungen entwickelt hatte, nie ganz zur Ruhe. In meiner Laufbahn beschäftigte ich mich später zunehmend mit den methodologischen Voraussetzungen, und diese Themen fanden ihren Widerhall in Konferenzvorträgen und in einem Buch über deutsche Dichtung des Mittelalters.

In den 1950er Jahren wurde bis in die 60er Jahre hinein die deutsche Literatur in Berkeley so gelehrt und erforscht, als hätten die Nazis keinen Einfluß auf die Kultur und die Sprache genommen. Selbst die jüdischen Einwanderer, von denen die meisten in kulturellen Belangen konservativ waren, wollten die Literatur und Kultur, die sie so liebten, mit einer Aura der Immunität gegen die Kräfte der Barbarei umgeben und ihnen ihr traditionelles Ansehen bewahren. Aber am Ende des Jahrzehnts war ich mit dem ausschließlichen Aufgehen im Studium der Literatur um ihrer selbst willen nicht mehr zufrieden.

Mein Unbehagen steuerte im Frühjahr 1959 einem Höhepunkt zu, und zwar infolge eines Wortwechsels, zu dem es im Hause eines Kommilitonen kam, der ebenfalls Germanistik studierte und in Mill Valley lebte. Fred, ein deutscher Jude, der aus Berlin geflohen war, eine Dänin geheiratet hatte und in die Vereinigten Staaten ausgewandert war, zeigte mir gerade einige seiner deutschen Bücher, als ich bei der Tür seines Arbeitszimmers vor einem Photo seiner Mutter stehenblieb. Sie hatte schneeweißes Haar mit einem fein säuberlich gezogenen Mittelscheitel und lächelte rund um ihre Augen mit derselben Freundlichkeit, die Fred von ihr geerbt hatte. Ich fragte ihn, was mit ihr geschehen sei. Zu jener Zeit und in diesem angenehmen Haus dachten wir nicht im entferntesten an den Holocaust. Er antwortete mir nicht, sondern führte mich zu einem anderen Buch und versuchte, das Thema zu wechseln. Ich wiederholte meine Frage: «Fred, was ist mit deiner Mutter passiert?» Eine weitere Weigerung. Aber ich blieb hartnäckig. «Fred, los, um Gottes willen, sag's schon!» Endlich richtete er nur diese Worte an mich: «Sie ist in Theresienstadt gestorben.» Wir schwiegen einige Augenblicke, während ich vergeblich nach einer passenden Antwort suchte. Plötzlich kam es mir vor, als habe die Literatur, die wir gemeinsam studierten, keinen Sinn. Schließlich fragte ich ihn, warum es ihm so widerstrebt habe, mir etwas über das Schicksal seiner Mutter zu sagen, und er erwiderte: «Schau, ich wollte dich nicht in Verlegenheit bringen.»

Ich war wie vom Donner gerührt. *Er* wollte *mich* mit den Fakten um den Tod seiner Mutter in einem deutschen Konzentrationslager verschonen! Ich war fassungslos über seine Rücksicht auf meine Gefühle. Als ich dort in seinem Haus stand, wurde ich von einer tiefen Wut auf Deutschland erfaßt, auf das Land, in dem ich aufgewachsen war. Ich erinnerte mich an die Photos von den Greueltaten – an die Massengräber, die ausgemergelten Leiber und die verrenkten Glieder der Opfer der Naziherrschaft. Diese Bilder waren, als ich sie nach dem Krieg zum ersten Mal sah, überwältigend und zugleich merkwürdig abstrakt und unverständlich gewesen. Aber jetzt, da ich so zornig im Arbeitszimmer meines Freundes vor dem Bild seiner Mutter stand, wurden sie für mich plötzlich real und greifbar. In jenem Augenblick erwachte ich aus der politischen Schläfrigkeit, die die meisten Deutschen seit 1945 eingehüllt hatte in ihrem Eifer, ihre daniederliegende Wirtschaft wieder in Gang zu bringen und die Vergangenheit zu vergessen, was in meinem Fall bedeutet hatte, mir ein Leben in Amerika aufzubauen. Es war ein Moment, der für mich das Ende der konformistischen 1950er Jahre bedeutete und sich tiefgreifend auf meine politische und soziale Ethik auswirkte.

Ein Jahr später, 1960, wurde ich aufgefordert, bei einem internationalen Germanistenkongreß in Kopenhagen ein Referat zu halten. An einem Tag lud die westdeutsche Botschaft die Kongreßteilnehmer zu einer Cocktailparty ein, während es der Zufall wollte, daß die diplomatische Vertretung der DDR zur gleichen Zeit einen Busausflug zu einem Denkmal zu Ehren von Naziopfern anbot. Ich war am Denkmal der einzige Germanist aus dem Westen und zeigte so meine Solidarität mit dieser antifaschistischen Kundgebung.

Die Studentenrevolte, die im Herbst 1964 auf dem Campus von Berkeley begann, während ich ein Sabbatjahr in

München verbrachte, führte meine privaten Wertvorstellungen und meine politischen Überzeugungen endlich zusammen. Da ich mich bereits im Jahr zuvor für eine Vertretung der Studenten in den Fakultätsausschüssen eingesetzt hatte, stand ich im Ruf, studentenfreundlich zu sein. Deshalb wurde ich aufgefordert, nach meiner Rückkehr nach Kalifornien den Vorsitz des Senatsausschusses der Fakultät für studentische Belange zu übernehmen. Durch diese neue Stellung im Ausschuß geriet ich mitten zwischen die «festen Grundsätze der Universitätsstrukturen», wie sie die Verwaltung und der konservative Flügel der Fakultät formuliert hatten, und die «nicht verhandelbaren Forderungen» der radikalen Studenten und ihrer Förderer in der Fakultät. Für mich war es zutiefst beunruhigend zu sehen, daß uniformierte Polizisten mit Knüppeln auf Studenten einschlugen, um auf dem ureigensten Terrain der Universität Recht und Ordnung durchzusetzen. Meine Sympathien verlagerten sich immer mehr auf die Seite der Studenten, deren Angriff auf den Status quo – das heißt, auf die etablierten Kräfte großer, anonymer Einrichtungen, ja selbst einer Institution, die den geistigen Belangen so sehr verpflichtet war wie die University of California – mir immer gerechtfertigter erschien. Mit der Zeit war ich zu der Überzeugung gelangt, daß die Universität nicht nur ein sicherer Hort des akademischen Studiums und der wissenschaftlichen Forschung war, sondern daß sie auch die Aufrechterhaltung der Gesellschaftsstruktur der Nation ohne große Besorgnis um menschliche Werte – wenn notwendig, sogar mit vorgehaltener Pistole – förderte. Darüber hinaus stand infolge des Krieges in Vietnam für uns alle mehr auf dem Spiel. Es genügte nicht mehr, in Ausschußsitzungen hinter verschlossenen Türen politische Einwände zu erheben. Eines Tages gestand ich meiner Kollegin Bluma Goldstein diese Diskrepanz zwischen meinen privaten Vorstellungen und meinem Mangel an öffentlichem Engagement. Sie war ein erklärtes Mitglied des radikalen Flügels unserer Fakultät in Berkeley, eine starke Persönlichkeit, die von ihrer ledigen Mutter, einer Arbeiterin der New Yorker Kleiderindustrie, allein erzogen worden war. Bluma sagte, es habe eine Menge guter Deutscher gegeben, die insgeheim die richtigen Gedanken gehabt hätten, aber in der Öffentlichkeit nichts taten, um Hitlers Aufstieg zu verhindern. Das saß. Als ich sie fragte, was ich denn tun könne, forderte sie mich auf, mich in der darauffolgenden Woche dem Marsch nach Oakland anzuschließen, um gegen den Krieg in Vietnam zu protestieren. Als sie bemerkte, wie ich zögerte, fügte sie hinzu, daß ich mir keine Sorgen zu machen brauche, weil eine große Menschenmenge zusammenkommen werde. Ich beschloß mitzugehen.

Wir versammelten uns beim Harmon Gym, wo Allen Ginsberg vor uns auf der Ladefläche eines Lastwagens stand und uns mit einem Mantra-Singsang segnete. Wie sich herausstellte, befand sich dort keine so große Menge, wie Bluma vorhergesagt hatte – nur etwa siebentausend Leute, und das war von uns noch optimistisch geschätzt. Während wir paarweise durch Berkeley und Oakland zogen, buhten die Zuschauer und beschimpften uns als Kommunisten. In der Menge machte ich einen Verwaltungsbeamten der Universität, Gilliam, aus und bemerkte die Überraschung in seinem Gesicht, als er mich in dieser Gesellschaft sah, als wolle er sagen: *Et tu*! Es war mein erster politischer Marsch seit den Versammlungen des Deutschen Jungvolks mehr als zwanzig Jahre zuvor. Niemand trug eine Uniform, bis auf die Polizisten, die uns beobachteten, und wir marschierten auch nicht, sondern wir schlenderten. Am wichtigsten aber war, daß die Mehrheit gegen uns war und uns nicht zu «größeren und höheren Zielen» anspornte. Dieser Marsch galt einer guten Sache, doch wegen der Zurschaustellung und des politischen Engagements, das sie, für alle sichtbar, beinhaltete, fühlte ich mich ausgesprochen unbehaglich. Ich hätte lieber ein Schild vor mir her getragen, auf dem stand, daß ich für diesen Marsch war – aber mit gewissen Vorbehalten. Es wurde deutlich, daß man in dieser politischen Arena entweder pro oder contra war. Das wurde im Laufe der Zeit, als der politische Kampf an Intensität gewann, sogar noch offenkundiger. Es war nicht leicht, die Stufen der Sproul Hall hinaufzusteigen, um einen von der Fakultät unterstützten Aufruf gegen die Einberufung zu unterschreiben, während über einem ein Hubschrauber der Regierung dröhnte, von dem aus das Geschehen vermutlich gefilmt wurde. Meine starken antifaschistischen Überzeugungen hatten sich endlich fokussiert. Um mich zu diesem Akt der Rebellion zu entschließen, war es durchaus förderlich, daß mein guter Freund, Michael Mann – der jüngste der Söhne von Thomas Mann – mich bis morgens um drei Uhr bearbeitete und mit Hilfe einer Flasche Scotch drängte, meine letzten Zweifel über Bord zu werfen.[3]

Obwohl ich im tiefsten Herzen vorsichtig blieb, zwangen mich die Ereignisse, nicht nur als Individuum, sondern auch als Mitglied der Fakultät Entscheidungen zu treffen. Eines Abends im Herbst 1966, als ich mich zu Hause gerade zum Abendessen hinsetzen wollte, kam ein dringender Anruf von der Univerwaltung. Der Campus sei in Aufruhr, die Studenten machten Krawall und würden von der Polizei verfolgt. Die Verwaltung bat mich, in meiner Eigenschaft als Vorsitzenden des Studentenausschusses, zu ihnen auf den Campus der Dwinelle Hall zu kommen. In dieser Nacht ging ich nicht nach Hause.

Es ging um einen Tisch, den das Ausbildungskorps für Reserveoffiziere (ROTC) aufgestellt hatte, um Rekruten anzuwerben, und den die Mehrheit der Studenten nicht auf dem Campus haben wollte. Rektor Roger Heyns befand sich in New York, und zwei seiner Assistenten – beide wurden später in Berkeley ausgezeichnete Wissenschaftler und Administratoren – hatten beschlossen, die Polizei zu rufen. Als ich einen von ihnen, John Searle vom Philosophischen Institut, fragte, was sie damit erreichen wollten, fing er an, im Büro der Dwinelle Hall mit großen Schritten, wie sie für ihn typisch waren, wenn er sich aufregte, auf und ab zu gehen. «Wir müssen die Revolution der Studenten in eine Evolution verwandeln», sagte er. Das schien auf den ersten Blick vernünftig zu sein, aber ich bezweifelte, daß ihre Macht als Administratoren ausreichen würde, um die Dynamik dieses Aufstands in den Griff zu bekommen. Doch ohne mir ganz darüber im klaren zu sein, hatte ich ihnen tatsächlich schon recht gegeben. Für mich lief alles auf die Frage von Gewalt hinaus – denn so sehr ich auch mit dem Zorn der Studenten sympathisierte, war ich doch überzeugt, daß Gewalt von der einen wie der anderen Seite zu nichts führen würde.

Als der Studentenführer, Mario Savio, ein paar Tage später in mein Dienstzimmer kam, um für die Unterstützung durch die Fakultät zu werben, fragte ich ihn, welche Ziele er anstrebe. Er antwortete ehrlich und wie immer, wenn er privat sprach, stammelnd, daß er den Campus in kleine Einheiten aufteilen wolle, um eine menschenfreundliche Gemeinschaft für unser Studium zu schaffen. Was die Fakultät anging, so wollte er eine klare Trennung zwischen den Reaktionären und den Progressiven bzw. zwischen den Konservativen und den Radikalen, wie meine Kollegen vom rechten Flügel es ausdrücken würden. Ich war instinktiv dagegen. Was auch immer die University of California als Institution des Staates repräsentierte – die Gemeinschaft auf dem Campus war doch viel zu fragil, als daß man sie in eine Arena für dialektische Kämpfe hätte verwandeln können. Deshalb verbrachte ich einen Großteil meiner Zeit mit Bemühungen, innerhalb der Fakultät einen Konsens zu erreichen, der die beiden politischen Extreme neutralisieren und mit der Zeit Bedingungen schaffen würde, die weitreichende Reformen im Bildungsbereich begünstigten.

Michael Heyman, der Vorsitzende des Senatsausschusses der Fakultät, war ein Meister in der Formulierung von Texten, in denen politisch divergierende Positionen unter einen Hut gebracht werden sollten. Eine kleine Gruppe von uns schloß sich ihm an, um einen Konsens der Fakultät über eine gemäßigte Position herbeizuführen, in dem sich die Sprache entgegengesetzter Lager widerspiegelte – die der Administration und der konservativen Fakultät einerseits und die der Studenten und deren Unterstützer in der Fakultät andererseits. Als uns am 5. Dezember 1966 ein eindeutiges Abstimmungsergebnis von 795 zu 28 Stimmen bei 143 Enthaltungen auf einer Vollversammlung der Fakultät unterstützte und sich vor der Wheeler Hall Studenten und Polizisten versammelten, beglückwünschte uns ein Journalist aus San Francisco zu unserem «glatten Job». Es war Caspar Weinberger, der später, in der Reagan-Ära, ins Rampenlicht treten sollte. Ich mochte weder das Wort «glatt» noch das Wort «Job» und dachte einen Augenblick daran, Mario Savio anzurufen, um mich bei ihm zu entschuldigen. Hinter der ganzen Wischiwaschi-Sprache, die in den Anträgen der Fakultät enthalten war, stand eine echte und kontroverse Debatte über akademische Strukturen. Gespalten, wie sie war, war die Fakultät zwischen die Fronten geraten und verlor letztlich die Macht, die sie nie wieder zurückgewinnen sollte.

Die Studentenrevolte war damals wirr und hektisch, und alle Parteien verlegten sich aufs politische Improvisieren. Doch einige Mitglieder der Fakultät hatten klare politische Ziele im Hinterkopf. So wurde ich einmal aufgefordert, mich für ein Gespräch mit einem dieser hochpolitischen Kollegen zur Verfügung zu stellen, von dem es gerüchteweise hieß, er sei ein Anhänger Maos. Ich kannte seinen Namen, war ihm aber nie begegnet und wußte nicht, was er von mir wollte. In seinem Dienstzimmer auf dem Campus unterzog er mich fünfzehn Minuten lang mehr oder weniger einem Verhör, ehe er sich schließlich für die Zeit, die er mir gestohlen hatte, bedankte. Ich fragte ihn, was der Zweck dieses Treffens gewesen sei, und er erwiderte, daß er mich bloß habe kennenlernen wollen. Mir gefiel diese Begegnung nicht. Über ihr schwebte eine politische Gewalt, die ihre Legitimität aus keinem offensichtlichen Zusammenhang abzuleiten schien. Seit meiner Kindheit in Deutschland hatte ich eine gewisse Empfindlichkeit gegenüber Persönlichkeiten mit diktatorischen Zügen entwickelt.

Während die Studentenunruhen um sich griffen, begann ich mir über deren Auswirkungen auf die Vereinigten Staaten und Europa Sorgen zu machen. Ich fragte mich, ob die akademische Welt stark genug wäre, um intern mit politischen Konflikten umzugehen, die außerhalb ihrer Grenzen lagen. Als ich einmal zusammen mit Czesław Miłosz, dem polnischen Schriftsteller und späteren Nobelpreisträger für Literatur, im Begriff war, den Campus von Berkeley zu verlassen, stellten wir fest, daß das Sather Gate durch eine Demonstration blockiert war. Als ich etwas daherfaselte über die Funktion solcher Unterbrechungen als Anstoß, die eingefahrenen institutionellen Gleise zu überdenken, sah er mich unter seinen buschigen Augenbrauen hervor an und murmelte mit seinem slawischen Akzent: «Das sind die verwöhnten Kinder der amerikanischen Bourgeoisie.» Das erinnerte mich an den radikalen Studentenführer, der, nachdem er sich dafür stark gemacht hatte, der Universität und der Gesellschaft den Garaus zu machen, die in der großen Aula des Pauley Ballroom versammelten Studenten fragte, ob irgend jemand das «Term paper» gefunden habe, das er in der Bibliothek verlegt habe. Doch unser ernsthaftes Engagement, ein Ende des Krieges in Vietnam zu bewirken, geriet niemals ins Wanken. Ein uns wohlgesonnener liberaler Freund aus dem Lager der Republikanern half, ein Treffen mit dem neugewählten Senator von Oregon, Mark Hatfield, einem erklärten Kriegsgegner, zu arrangieren. Mit Carl Schorske, derzeit Professor an der Princeton University, flog ich nach Washington, D. C., um zu versuchen, Hatfield für unser Anliegen zu gewinnen. Als wir uns dem Senatsgebäude näherten, sagte Schorske zu mir: «Weißt du, um Erfolg zu haben, müssen wir Linken ein gutes Stück schlauer sein als die Leute von der Rechten.» Wir wurden vom Senator freundlich empfangen, gingen aber ohne die Zusage seiner Unterstützung wieder fort. Vielleicht war die Kluft zwischen einem liberalen republikanischen Senator und zwei Professoren aus Berkeley doch zu groß, als daß man sie hätte überbrücken können.

Ein Jahr später organisierten die unterrepräsentierten Minderheiten den «Dritte-Welt-Streik» mit dem Ziel, die Arbeit für das Gemeinwesen und den politischen Aktivismus mit Forschung und Wissenschaft an der Universität zu verbinden, sofern diese für ihre spezifischen Bedürfnisse relevant waren. In ihren Zielen klarer als die «Werte»-orientierte Revolte der aus weißen Studenten bestehenden Mehrheit, forderten die Streikenden aus den Minderheiten ein eigenes College. Ich stellte fest, daß kaum einer der weißen Studentenführer, die in der Vergangenheit hervorgetreten waren, jetzt noch irgendeine bedeutende Rolle spielte. Während des Dritte-Welt-Streiks fingen Chicanos, Afro-Amerikaner und Asiaten an, Bildungsziele zu definieren, zu denen «Community building» und wirtschaftliche Chancen als integraler Bestandteil des Unternehmens Universität gehörten. Ich verspürte große Solidarität mit den Minderheitengruppen, weil es so offenkundig war, daß sie legitime Bedürfnisse hatten, die von der Universität gar nicht berücksichtigt wurden.

Während des Streiks schloß ich mich mit einem im Fach Anglistik graduierten Studenten zusammen, der weitreichende Verbindungen zu Studenten mexikanischer, afroamerikanischer und asiatischer Herkunft hatte. Diese wiederum halfen, zusammen mit ihren Förderern in der Fakultät, den Inhalt einer neuen Lehrveranstaltung auszuarbeiten. Mit meiner Erfahrung als ehemaliger Vorsitzender des Senatsausschusses für Lehrveranstaltungen konnte ich mein Know-how bei der Abfassung von Vorschlägen einbringen, die für die Fakultätsausschüsse akzeptabel waren. Für mich aber war klar, daß die Universität sich höchstens unter Zwang auf die streikenden Studenten zubewegen würde. Die Studentenführer der Minderheiten hatten ein ebenso feines Gespür für Macht und deren Konsequenzen wie für Machtlosigkeit und deren Nachteile. Einer von ihnen sprach sich dafür aus, die Bibliothek anzuzünden. Als er meine entsetzte Reaktion bemerkte, argumentierte er, daß das Abfackeln der Bibliothek für die weiße Mehrheit und die Studenten aus den Minderheiten gleiche Voraussetzungen schaffen würde. Ich hielt seinen in der Hitze des Gefechts geäußerten Kommentar für eine rhetorische Übertreibung. Doch ein paar Wochen später ging die Wheeler Hall tatsächlich in Flammen auf. Die Bibliothek blieb nur deshalb unversehrt, weil die Verwaltung wohl zu ihrem Schutz besondere Maßnahmen ergriffen hatte.

Die Unruhen schienen sich zu einer regelrechten Revolution der Minderheiten auszuwachsen, als die in die Enge gedrängte Administration endlich in bezug auf die Minderheitenprogramme einige Zugeständnisse machte. Hinter den Kulissen gab es Leute, die sich schwer ins Zeug legten – weiße Professoren, die Minderheiten im Süden unterstützt hatten, Führer aus der afro-amerikanischen Gemeinde,

Kirchenvertreter der Chicanos und selbst der republikanische Bürgermeister von Berkeley, Wally Johnson –, um die Dynamik weg von der Gewalt und hin zu erreichbaren akademischen Zielen zu lenken.

Inmitten dieser Turbulenzen gerieten Persönlichkeiten ins Blickfeld, von denen die meisten heute vergessen sind, wie mein graduierter Student der Anglistik namens Sewell, der in den verschiedenen Minderheitengruppen über weitreichende Kontakte verfügte. Er war nicht nur ein Nachkomme jenes Richters Sewell, der während der Hexenjagden in Neuengland so viele Todesurteile verhängt hatte, sondern auch offizieller US-Meister im Frisbeewerfen. Er konnte eine Frisbeescheibe so über die Dächer von zwei Vorstadthäusern werfen, daß sie wie ein Bumerang zu ihm zurückkehrte. Und dann war da der knallharte und brillante afro-amerikanische Studentenführer mit dem unglaubwürdigen Namen «Charlie Brown». Er war ein außerordentlich begabter Redner mit einem scharfen Verstand. Während einer Fakultätssitzung, zu der er eingeladen worden war, reichte er mir einmal eine handschriftliche Notiz. Zu meinem Erstaunen waren seine Handschrift und sein englischer Stil die eines Kindes. Zu einem Zeitpunkt der Revolte ließen er und andere Streikführer mich in das Third World Strike Center am Bancroft Way hinein. Als ich ihn fragte, warum sie das getan hätten, verblüffte mich seine Antwort: Weil ich deutscher Herkunft sei, würden sich meine Vorurteile gegen Juden, und nicht gegen Schwarze richten.

Die Zeit meines politischen Engagements ging mit den Krawallen im People's Park 1969 zu Ende. Ich fand, daß die jetzt zutagetretende Mischung von Blumenkindern und politischen Ideologen, von Drogen und Revolution den Rahmen dessen sprengte, was ich für wichtig erachtete, und Anfang der 1970er Jahre hatte sich die Studentenrevolution dann ohnehin totgelaufen. Ihre überschüssige Energie und utopischen Impulse wurden vom damaligen Gouverneur von Kalifornien, Ronald Reagan, gezügelt. Ich verließ Berkeley für fast drei Jahre, um die Leitung des Studienzentrums der Universität von Kalifornien in Göttingen zu übernehmen, wo die stark politisierte deutsche Studentenrevolution, die in der breiten Bevölkerung erhebliche Unterstützung fand, gerade auf ihrem Höhepunkt angelangt war. Für mich hatte das amerikanische Jahrzehnt des Aufruhrs private Überzeugungen und öffentliches Engagement zusammengeführt. Es sollte sich auch nachhaltig auf meine akademische Laufbahn auswirken.

Nach meiner Rückkehr aus Göttingen beteiligte ich mich am Kampf gegen die orthodoxe Einstellung in den Fremdsprachen-Instituten zugunsten eines interdisziplinären Studiums. Diese für beide Seiten verlustreichen Kämpfe, die auf einen größeren sozialen Kontext keine sichtbaren Auswirkungen hatten, verstärkten meine Skepsis gegenüber der Rolle der traditionellen geisteswissenschaftlichen Fakultäten, die den inneren Zusammenhalt eines bestimmten Studienfachs beweisen wollten, statt die Kulturgeschichte Europas als weitreichende gesellschaftliche und moralische Entwicklung zu interpretieren. Ich sah immer mehr die Lehre, und weniger die Forschung als mein hauptsächliches Betätigungsfeld an. Das hochgeschätzte Geschenk, das mir Berkeley machte, war, daß ich die Möglichkeit hatte, zu unterrichten und dabei einige der gescheitesten Studenten mehrerer Generationen mit ihren jeweils eigenen Fragen und Prioritäten kennenzulernen. Ich fühlte mich besonders zum Unterricht der Studienanfänger berufen, weil die Interaktionen auf dieser Stufe noch nicht so sehr von den Machtverhältnissen verdorben sind, wie sie in den Oberseminaren so offen zutage treten, wo die Studenten bereits um die eigene akademische Laufbahn besorgt sind. Auf der

Ebene des Fortgeschrittenenstudiums verwandte ich den größten Teil meiner Energie auf die Lyrik und epische Dichtung des Mittelalters, um die kulturellen Kodes einer Mentalität zu entschlüsseln, die sich von unserer eigenen unterscheidet. In Lehrveranstaltungen für Studienanfänger und in einem von mir mitverfaßten Buch über die deutsche Kulturgeschichte vom Aufstieg Hitlers bis zu den frühen 1990er Jahren[4] bemühte ich mich zunehmend, den Aufstieg der Nazis innerhalb des größeren Zusammenhangs der deutschen Kulturgeschichte des 20. Jahrhunderts zu begreifen.

Mitten in meiner Karriere wurde ich, ähnlich wie Bernie, von einem Schicksalsschlag getroffen. Muriel, meine Frau, starb am 23. April 1975 an Leukämie. Die ersten Symptome der Krankheit traten erst eine Woche vor ihrem Tod auf. Eine Erkältung entwickelte sich rasch in eine Bronchitis und eine Lungenentzündung, dann fiel meine Frau ins Koma und starb. Ihre unerkannte Krankheit hatte zur Folge, daß Antibiotika wirkungslos blieben. Ich stand unter Schock. Ich erlebte ihren Verlust so, als sei meine Familie einem plötzlichen Ausbruch von Gewalt zum Opfer gefallen. Meine beiden Kinder, die dreizehnjährige Karen und der elfjährige Michael, verloren ihre Mutter. Als sie an dem Morgen, nachdem sie im Krankenhaus gestorben war, aufwachten und ich ihnen die traurige Nachricht mitteilen mußte, glaubte meine Tochter zunächst, das Krankenhaus habe sich einen grausamen Scherz mit uns erlaubt, während mein Sohn einfach auf den Wohnzimmerboden fiel und weinte. Ich wußte, daß ich mich zusammenreißen und die Kinder erziehen mußte, vor allem, nachdem ich ein paar Tage nach dem Tod ihrer Mutter frühmorgens von ihnen geweckt worden war. Verängstigt waren sie an mein Bett gekommen, um sich zu versichern, daß wenigstens ich noch am Leben war. Ich schwor mir, daß sie niemals von der Schule nach Hause kommen würden, ohne von mir begrüßt zu werden. Ich richtete mir meinen Stundenplan an der Universität entsprechend ein. Bernie und ich reden kaum über den merkwürdigen Zufall, daß wir beide unsere Frauen in mittleren Jahren verloren, aber er ist Teil eines tieferen Verständnisses füreinander.

...

Welchen Umständen ist es zu verdanken, daß sich Bernies und mein Weg kreuzten und wir uns gemeinsam auf die Reise in unsere Vergangenheit begeben konnten? Auch wenn unsere Kindheit auf dem Lande viele Parallelen aufwies, war die Kluft, die das Naziregime zwischen uns aufriß, doch gewaltig. Wir kamen von den entgegengesetzten Seiten des Holocaust. Und nach der Niederlage Deutschlands und dem Sieg der Alliierten bewegten wir uns weiterhin in völlig verschiedenen Welten, zunächst im Nachkriegseuropa, und dann auch nach unserer Ankunft in den Vereinigten Staaten. Doch trotz des Ballasts, den wir in Europa zurückgelassen hatten, waren die Werte, an denen wir unser Leben in der Neuen Welt ausrichteten, teilweise von dem geprägt, was wir in der Alten Welt erlebt und gelernt hatten. Bernie, der während der Schreckensjahre der Naziherrschaft als Außenseiter gelitten hatte, machte sich in Amerika selbst zum Insider. Ich dagegen, der ich meine frühen Jahre im Naziregime verbracht hatte und von ihm umgeben und betrogen worden war, fand die Rolle des Außenseiters die einzige moralisch vertretbare, die man danach noch spielen konnte.

Warum also wurden wir Freunde, obwohl alles dagegen sprach, daß dies geschehen würde? Da war natürlich zunächst einmal die Zufallsbegegnung unserer Frauen. Dann erlaubte es die legere, etwas unverbindliche Art unserer

Freundschaft im Frühstadium, daß ein entscheidender Faktor ins Spiel kam: Wir konnten nämlich unser gemeinsames europäisches kulturelles Erbe miteinander teilen – unsere Liebe zur Musik, Kunst, Philosophie und Literatur. Darüber hinaus gab es die Bay Area, diesen großen Schmelztiegel für neue Ideen, Experimente, Risikobereitschaft und kühne Initiativen aller Art – nicht nur für finanziell gewagte, sondern auch für solche mit kreativen und kulturellen Zielen. Wir kamen also zusammen und fragten uns: Warum nicht wir? Und warum nicht in dieser Form? Warum sollten wir nicht erkunden, wie man zwei auseinanderliegende Wege dazu bringt, sich zu kreuzen?

Für Bernie war die Freiheit, die ihm Amerika bot, um so persönlicher, als sie im krassen Gegensatz zu jener totalitären Gewalt stand, die ihn beinahe das Leben gekostet hätte. Dies erklärt seinen seit langem gehegten Glauben an die Vernunft als Schutzschild gegen den Mythos von Kain und Abel. Um sich mit so bemerkenswerter Ungezwungenheit auf unsere Freundschaft einlassen zu können, mußte er von Auschwitz bis zu unserem brüderlichen Abendessen in Kalifornien einen weiten Weg zurücklegen. Ich dagegen lernte, daß die Freiheit mir nicht einfach in den Schoß fiel, sondern etwas war, was ich mir verdienen mußte. Der orthodoxe Jude aus Ungarn und der Hitler-Jugend-Kandidat aus Deutschland waren Amerikaner geworden – diese Tatsache war es, die eine wirkliche Kreuzung unserer Wege möglich machte. In Amerika wurden gemeinsame Arbeit und gemeinsames Spiel endlich zu normalen Alltagserfahrungen – so wie das Essen, das wir gemeinsam genießen konnten, ohne daß die Gespenster der Vergangenheit drohten, sich zu uns an den Tisch zu setzen.

SIEBTES KAPITEL

. . .

Deutschland: Fünfzig Jahre danach

Das Gewebe unsres Lebens besteht aus gemischtem Garn, gut und schlecht durcheinander.

WILLIAM SHAKESPEARE[1]

Schon bald, nachdem wir mit der Niederschrift unserer Lebensgeschichten begonnen hatten, planten Bernie und ich, im Frühjahr 1997 nach Deutschland zu fahren und mit diesem Aufenthalt unsere Reise in die Vergangenheit abzurunden. Wir vereinbarten, daß die erste Station unserer Tour die österreichische Marktgemeinde Mauthausen und der Wald bei Gunskirchen sein sollten, wo Bernie in den letzten Tagen des Zweiten Weltkriegs beinahe umgekommen wäre. Treffpunkt war das Dom Hotel im nahegelegenen Linz. Irgendwie überraschte es mich zu sehen, daß Bernie sich in Österreich mit derselben Selbstsicherheit bewegte wie daheim in Kalifornien. Ich dagegen verspürte eine ungewohnte Befangenheit, weil ich zusammen mit Bernie im deutschsprachigen Europa war.

Am Morgen fuhren wir am Nordufer der Donau entlang durch die friedliche, grüne österreichische Landschaft nach Osten, zum Konzentrationslager Mauthausen, das heute eine Gedenkstätte ist. Es steht auf dem Gipfel eines Hügels hinter der kleinen Stadt – ein kaltes, graues, bedrohlich aussehendes Gefängnis mit massiven Steinmauern. Man betritt es durch ein großes Tor, das am Scheitel seines Bogens eine runde Öffnung aufweist, in der vor mehr als einem halben Jahrhundert ein Hakenkreuz des Dritten Reichs mit dem Adler angebracht war. Sally und ich waren einen Augenblick lang irritiert, als wir am Eingang die Buchstaben «KLM» lasen, wie wenn die niederländische Luftfahrtgesellschaft ausgerechnet hier Reklame machen würde; aber dann erklärte uns Bernie, daß das Kürzel in diesem Fall natürlich für «Konzentrationslager Mauthausen» stand. Er sagte, er habe es lustig gefunden, als er erfuhr, was diese Initialen für den Rest der Welt bedeuteten.

Die Eintrittskasse, an der ein österreichischer Beamter saß, fügt sich sehr gut in die Mauern vor dem Barackengelände. Ich fand es grotesk, daß Bernie für die Besichtigung des Lagers, in dem er beinahe ums Leben gekommen wäre, auch noch bezahlen sollte. Warum war der Besuch dieser Gedenkstätte nicht überhaupt für jedermann gratis? Warum sollte nicht die österreichische Regierung für ihren Unterhalt zahlen? Ich versuchte, Bernie davon zu überzeugen, daß er bereits Jahre zuvor seine Eintrittsgebühr entrichtet habe und daß wir jetzt für ihn um freien Eintritt bitten sollten, aber er wollte davon nichts wissen. Dann bestanden Sally und ich darauf, wenigstens für ihn zahlen zu dürfen. Daraufhin schlug Bernie schmunzelnd vor, daß er und ich die Ermäßigung für Senioren in Anspruch nehmen sollten, und das taten wir auch. Mit zehn Schilling lag der Eintrittspreis unter einem Dollar.

Sobald man sich im Barackenareal von Mauthausen befindet, steht man vor einem großen länglichen asphaltierten Platz, der links von langen parallel verlaufenden Reihen einstöckiger Baracken und auf der rechten Seite von mehreren größeren Gebäuden gesäumt ist. Dieses Terrain, das sich etwa einen halben Kilometer bis zum anderen Ende erstreckt und in der Morgensonne fast leer dalag, erinnerte mich an das Reichsparteitagsgelände der Nazis in Nürnberg. Beide Plätze waren geschaffen, um Menschen leicht hin und her zu dirigieren – oder die Massen zu formen, wie Hitler gesagt hatte.

Bernies Baracke, Block 21, war nicht mehr da, aber andere sind stehengeblieben und können besichtigt werden. Wir betraten eine, und Bernie erläuterte uns einige typische Merkmale: die Gestelle der schmalen Etagenpritschen, auf denen sich je vier Personen eine Ebene teilten, die kaum für eine genug Platz bot, die runden Steinwaschbekken, die zwischen den Schlafquartieren installiert waren, und die Haken, an denen die Kleider aufgehängt wurden. Draußen zeigte er uns die Schornsteine der Lagerküche und des Krematoriums, die nicht weit voneinander entfernt lagen. Viele andere mit Kameras bewaffnete Touristen hatten inzwischen Eintrittskarten gekauft und streiften durch die Baracken, durch die Gedenkstätte und an den Gedenkskulpturen vorbei. Heute ist das Lager mit genau ausgeschilderten, sauberen Toiletten ausgestattet, aber für meinen Geschmack ging es zu weit, daß es auch über ein Café verfügt, um das wir einen Bogen machten. Ich hatte das Gefühl, ich müsse den Fremden um uns herum zurufen, daß hier jemand war, der fünfzig Jahre zuvor Häftling in Mauthausen war. Aber Bernie hätte diese Art von Aufhebens nicht gefallen. Er war mit seiner eigenen Suche beschäftigt.

Vor einer Vitrine, in der ein ganzer Haufen von Erkennungsarmreifen ausgestellt war – einige sehr plumpe hatten die Nazis ausgegeben, und andere, kunstvollere, hatten die Häftlinge selbst angefertigt –, bemerkte ich, daß Bernie an dem Brillenetui herumnestelte, das während des größten Teils unserer Reise in einer seitlich an seinem Gürtel befestigten Tasche steckte. Er zog seine Lesebrille hervor, um die ausgestellten Erkennungszeichen besser studieren zu können. Jetzt starrte er konzentriert auf den Inhalt des Schaukastens. Auf einen irrwitzigen Zufall hoffend, versuchte er, seinen verlorengegangenen Armreif mit der eingravierten Nummer 103.705 ausfindig zu machen, den ihm der Silberschmied-Häftling angefertigt hatte – aber vergebens.

Wir gingen weiter zur Lagerküche, in der er mehrere Wochen lang gearbeitet hatte. Dann führte er uns über den Platz, wo bei jeglichem Wetter, auch an den kältesten Wintertagen, der gefürchtete Morgenappell stattfand. Wir fragten Bernie, was die Gefangenen den ganzen Tag über machten, wenn sie nicht in der Küche oder im Steinbruch arbeiteten. Er sagte: «Nichts. Wir sind nur herumgelaufen.» Mir wurde klar, daß dies im Widerspruch stand zu seiner Beschreibung der Tage in Auschwitz-Birkenau. Ich hatte einmal die Traurigkeit, in die er nach Betsys Tod versunken war, mit der Depression verglichen, in die er in Auschwitz verfallen sein mußte, aber er protestierte gegen die Verwendung des Begriffs «Depression». Während er nach dem Tod seiner Frau tatsächlich in eine Depression verfiel, erlebte er in Auschwitz eine fast völlige Gefühlsleere, weil es keine Zeit zum Nachdenken gab. Seine Tage dort vergingen damit, daß er sich «duckte, durchschlängelte und ständig auf der Hut war, um am Leben zu bleiben.»

Im Vortragsraum neben der Gedenkstätte sahen wir uns einen anschaulichen, ins Detail gehenden Film über die Geschichte des Lagers und seiner Greuel an: wie zum Beispiel Gefangene ausgezogen, an eine Mauer vor den Baracken gekettet und mit kaltem Wasser abgespritzt wurden, bevor man sie im Winter über Nacht erfrieren ließ. Ihre Körper waren am nächsten Morgen steif gefroren und mit Eis überzogen. Dokumentarisch belegt wird in dem Film auch eines der Graffiti, die an die Wand einer Isolierzelle gekritzelt waren: «Wenn es einen Gott gibt, müßte er mich um

Verzeihung bitten.» Nach dem Film gingen wir langsam zum unweit der Baracken gelegenen Steinbruch. Unterwegs erwähnte Bernie, wie sehr er es haßte, in Mauthausen zu duschen. Einmal pro Woche wurden die Häftlinge zu den Duschen in ein anderes Gebäude getrieben – nackt, ungeachtet der Kälte, die draußen herrschte. Das Wasser war meistens kalt, aber hin und wieder auch lauwarm. Er zeigte uns eine kleine Narbe auf seiner rechten Hand, die, wie er sich ausdrückte, von einer «Kältewunde» stammte, die nicht zuheilen wollte, solange er in Mauthausen war. Er hatte vermieden, damit zum Lagerarzt zu gehen aus Angst, er würde dann in den Häftlings-Krankenbau geschickt, aus dem viele nie mehr zurückkehrten.

Bernie schwärmte von dem angenehmen Frühlingswetter und der Schönheit der idyllischen Landschaft, die wir außerhalb der Mauern des Konzentrationslagers ringsum sehen konnten. Als Lagerhäftling war er immer beeindruckt gewesen von dem unglaublichen Gegensatz zwischen der malerischen Landschaft draußen und dem entsetzlichen Leiden drinnen. Während wir uns auf einem groben Kopfsteinpflaster den Steinbruchstufen näherten, warnte Bernie Sally und mich davor zu stolpern. Ich erinnerte mich an seinen Bericht über den Tag, an dem er für die Arbeit in dieser sadistischen Hölle eingeteilt worden war.

Als wir den Steinbruch erreichten, erschienen uns allein schon die Steinfelsen ringsum hoffnungslos hoch. Wir wußten aus dem Film, daß einige Häftlinge Selbstmord begangen hatten, indem sie von den Felsen sprangen, um entweder gegen die Wände geschmettert zu werden oder in den Tümpeln unten zu ertrinken. Andere wurden von den Wachen umgebracht, die die Häftlinge zwangen, sich gegenseitig hinunterzustoßen. An diesem schwülen Spätfrühlingstag war es ein unheimlicher Ort – bräunliche Tümpel, rötliche Felsen, üppige Vegetation. Wir waren bis jetzt die einzigen Touristen, die die Stufen hinuntergestiegen waren. Im Gegensatz zu dem Lager auf dem Plateau war dies kein häßlicher Ort. Aber hier möchte man sich nicht sehr lange aufhalten, aus Angst, die Wände des Steinbruchs könnten einem auf den Leib rücken. Ich überlegte, welches Echo von den Felsen zurückgeworfen würde, wenn jemand hier zu schreien anfinge. Während wir wieder auf die Stufen zugingen, um aus dem Steinbruch herauszuklettern, bestätigte Bernie, was vorher schon im Film gesagt worden war – daß es nämlich während des Kriegs eine andere Anzahl von Stufen gab, denn man hatte sie absichtlich unterschiedlich hoch gebaut, um die Arbeit des Steineschleppens noch anstrengender zu machen. Er erinnerte sich, daß sie auch schmaler waren, so daß ein Häftling, der hinunterfiel, zwangsläufig andere mit sich riß. Diese Grausamkeit war von vornherein Teil des Vernichtungsprogramms gewesen.

Langsam stiegen Bernie und ich nebeneinander die sichereren, neugebauten Stufen hinauf und zählten schweigend mit. Wir verfielen in einen Gleichschritt, als wollten wir unser eigenes stummes Gedenkritual erfinden. Als wir oben anlangten und er ausrief: «He, wir haben's geschafft!», mußten wir beide lachen. Und jeder von uns hatte 186 Stufen gezählt. Als wir das Lagergelände verließen, war es so, als hätten wir eine unsichtbare Grenze zwischen der Vergangenheit und der Gegenwart, zwischen dem Lager und der lieblichen österreichischen Hügellandschaft, überschritten. Die Geschichte hat diesen Ort des Grauens für immer gezeichnet, obwohl es heute keine Übergangszone zwischen Innen und Außen mehr gibt.

Wir fuhren weiter an der Donau entlang nach Osten, an dem freundlichen Dorfkern von Mauthausen vorbei. Wir alle hatten das Bedürfnis, uns irgendwie durch eine witzige Bemerkung zu erleichtern, um die Bedrückung durch den Ort des Grauens abzuschütteln, den wir soeben verlassen hatten. Ich bemerkte scherzhaft, daß Bernie während seines Aufenthalts in Mauthausen offensichtlich auf der «falschen Seite» gelebt hatte. Hätte er nur in «Unter-Mauthausen» statt in «Ober-Mauthausen» gewohnt, dann hätte er die Schokoladenseite erwischt. Es amüsierte und entsetzte uns zugleich, als wir am Ortsrand die auffallenden goldenen Bögen eines McDonald's Restaurants bemerkten, und Bernie bat, kurz anzuhalten, damit er das Schild «McDonald's Mauthausen» photographieren konnte. Und wir nahmen ihn unsererseits auf, während er dieses Bild knipste.

Am Nachmittag fuhren wir mit unserem Auto den Weg des Todesmarsches zwischen Mauthausen und dem Dorf Gunskirchen nach, den Weg jenes vier Tage dauernden Marsches, auf dem die Hälfte der KZ-Häftlinge umkam. Wir wußten, daß man diejenigen, die hinfielen oder zurückblieben, hingerichtet hatte. Jetzt erzählte uns Bernie, daß er, wie die meisten anderen auf dem Treck, sich nicht umgedreht hatte, um den Hinrichtungen zuzusehen, aber sie alle hätten die Schüsse gehört. Wenn ein Familienmitglied oder ein Kumpel bei jemandem blieb, der zu Boden gefallen war, hätten sie zwei Schüsse gehört.

Jetzt fuhren wir auf gut gepflasterten Straßen an Wels vorbei; das war einer der Orte, an denen die KZ-Häftlinge auf ihrem Weg zu ihrem Endziel im Kiefernwald von Gunskirchen vorüberzogen. Wels mit seinen mit bunten Fahnen geschmückten Abstellplätzen für Gebrauchtwagen ist inzwischen so groß, daß es mit Gunskirchen zusammengewachsen ist. Wir machten an der Kirche Halt, die immer noch im Zentrum von Gunskirchen steht, gegenüber der Boutique «Hänsel und Gretel», in deren Schaufenstern Brautkleider ausgestellt sind. Von dort fuhren wir aus dem Zentrum hinaus und über die Hauptstraße, um in den Kiefernwald zu gelangen, in dem sich nach Bernies Erinnerung das Lager befunden hatte.

Der Wald war von kleinen Wegen und unbefestigten, teilweise mit Gras überwucherten Sträßchen durchzogen. Hin und wieder erlaubten eine Lichtung, übersät mit alten verrottenden Baumstämmen, und eine Ansammlung neugepflanzter Bäume einen Blick in die dichteren Teile des Waldes. Wir stellten das Auto ab und setzten unsere Suche zu Fuß fort, um nach verräterischen Zeichen Ausschau zu halten, die vielleicht noch von der Tragödie übriggeblieben waren, die sich vor über einem halben Jahrhundert in den letzten Kriegswochen hier abgespielt hatte. Aber nichts war übrig von dem Behelfslager aus vorgefertigten Baracken. Vielleicht konnten wir aber auch den genauen Standort einfach nicht finden. (Vor kurzem trafen wir einen tschechischen Überlebenden des Todesmarsches, der uns mitteilte, daß in der Nähe der Stelle ein kleines Denkmal errichtet worden sei; aber wir haben es nicht entdeckt.) Keine Stimmen aus der Vergangenheit hallten zwischen den Bäumen wider – die des verzweifelten Vaters, der starb, nachdem er die kärglichen Essensrationen seines Sohnes verschlungen hatte, der alten Frau, die ihr letztes Krümelchen mit einem Jugendlichen teilte, der Leichen, die über andere Leichen geschichtet waren, der SS-Wachen, die den übriggebliebenen Opfern Arsen verabreichten –, alles war verschwunden. Es gab keine Spuren mehr. Wir hörten nur den Wind in den Bäumen. Diese Abwesenheit, dieses Nichts bestärkte uns in unserer Entschlossenheit, etwas zu finden, irgend etwas, was uns erlauben würde, die Vergangenheit mit der Gegenwart zu verbinden. Wir gingen also, sorgfältig auf unseren Weg achtend, zurück und fuhren tiefer in den Wald hinein, bis sich die Straße verengte und sich fast im Unterholz verlor, wo die Zweige so sehr gegen die Seiten unseres Autos streiften, daß wir befürchteten, vollends steckenzubleiben oder zumindest den Lack zu zerkratzen. Sally steuerte den Wagen, während Bernie und ich die stärksten

Zweige vom Auto wegbogen; langsam fuhren wir rückwärts aus unserer Falle heraus. Bernie lachte: «Na, jetzt haben wir auch diesen Schlamassel hinter uns gebracht.» Es war schon spät am Tag, und wir beschlossen, nach Linz zurückzufahren. Dieser Wald, der für Bernie mit Grauen erfüllt war, gab nichts mehr preis – ein Anlaß mehr, unsere Lebensgeschichten zu erzählen.

Nach Linz zurückgekehrt, schlenderten wir an diesem Abend auf der Suche nach einem Restaurant durch das Stadtzentrum und blieben da und dort stehen, um die ausgehängte Speisekarte zu studieren. Einmal traten wir in einen Innenhof mit einem Restaurant im Freien, wo ein Jugendorchester die speisenden Gäste unterhielt. Als es einen Wiener Walzer beendete, tauchte von irgendwoher ein junger, athletisch gebauter Mann von etwa zwanzig Jahren auf, der ein Sweatshirt und Joggingschuhe trug. Er pflanzte sich vor der Kapelle auf, hob seinen Arm zum Nazigruß und bellte mit militärischer Zackigkeit: «Im Namen des Führers!» Die Menge verstummte. Nach diesem verbalen Angriff spazierte der junge Schlägertyp mit einem feindseligen Grinsen auf dem Gesicht aufreizend von Tisch zu Tisch. Niemand rührte sich, nur ein älterer, korpulenter Mann, der neben mir stand, murmelte: «Schwein!» Wir verließen den Schauplatz dieses verstörenden Auftritts, um uns einen anderen Ort zum Essen zu suchen. Im Geiste stellte ich diesen Neonazi-Schläger einem jungen Mann aus seiner Generation gegenüber, dem Sally und ich auf unserem Weg nach Linz, kurz bevor wir Bernie trafen, begegnet waren: Es war ein Vater auf Rollerblades, die Stöpsel eines Walkmans in den Ohren, einen Rucksack voller Lebensmittel auf dem Rücken, der auf dem Gehsteig einen Sportwagen mit seinem kleinen Kind vor sich her schob. Er war freundlich und neugierig und erklärte uns beiden Fremden gern den Weg – etwas außerhalb der Stadt Dachau.

Unsere Reise nach Österreich und Deutschland, die eine Woche dauern sollte, hatten wir sorgfältig geplant. Es war Bernies erste Reise nach Deutschland. Auf seinen anderen Auslandsreisen war er nie in Deutschland gewesen, höchstens als Transitpassagier auf dem Frankfurter Flughafen. Aber seit ich in seinem Dorf Tab in Südungarn gewesen war, hatten wir vereinbart, daß er auch mein Heimatdorf Kleinheubach am Main besichtigen sollte. Und da die Mauer, die Deutschland und Europa in zwei Teile geteilt hatte, zusammengebrochen und Deutschland wiedervereinigt war, waren wir alle gespannt, einen Blick auf Berlin, seine Zukunft und seine Vergangenheit, zu werfen. Es wurde uns klar, daß mit Berlin als Deutschlands neuer Hauptstadt die Sorge, die Thomas Mann nach dem Zweiten Weltkrieg geäußert hatte, allmählich eine neue Bedeutung annimmt – nämlich, ob die Zukunft von einem europäischen Deutschland oder einem deutschen Europa gestaltet werden wird.

Als wir die deutsche Grenze passierten, fragte ich mich, was Bernie wohl empfinden mochte. Wir unterhielten uns über die gegenwärtige amerikanische Politik, und er schien in unser Gespräch vertiefter zu sein als ich. Wir waren froh, auf der rechten Spur zu bleiben und schlossen uns dem Rasen der anderen Wagen auf der Autobahn in Richtung Kleinheubach an. Wir fuhren an Nürnberg vorbei, mit seinem alten Naziparteitagsgelände und seinem früheren Gericht, in dem die Hauptverbrecher der Nazizeit nach dem Krieg verurteilt wurden. Für Bernie klang der Name Nürnberg bedrohlich, aber ich habe die Stadt immer gemocht. Für ihn war es die Stadt der Schauergeschichten aus der Zeit vor dem Nationalsozialismus; für mich war es die große Stadt meiner Jugend, in der meine Lieblingscousine wohnte.

Obwohl sich seine Bevölkerung seit dem Zweiten Weltkrieg auf über dreitausend Einwohner verdoppelt hat, ist das Dorf meiner Kindheit noch nicht auf Touristen eingerichtet, auch wenn es inzwischen über ein nobles Tagungshotel verfügt. Darum übernachteten wir in einem im nahen Spessart gelegenen idyllischen Urlaubshotel, der Paradeismühle. Ich überlegte hin und her, ob ich Bernie gegenüber erwähnen sollte, daß diese mit Kiefern- und Buchenwäldern bedeckten Hügel im mittelalterlichen Heldenepos *Nibelungenlied* vorkommen. Demzufolge soll der perfide Hagen dem germanischen Sagenhelden Siegfried den Speer in den Rücken gestoßen haben, was die Grundlage für die «Dolchstoßlegende» lieferte, die in der nationalsozialistischen Ideologie in bezug auf das Dritte Reich und seine «feigen» Feinde eine so wichtige Rolle spielte. Unser friedlicher Aufenthaltsort für zwei Nächte, der im Wald eingebettet lag, war mit sechs Flaggen europäischer Nachbarländer geschmückt und hatte nun wirklich nichts mit irgendwelchen germanischen Mythen gemein. Und schließlich wer – außer Fachleuten für deutsche mittelalterliche Literatur oder die Musik Richard Wagners – kümmert sich heute noch um diese Assoziationen, die mir im Kopf herumspukten? Vielleicht hätte ich sie trotzdem erwähnen sollen, aber ich hatte das Gefühl, es wäre eine zu vergangenheitslastige Einführung in das Deutschland der Gegenwart.

Im Gegensatz zu unserem gemächlichen Spaziergang durch Tab ein paar Jahre zuvor, zeigte ich Bernie mein Dorf erst einmal vom Auto aus und hielt kurz an der Dorfschmiede, am Haus meiner Großmutter, am Englischen Garten des am Main gelegenen Barockschlosses, an den Dorfmauern und an der ockerfarbenen protestantischen Kirche an, in der ich mich in meiner Jugend beim sonntäglichen Gottesdienst durch so manche langatmige Predigt gequält hatte. Die Kanzel war immer noch mit derselben goldverzierten weißen Pelikanmutter geschmückt, die sich die Brust aufreißt, um ihre Jungen mit ihrem eigenen Blut zu ernähren. Nichts hatte sich in dieser Kirche seit meiner Kindheit verändert. Eine Steintafel an der Wand nennt immer noch die Namen der Dorfbewohner, die im Ersten Weltkrieg gefallen sind. Es gibt keine Steintafel für diejenigen, die im Zweiten Weltkrieg umkamen. Die im Spätmittelalter errichtete und noch nie zerstörte Kirche steht auf ebenem Gelände. Die Glocken wurden zwar während des Zweiten Weltkriegs entfernt, weil sie zu Kanonen umgegossen werden sollten, aber dazu kam es nicht mehr. Nach dem Krieg kehrten sie unversehrt in den Glockenturm zurück. Unweit der protestantischen Kirche, nahe dem Fluß, zeigte ich Bernie die aus mehreren Jahrhunderten stammenden Markierungen der verschiedenen Hochwasserstände des Mains.

Ich konnte Bernie mit zahlreichen Orten bekanntmachen, an denen sich mein frühes Leben, das Leben meiner Familie und ihrer Freunde und Bekannten abgespielt hatte – greifbare Belege einer menschlichen Geographie, die sich, trotz der Umwälzungen des 20. Jahrhunderts, bis zum heutigen Tag fortsetzt. Im Gegensatz dazu hatte uns Bernie während unseres Besuchs in Tab nur ein paar Schauplätze seiner Vergangenheit zeigen können, wobei er auf verschlossene Türen, abgerissene Häuser und die zerbröckelnden Stufen stieß, die nicht mehr zu jener Synagoge führten, in der er geweint und gebetet hatte. Nur der Bahnhof und die Grabinschriften auf dem grasüberwucherten Friedhof lieferten reale Brücken zu all dem, was er 1944 hatte zurücklassen müssen.

Der Neffe meiner Stiefmutter Zink, Manfred Zink, hatte für uns ein Treffen mit dem früheren und mit dem amtierenden Bürgermeister von Kleinheubach im Rathaus arrangiert. Erst im Jahr davor, 1996, hatte der Altbürgermeister, Bernhard Holl, *Die Geschichte der jüdischen Gemeinde zu Kleinheubach* in zwei Teilen veröffentlicht, die die Zeit von

1677 bis 1942 umfaßt und die mir in diesen Erinnerungen in bezug auf historisches Hintergrundmaterial als Quelle diente. Zusammen mit dem gegenwärtigen Bürgermeister, Kurt Schüssler, besichtigten wir das Rathaus, und wir trafen auch einige seiner Amtskollegen.

Beide Bürgermeister begleiteten uns auf einem Rundgang durch das Dorf und zeigten uns in der Judengasse die wiederhergestellte Fassade der Synagoge, die in der Reichspogromnacht von 1938 zerstört worden war. Herr Holl versorgte uns mit einigen Hintergrundinformationen. Nach der Pogromnacht hatte der fanatische Ortsgruppenleiter seinen Vorgesetzten in Miltenberg die Zerstörung der Synagoge als Tat der «kochenden Volksseele» gemeldet. Dann, 1940, kaufte das Dorf das, was von der Synagoge noch übrig war, für 600 Reichsmark und benutzte es als Lager für die Feuerwehrausrüstung und einen Leichenwagen.[2] Obwohl das Gebäude später in Privatbesitz überging, wurde es schließlich zum historischen Denkmal erklärt, und unter Verwendung öffentlicher Gelder wurden das Dach und die Fassade wieder so hergerichtet, wie sie vor der Reichspogromnacht ausgesehen hatten. Die auf hebräisch geschriebene Inschrift über dem Tor lautet nun: «Das ist das Tor zu Gott ... Die Gerechten sollen hereinkommen.»

Von der Synagoge gingen wir zur wiederaufgebauten *Mikwe* (Badehaus), die die Kleinheubacher Juden für ihre Reinigungsrituale benutzt hatten. Das Badehaus war praktischerweise neben dem Bach gebaut worden, der von den nahegelegenen Bergen herunterkam und dann am Rand des Dorfes entlang und in den Main floß. Als eine der sehr wenigen noch bestehenden *Mikwen* in Bayern wurde dieses unter Denkmalschutz gestellte Gebäude ebenfalls mit öffentlichen Geldern restauriert. Es wurde am 9. November 1992 im Rahmen einer Gedenkfeier zur Reichspogromnacht eingeweiht und erinnert an die jüdischen Opfer der

Gewaltherrschaft der Nazis. Ein Gedenkstein aus rotem Sandstein trägt den Davidstern und eine deutsche Inschrift: «Den Opfern des Nationalsozialismus und aller Gewaltherrschaft». Wir besuchten auch das alte Schulhaus der einstmals blühenden jüdischen Gemeinde und stellten fest, daß man dieses Haus ebenfalls restauriert hatte. Dann fuhren wir hinauf zum jüdischen Friedhof, in dem 485 Juden ihre letzte Ruhestätte gefunden haben und der von den Jahrhunderten jüdischen Lebens im Maintal zeugt.

Bernie und sein deutscher Namensvetter, Altbürgermeister Bernhard Holl, gingen die Gräberreihen entlang. Ungefähr 186 Grabsteine stehen noch aufrecht; die übrigen sind entweder in einem schlechten Zustand oder bereits im Boden versunken oder für neue Grabplatten verwendet worden. Auf der Rückseite der aufrecht stehenden Steine finden sich Inschriften auf deutsch, während auf der Vorderseite Namen und Lebensdaten auf hebräisch stehen, die Bernie für Herrn Holl entzifferte. Herr Holl zeigte uns das Grab des letzten jüdischen Einwohners von Kleinheubach, Julius Sichel, der auf diesem Waldfriedhof beerdigt wurde. Er war am 10. Oktober 1941 gestorben.

Es war klar, daß der Altbürgermeister, der sich bei unserer Ankunft als ein «deutscher Patriot» vorstellte, die Juden, die im Dorf gelebt hatten, als integralen Bestandteil seines eigenen lokalen Erbes und als Quelle des Stolzes ansah. Was er uns nicht erzählte, war, daß es einen Streit darüber gegeben hatte, wohin der rote Sandstein zu setzen sei, der an die Opfer des Nationalsozialismus erinnert. Wie ich später herausfand, hatten einige Dorfbewohner gemeint, er solle auf dem Hauptplatz des Dorfes aufgestellt werden, andere waren der Ansicht gewesen, sein Platz sei bei der *Mikwe*. Als er dann schließlich bei der *Mikwe* enthüllt wurde, waren Polizisten anwesend, um jede mögliche Störung durch Neonazis zu unterbinden. Obwohl es bis dahin nicht zu Ausschreitungen gekommen war, vertraute Herr Holl uns an, daß er dort und im jüdischen Friedhof Angst vor Schändungen habe. Sollte es dazu kommen, würde ein solcher Vorfall den Namen von Kleinheubach, auf den er so stolz ist, in Zeitungsberichten «von Kiel bis Konstanz», wie er sich ausdrückte, besudeln. Er machte sich sogar über die Tatsache Sorgen, daß einige Grabsteine im Laufe der Zeit eingesunken waren und schief standen. Sollten sie eines Tages von selbst umkippen, könnte das mit Schändung verwechselt werden. Wir begriffen, wie schwer es für einen Bürger guten Willens von der Art eines Bernhard Holl ist, ein deutscher Patriot zu sein.

Mit etwa fünfzig Jahren und seinem rötlichen Kraushaar gehört Kurt Schüssler, der amtierende Bürgermeister von Kleinheubach, einer anderen Generation von Deutschen an als sein Vorgänger. Herr Schüssler äußerte seinen Respekt vor Bernhard Holls intensiver Beziehung zur Geschichte des Dorfes, war aber in erster Linie mit Problemen der Gegenwart befaßt. Er sprach mit uns über die Verwaltungsstruktur eines heutigen deutschen Gemeinwesens auf lokaler und regionaler Ebene im Rahmen der modernen demokratischen Organe, die Deutschland nach dem Zweiten Weltkrieg geschaffen hat. Er konzentrierte sich eindeutig darauf, praktische Lösungen für die Sorgen des kleinen Mannes zu finden. Bernie war von Herrn Schüsslers Darlegungen sehr angetan und stellte mit seiner üblichen juristischen Genauigkeit eine Unmenge von Fragen über die Handlungsebenen der kommunalen Selbstverwaltung, die uns übrigen zum passiven Zuhören verurteilte. Bernie war, wie es für sein Interesse am Hier und Jetzt typisch ist, an dieser Information über die heutige Infrastruktur des Dorfes genauso interessiert wie an der bewegenden Art und Weise, wie der Ort seiner untergegangenen jüdischen Gemeinde gedenkt. Als Bernie ihn nach der Kette der Anordnungen von der Bundesebene hinunter zur Gemeindeebene fragte, erwiderte Schüssler schlicht und einfach: «Ich bin der Boß hier.» Und er meinte damit, daß er nicht da sei, um einfach nur Befehle von oben entgegenzunehmen. Mit seinem offenkundigen Sachverstand und seinem ruhigen Selbstvertrauen war er ein gutes Beispiel für eine «Basis-Demokratie» in einem Land, in dem die Macht dezentralisiert worden ist. Dies war für Bernies Einschätzung der Deutschen genauso wichtig wie jedes Engagement, das sie für das frühere jüdische Leben im Dorf an den Tag legen mochten. Hier konnte er zu seiner Beruhigung feststellen, daß die Chancen für ein Wiederaufleben des Nationalsozialismus in großem Maßstab gering sind.

Wir beendeten den Tag mit einem ausgiebigen Mahl im Gasthaus zur schönen Aussicht, jenem Lokal, in dem die Dorfbewohner direkt nach dem Krieg über eine Abspaltung von Deutschland diskutiert hatten. Zwischen den beiden Bürgermeistern sitzend, versuchte Bernie beherzt, während des stundenlangen Essens und Trinkens der Unterhaltung zu folgen, die manchmal in den örtlichen Dialekt verfiel. Es war seine erste gesellige Zusammenkunft in Deutschland, und sein Deutsch konnte, obwohl es durchaus passabel ist, nicht immer mit dem raschen Tempo der Unterhaltung Schritt halten. Sally und ich übersetzten so viel, wie wir konnten, und er sprach mit jedem Glas Bier fließender Deutsch.

Im Laufe des Abends zeigte mir der Wirt des Lokals, der wußte, daß ich 1936 in die Schule gekommen war, ein Klassenphoto, das 1937 vor der Volksschule aufgenommen wurde und auf dem ich in der vorderen Reihe auf dem Boden sitze. An viele Kinder erinnerte ich mich noch dem Namen nach oder wußte zumindest, wo sie im Dorf gewohnt hatten. Ich reichte das Bild über den Tisch zu Bernie hinüber und dachte an seine traurige Erforschung des Vitrineninhalts in Mauthausen, wo er auf den ausgestellten Erkennungsreifen vergebens nach seiner Nummer gesucht hatte. Es war natürlich nicht fair, daß ich dieses Photo aus meiner Jugendzeit an diesem mir vertrauten Ort anderen vorführen konnte, während er in Tab nichts Vergleichbares aus seiner Kindheit vorzuweisen hatte. Wir reichten das vergilbte Photo am Tisch herum, und die Leute erzählten, wie es diesem oder jenem ergangen war, aber bald wurde es beiseite gelegt, weil man zu anderen Themen überging. Nach mehreren Stunden löste sich unsere fröhliche Runde mit herzlichen Abschiedswünschen auf.

Auf der Rückfahrt zu unserem Urlaubshotel im Wald wunderte sich Bernie über das Maß an Kontinuität, das es in meinem Leben gab. Meine erste Reaktion war, dies in Abrede zu stellen. Ich war schließlich als Achtzehnjähriger ausgewandert, um an einer amerikanischen Universität und in einem Stadtmilieu voranzukommen, das in nichts jener ländlichen Welt ähnelte, der ich den Rücken gekehrt hatte. Aber Bernie konterte, daß das alles nur eine Frage der Relation und der Perspektive sei. Sein Leben war von grundlegenden Brüchen charakterisiert, und als er das in diesem Zusammenhang erwähnte, begriff ich, daß ich mich niemals so vollständig neu erfinden mußte, wie er es zu tun gezwungen war – von einem Jungen in Tab zu einem Waisenkind in den Todeslagern, zu einem Halbwüchsigen in italienischen Flüchtlingslagern und schließlich zu einem Adoptivsohn einer der reichsten Familien Amerikas. Als wir ihm vor seiner Zimmertür eine gute Nacht wünschten, war ich wie vom Donner gerührt, als er mir direkt in die Augen sah und sagte: «Weißt du, dieser Eintrag der SS in Mauthausen über meine Ankunft am 20. September 1944 ist der einzige schriftliche Nachweis, den ich über mein frühes Leben habe.»

Später, als ich über seine Bemerkung nachdachte, wurde

mir klar, wie einfach es für mich gewesen war, ein Treffen mit meinem Freund aus Kindertagen, Ludwig Bohn, zu vereinbaren, der zufällig das Haus seiner Eltern besuchte, als ich mich ebenfalls zufällig in Kleinheubach aufhielt – im Gegensatz zu den Schwierigkeiten, die Bernie während seiner Israelreise hatte, als er Simcha ausfindig machen wollte. Ganz am Anfang unserer Erinnerungsarbeit hatte Bernie in der ersten Fassung seines Wiedersehens mit Simcha nur die Begegnung selbst geschildert. Später kam im Zusammenhang mit Simcha noch eine andere Geschichte zutage, nämlich die von den Hindernissen, die Bernie zu überwinden hatte, ehe er imstande war, nach fast fünfzig Jahren den Aufenthaltsort seines Freundes in Israel zu ermitteln. Die Spur, die zu Simcha zurückführte, hatte sich verloren. Die jüdischen Einrichtungen, die er in den Vereinigten Staaten kontaktierte, konnten ihm nicht weiterhelfen. In Israel konsultierte er die Datenbank in Yad Vashem, der Gedenkstätte für die Erforschung und Dokumentation des Holocaust in Jerusalem, stieß aber auf keine konkreten Anhaltspunkte. Er fand einen mündlichen Bericht über die Geschichte des Lagers für jüdische überlebende Kinder in Selvino, in das er und Simcha nach dem Krieg gebracht worden waren. Bernie erkannte in diesem Bericht zwar einige der Namen wieder, doch Simcha Katz war nicht unter ihnen. Zufällig brachte während seines kurzen Aufenthalts das israelische Fernsehen einen Dokumentarfilm über Selvino. Eine Kustodin der Gedenkstätte, die Bernie traf, war von diesem Dokumentarfilm und dem amerikanischen Besucher, der versuchte, seinen alten Freund aus Mauthausen und Selvino ausfindig zu machen, so gerührt, daß sie versprach, alles zu tun, was in ihrer Macht stand, um das Wiedersehen der beiden zu ermöglichen. Der Kustodin gelang es, die Witwe von Moshe Z'iri, dem jüdischen Leiter des italienischen Kinderlagers, aufzuspüren. Z'iris Witwe durchsuchte das Archiv der Selvino-Gruppe, das Z'iri inoffiziell angelegt hatte, und konnte Simchas Wohnort, eine kleine Gemeinde in der Nähe von Tel Aviv, ermitteln. So wurde das Treffen arrangiert. Hätte es den Dokumentarfilm und diese resolute Angestellte der Gedenkstätte nicht gegeben, wäre der Kontakt der beiden ehemaligen Freunde aus dem Konzentrationslager nicht zustande gekommen.

. . .

Als wir Kleinheubach verließen, sagte Bernie, er sei tief beeindruckt von dem, was in dieser Ecke Deutschlands getan worden sei, um an die Vergangenheit und an die ehemaligen jüdischen Bewohner des Dorfes zu erinnern. Bernhard Holl hatte uns beiden sein kurz zuvor erschienenes Buch über die Geschichte der jüdischen Gemeinde von Kleinheubach geschenkt. Diese lokale Geschichte, mit der Restaurierung der Synagoge, der *Mikwe* und des Schulhauses, stand in krassem Gegensatz zu Tab, wo es, bis auf den verlassenen Friedhof, keine Spur von den Hunderten jüdischer Familien gibt, die über viele Generationen dort gelebt hatten. Bernie bemerkte mit unverhüllter Ironie, ihm sei bei seinen früheren Nachkriegsbesuchen in Tab aufgefallen, daß man der christlichen Bürger, die im Zweiten Weltkrieg gefallen waren, ebenfalls nicht gedacht hatte. Doch seit 1990 und dem Fall des Kommunismus in Ungarn habe sich das geändert, und nun stehe ein großartiges Denkmal mitten im Ort, das die gefallenen «Helden» dieses Krieges ehrt. Was die Juden anbelangt, so ist es dort immer noch so, als habe es sie nie gegeben. Bernie kam während unserer Reise viele Male auf dieses Thema zurück. Welch großes Interesse Deutschland am Holocaust zeigte, rührte ihn, aber er meinte auch, daß es jetzt, fünfzig Jahre nach Kriegsende und mit einer neuen Generation in der Verantwortung, an der Zeit sei, die Vergangenheit zwar nicht zu vergessen, aber den Blick nach vorne zu richten.

Die erste Nacht, die Bernie im Haus einer deutschen Familie verbrachte, war alles andere als eine Routinesache. Wir waren zum Abendessen und als Übernachtungsgäste 50 Kilometer mainaufwärts bei Alfred-Ernst, Fürst zu Löwenstein-Wertheim-Freudenberg und seiner Gemahlin, Fürstin Ruth-Erika, einer Tochter der preußischen Junkerfamilie von Buggenhagen, eingeladen. Unser Gastgeber war zufällig ein Sproß des protestantischen Zweigs des Hauses Löwenstein, dessen katholischer Zweig das mainabwärts, in Kleinheubach, gelegene Schloß mit Park in seinem Besitz hält. Im 18. Jahrhundert hatten beide Fürstenhäuser zahlreiche ortsansässige Juden mit Schutzbriefen ausgestattet, die ihnen bestimmte Rechte und Freiheiten garantierten, darunter das Wohnrecht, die Ausübung von Gewerbe und Handel und die Teilnahme am bürgerlichen Leben. Ein Schutzbrief war zugleich auch eine an die anderen gerichtete Warnung, die Juden weder zu mißhandeln noch deren Vorrechte anzutasten. Diese Schutzbriefe waren zu jener Zeit eine übliche Einrichtung, für die die geschützten Juden dem Fürsten jährlich eine Summe zahlten und sich gleichzeitig verpflichteten, weder die Christen zu provozieren oder zu verführen noch Gotteslästerungen zu begehen.[3]

Sobald wir am späten Nachmittag eintrafen, führte uns der großgewachsene, joviale Fürst zu Löwenstein durch sein Barockschloß zu einem Willkommenstee in den Salon. In einem günstigen Augenblick wandte ich mich an Bernie und fragte ihn, ob er je eine Nacht in einer solchen Pracht verbracht habe. Zu meiner Überraschung erwiderte er, daß in gewisser Weise das Herrenhaus von Charles Merrill sen. in Southampton diesem vergleichbar sei.

Das vom Personal zubereitete Abendessen wurde in einem geräumigen Speisezimmer serviert. Nach dem Essen schlenderten unsere Gastgeber in Begleitung ihres Sohnes und ihrer Schwiegertochter mit uns durch das weitläufige Anwesen und führten uns auch durch ihr Schloß. Als die würdevolle Schwiegertochter derer zu Löwenstein sich unter ein aus der Jahrhundertwende stammendes Ölporträt zweier ihrer Urgroßmütter setzte, hatten wir das Gefühl, die Zeit sei zwischen den Generationen stehengeblieben. Flink wie immer machte Bernie die schmeichelhafte Bemerkung, daß die Schönheit in der Familie das ganze Jahrhundert überlebt habe, während ich mich hätte ohrfeigen können, daß mir das nicht früher eingefallen war. Niemand hatte mir in meinem flußabwärts gelegenen Dorf solche galanten Manieren beigebracht.

Der Abend hätte leicht wie ein aus dem 20. Jahrhundert ausgeklammerter Augenblick erscheinen können. Dieser Landadel hatte Kriege, Revolutionen, soziale Unruhen und die Greuel der Nazizeit überlebt. Doch einmal abgesehen von ihrem kultivierten Lebensstil waren die zu Löwensteins doch tief in ihrer Zeit verankert. Auf einem Bücherbord in der Nähe der Tür bemerkte ich eine Erstausgabe von Hitlers *Mein Kampf*. Ich schlug das Buch auf und sah, daß der Vater des gegenwärtigen Schloßherrn an den Rand mittlerweile verblaßte Notizen in Sütterlinschrift geschrieben hatte, wie etwa «Phrasen», mit denen er seine Mißbilligung der Politik des österreichischen Ex-Gefreiten zum Ausdruck brachte.

Nach dem Krieg sind die Fürsten zu Löwenstein der geistige Mittelpunkt eines aktiven deutsch-amerikanischen Freundschaftsvereins geworden. Sie haben die Vereinigten Staaten ausgiebig bereist und beklagen sogar heute noch den Abzug der Amerikaner aus Deutschland. Sie gehören zu einer Generation von Deutschen, die im Krieg oder unmittelbar danach geboren wurden oder aufgewachsen sind und die für die Präsenz der Amerikaner in Europa, für die zivile

Gesellschaft und die politische Stabilität, die sie in Europa ins Leben zu rufen halfen, zutiefst dankbar sind. Gegen Ende des Abends holte der Fürst ein aus dem späten 16. Jahrhundert stammendes Buch hervor, das das präkoloniale Leben in Virginia schilderte. Als wir uns über diesen Band und seine Lithographien von der Neuen Welt beugten, konnte ich einfach nicht umhin, mich über die Tatsache zu wundern, daß Bernie, der Überlebende mehrerer Konzentrationslager, wie so viele andere Emigranten aus Nazi-Deutschland, die Liebe zur deutschen Kultur bewahrt hatte. Meine Gedanken schweiften ein paar Jahre zurück, zum 6. Juni 1994, als Sally und ich, die wir damals in Bordeaux wohnten, auf den französischen Kreuzer *Colbert* eingeladen waren, wo der fünfzigste Jahrestag der Landung der Alliierten in der Normandie gefeiert werden sollte. Die Rosners waren zufällig gerade bei uns in Bordeaux auf Besuch, und so wurden sie an Bord des grauen Schiffes willkommen geheißen, das in der Garonne vor Anker lag. Auf dem flaggengeschmückten Deck versuchten Bernie und ich, uns mit dem pensionierten französischen General Pineau zu unterhalten, der im Zweiten Weltkrieg ein französisches Soldatenkontingent befehligt hatte. Der 93 Jahre alte General sprach kein Englisch, und Bernie konnte kein Französisch, aber wir fanden schnell heraus, daß sowohl Bernie als auch General Pineau sich in der deutschen Sprache auskannten und sich beide für die deutsche Kultur interessierten. General Pineau fing an, Heines *Loreley* aufzusagen, und zwar nicht nur die erste Strophe, sondern alle drei. Bernie revanchierte sich, indem er den Schluß von Goethes *Faust* rezitierte. Ich erinnere mich, daß ich einen gewissen Stolz auf mein deutsches kulturelles Erbe empfand, zugleich aber auch verlegen war angesichts des ungewöhnlichen Austauschs, denn ich war an eine so vorbehaltlose Bejahung der deutschen Kultur nicht gewöhnt. Als meine Gedanken wieder in meine gegenwärtige Umgebung im Schloß der Fürsten zu Löwenstein und zu dem alten Buch über die Neue Welt zurückkehrten, bemerkte ich, daß Bernie, der Amerikaner, eine ungewöhnliche Mischung von Kulturen und Gesellschaftsschichten in sich vereinigte, die ihm in einer Vielzahl von Situationen sehr zum Vorteil gereichte. Hier, in diesem fürstlichen Ambiente wie zu Hause, hatte Bernie den Abend mit großer Souveränität gemeistert.

Am nächsten Morgen verabschiedeten wir uns nach dem Frühstück. Unser Gastgeber öffnete sein Schloßtor und dirigierte uns hinaus in den Verkehr in Richtung Berlin. Im Rückspiegel sahen wir, wie er uns mit den für seinen großzügigen Geist so typischen ausladenden Gesten nachwinkte.

Unseren Aufenthalt in Berlin organisierten wir mit Hilfe von zwei Freundinnen, einer *ost*deutschen Künstlerin und einer *west*deutschen Ärztin. Wir waren in hohem Maße auf unsere Freundinnen mit ihren verschiedenen politischen Auffassungen angewiesen, die uns Teile der Stadt zeigen sollten, die uns ihres Erachtens interessieren würden.

Unsere Freundin, die Ärztin Manuela Bayer, zeigte uns jene Seite von West-Berlin, die wir alle während des Kalten Kriegs als die «Vorzeige-Demokratie» kennengelernt haben. Bernie hatte Berlin nicht als die geteilte Stadt erlebt, die sie damals war. Einmal fragte er uns, ob eine kleine Stützmauer, an der wir vorbeikamen, ein Überrest der Berliner Mauer sei, weil ihm überhaupt nicht klar war, wie tief die mitten durch die Stadt verlaufende Schnittwunde gewesen war. Doch da sein erster Blick auf Berlin nicht durch die gravierenderen Auswirkungen, die der Kalte Krieg auf die Stadt gehabt hatte, eingeengt war, gewann er eine viel klarere Sicht auf die heutige Metropole und ihren Fortschritt in Richtung Zukunft als wir, die wir noch in unseren Erfahrungen mit der Stadt während ihrer Teilung in der Nachkriegszeit verfangen waren.

Wir beschlossen, Plötzensee zu besuchen, das von hohen Mauern umgebene Gefängnis, in dem deutsche Gegner des Naziregimes ermordet wurden. Es ist ein öder Ort, versteckt und schwer zu finden, der zu jener zurückhaltenden Art paßt, mit der man heute in Deutschland von den Deutschen spricht, die Widerstand gegen die Nazis geleistet haben. Es ist weithin bekannt, daß der gescheiterte Putsch gegen Hitler vom Juli 1944 zur Hinrichtung der Verschwörer führte. Weniger bekannt ist, daß im Dritten Reich von 1933 bis zum Ende des Kriegs mehr als sechzehntausend Menschen wegen politischen Widerstands und Verrats zum Tode verurteilt wurden. Etwa ein Viertel von ihnen wurde in Plötzensee in einer Hinrichtungskammer erhängt oder enthauptet, die mit ihren Eisenhaken und den Trögen zum Aufsammeln des Bluts an ein Schlachthaus erinnert.[4]

Bernie und ich verweilten lange bei den Dokumenten der Nazis, eine deutsche Hausfrau betreffend, die lediglich ihre persönliche Abneigung gegen Hitler geäußert hatte. Sie war von einer Nachbarin denunziert worden. Nach einem Prozeß und nach mehreren Gesuchen, die in der Gedenkstätte ausgestellt sind, wurde sie zum Tode verurteilt und in Plötzensee mit dem Fallbeil hingerichtet. Fast ohne ein Wort zu sagen, gingen wir vier, ebenso wie eine Handvoll anderer Besucher, durch diese Gedenkstätte. Bis jetzt gibt es keinen moralisch überzeugend wirkenden Bericht über Deutsche, die Opfer des Nationalsozialismus wurden, weil eine solche Darstellung als der Versuch ausgelegt werden könnte, eine Gegenrechnung aufzumachen. Während wir hier im Geiste unsere Reise in die Vergangenheit antraten, hielt sich unsere deutsche Stadtführerin, Manuela, diskret im Hintergrund. Nicht sie hatte uns den Besuch in Plötzensee vorgeschlagen, sondern es war meine Idee gewesen, und Bernie hatte zugestimmt.

Als die Deutschen ein paar Jahre zuvor die Erde aufrissen und die restlichen Trümmer entfernten, die von den letzten Schlachten des Zweiten Weltkriegs im Herzen von Berlin übriggeblieben waren, hatten sie das Hauptquartier der SS zutage gefördert und es in eine Dauerausstellung mit dem Namen *Topographie des Terrors* verwandelt. Als wir uns dem Museum näherten, stellte Bernie fest, daß sein stets gegenwärtiges Brillenetui mitsamt seiner Brille fehlte. Wir hatten zuvor des öfteren über das drollige rote Futteral und die Billiglesebrille Witze gemacht, aber jetzt schien er sehr aufgeregt, und wegen ihres Verlustes fast von Panik ergriffen. Wir ließen alles stehen und liegen und gingen zurück; schließlich fanden wir das Etui samt Brille unter dem Tisch des Restaurants, in dem wir zu Mittag gegessen hatten. Ich merkte, wie schwer es für ihn war, etwas zu verlieren – in diesem Fall etwas, das er dringend brauchte.

Wir betraten die *Topographie des Terrors* auf dem sogenannten Prinz-Albrecht-Gelände, wo sich die Überreste der Gebäude der Gestapo, der SS und des Reichssicherheitshauptamts befinden. An den Wänden der restaurierten Zellen sind die Verbrechen der Nazis durch Photos der Opfer und der Täter dokumentiert und Dokumente, in denen Massenhinrichtungen angeordnet wurden, sowie Plakate mit antisemitischer Propaganda ausgestellt. Wir kamen in dem weitläufigen unterirdischen Labyrinth langsam voran. Auf einem Photo waren ungarische Juden auf dem Transport nach Auschwitz im Sommer 1944 zu sehen. Zwei Jungen – sie hätten die Brüder Rosner sein können – in dicken Mänteln, mit dunklen, über die Ohren gezogenen Mützen blickten uns aus erschrockenen Gesichtern an. Ich war bestürzt angesichts der Tatsache, wie augenscheinlich hier die Vergangenheit meines Freundes heraufbeschworen wurde. Aber zu meinem Erstaunen ging Bernie daran vorbei, ohne irgendein besonderes Interesse zu offenbaren. Dieses

Schwarzweißphoto, an eine weiße Museumswand befestigt, regte das Gedächtnis nicht an und löste keine Reaktion aus; es lieferte keine emotionale Brücke zur Vergangenheit dieses Überlebenden. Höchstens schien es eine Distanz zwischen ihm, dem Betrachter, und den Jungen auf dem Bild zu schaffen. Ich fragte ihn später über sein offenkundiges Desinteresse an diesem Photo, und er antwortete mit einem Wort: «Überfrachtet».

Wir kamen zu einem Bild von Adolf Eichmann, auf dem er an seinem Revers die gleichen vier Sterne zur Schau stellte, die Bernie in seinem Wohnzimmer in Nordkalifornien für mich gezeichnet hatte. Bernie starrte auf dieses Photo und sagte: «Er hat mir den Kopf gestreichelt, als er in Tab war.» Sally und ich wußten, wovon er sprach, aber unsere deutsche Freundin schaute verdutzt drein. Ich erzählte ihr die Geschichte von Eichmanns Besuch in Tab im Frühjahr 1944 und wie es zu der Begegnung von Angesicht zu Angesicht zwischen Bernie und Hitlers berüchtigtem Schergen kam, der ihn «Kleiner Bube» genannt hatte. Ich glaube, daß Manuela ihren Ohren nicht traute.

Am längsten verweilte Bernie vor einem Dokument, das den Spitzenleuten in der SS detailliert die «logistischen Probleme» verdeutlichte, mit denen ein hochrangiger SS-Offizier konfrontiert war, als er die Leichen von über tausend litauischen Juden beseitigen mußte, die er und seine Soldaten hingerichtet hatten. Bernie hatte sich immer mehr für Heinrich Himmler als für Hitler interessiert, da Himmler nach seiner Verhaftung und vor seinem Selbstmord der britischen Armee gegenüber behauptet hatte, nichts über die systematische Ermordung der Juden gewußt zu haben. Aber hier, in dieser Ausstellung, stieß Bernie auf den Beweis dafür, daß Himmler gelogen hatte, und der Beweis war eben dieser Bericht des litauischen SS-Offiziers. Er trat nahe an das ausgestellte Dokument heran und las Zeile für

Zeile. Die Genugtuung stand ihm im Gesicht geschrieben, und er kam später noch öfter darauf zurück – ein authentisches Nazidokument in einem deutschen Museum, das einen unwiderlegbaren Beweis dafür lieferte, daß Himmler über den Völkermord Bescheid wußte.

Ich habe immer geglaubt, daß Bernies Besorgnis um diese surrealistischen Unschuldsbeteuerungen in den oberen Rängen der Nazihierarchie oder sogar die Behauptungen der heutigen Extremisten, wonach es keine deutschen Vernichtungslager gegeben habe, zu den wenigen irrationalen Zügen in ihm gehörte. Aber langsam wurde mir bewußt, daß die außergewöhnliche Natur des Holocaust ihn auf den ersten Blick unglaubhaft erscheinen läßt und er darum von den Neonazis schamlos ausgenutzt wird. Die riesige Diskrepanz zwischen den beispiellosen Greueltaten in Auschwitz und der scheinbaren Normalität des deutschen Alltags vor und nach der Zeit der Naziherrschaft läßt den Böswilligen Raum, ihr irreführendes Garn zu spinnen.

Wir tauchten wieder aus diesem unterirdischen Reich der Nazifolterer auf und blinzelten in den strahlenden Sonnentag hinein. Nicht weit entfernt lag ein großes, eingezäuntes Gelände, das wie eine ehemalige Baustelle aussah, auf der zwischen dem Unkraut hier und da einige Betonbrocken herumlagen. Warum war ein so erstklassiges Grundstück im Herzen von Berlin unbebaut? Es stellte sich heraus, daß sich hier Hitlers Bunker befunden hatte und die Deutschen jetzt nicht wußten, was sie damit anfangen sollten. Ich schlug vor, daß hier vielleicht das in Berlin so heiß umstrittene Denkmal für die Opfer des Nationalsozialismus errichtet werden sollte. Bernie meinte ironisch, hier solle eine Tafel angebracht werden mit der Aufschrift: «Hier übernachtete Adolf Hitler.» Während der Reise stellte er immer wieder fest, daß das fortwährende kollektive An-die-Brust-Schlagen über die früheren Verbrechen der

Deutschen ihn mißtrauisch mache. Für ihn war es die Umkehrung jenes kollektiven Hasses, der sich einst gegen die Juden gerichtet hatte; allen lebenden Deutschen eine Kollektivschuld zuzuweisen, sei dasselbe, was Hitler mit den Juden gemacht habe. Ich wußte, daß Bernie nicht immer so gedacht hat; zu dieser Einstellung ist er erst im Laufe der Zeit gelangt. Er erinnert sich zum Beispiel, daß er 1956, als er von der «ethnischen Säuberung» des Sudetenlandes durch die Tschechen hörte, Charles Merrill gegenüber folgenden sarkastischen Kommentar abgegeben hatte: «Das hätte keinen übleren Haufen treffen können.»

Aber die Frage blieb: Was sollten die Deutschen mit dem grasbewachsenen Grund und Boden über den Ruinen von Hitlers Bunker anfangen? Sollten sie ihn aufgraben, um zu sehen, was sie finden würden? Wir kamen schließlich überein, daß wir dieses erstklassige Grundstück an den Meistbietenden verkaufen würden, der dort dann errichten dürfte, was immer ihm passend erschiene – ein Hotel, ein Restaurant, einen Tennisklub oder einen Vergnügungspark. Unsere deutsche Freundin traute sich nicht, sich darüber zu äußern.

Dann fuhren wir zum Potsdamer Platz, der größten Baustelle Europas, wo vor unseren Augen Geschichte gemacht wurde. Ein ganzer Wald aus Baukränen zeichnete sich über dem Horizont dieser Stadtlandschaft ab. Diese riesigen Maschinen schwangen in alle Richtungen hin und her und verliehen Berlin eine Aura von Entschlossenheit und grenzenloser Energie. Keiner von uns hatte jemals etwas Ähnliches gesehen. Überall lagen Berge von ausgehobener Erde, von Zement und Baumaterialien. Ein ganzes Netz unbefestigter Straßen ermöglichte schweren Fahrzeugen den Zugang zu den verschiedenen Baustellen. Aus höhlenartigen Gruben wurde das Grundwasser abgepumpt; allenthalben wurden Bürogebäude hochgezogen, wobei die Hochhäuser für Mercedes und Sony die ersten waren. Riesige Bauten, in denen die Bundesregierung untergebracht werden sollte, deren Umzug nach Berlin bevorstand, waren im Bau, und alte Häuser wurden renoviert. Eine ganze Metropole wurde wieder errichtet, und die Konturen einer Nation veränderten sich. Man konnte regelrecht fühlen, daß diese neue, nicht allzu weit von der polnischen Grenze entfernte Hauptstadt weit östlich von Bonn lag. Es bleibt abzuwarten, was dieses neue Machtzentrum für die Zukunft Deutschlands und Europas bedeuten wird.

Manuela berichtete uns über das Konzert, das hier kurz zuvor stattgefunden hatte. Zur Feier dieses Neubeginns im Herzen Deutschlands führten Daniel Barenboim und die Berliner Philharmoniker Haydns *Schöpfung* auf, jene Messe, in der die biblische Geschichte der Genesis verherrlicht wird. Orchester und Konzertbesucher saßen mitten auf diesem riesengroßen Baugelände. Unsere deutsche Freundin stand diesem Ereignis kritisch gegenüber und meinte, dieser sogenannte Neubeginn habe wenig mit ihrem Deutschland zu tun, aber viel mit Mercedes, Sony und anderen internationalen Unternehmen, die die Rechnung für dieses monumentale Unterfangen, einschließlich der musikalischen Darbietung, beglichen. Bernie verteidigte diese Investitionen in die Zukunft Deutschlands und Europas. Er hielt den finanziellen Beitrag der Firmensponsoren zum Konzert für eine glänzende Idee. Er meinte, es seien schließlich immer die Reichen gewesen, die ihren Beitrag zur großen Kunst geleistet hätten, welche dann schließlich allen zugute gekommen sei. Die Kultur der Renaissance hätte ohne ihre wohlhabenden Mäzene nicht florieren können. Die Reichen und Mächtigen von heute würden außerdem weitaus mehr Gesellschaftsschichten Vorteile bringen als die Eliten der Städte der italienischen Renaissance.

Wir stiegen die Stufen zur Info-Box hinauf, einer zeitweiligen Aussichtsplattform, von der aus wir das ganze Zentrum von Berlin überblicken konnten. Computerbildschirme zeigten eine Ansicht vom zukünftigen Bild der Stadt, so wie sie aussehen wird, wenn die Bauvorhaben verwirklicht sein werden. Von diesem Aussichtspunkt aus ebenfalls zu sehen waren die Reste der Berliner Mauer. Sie erinnerten uns an den Eisernen Vorhang, der Deutschland und Europa in zwei Teile geteilt hatte. Bei dieser alten Trennungslinie, die neben dem Neuen und noch nicht Entstandenen verläuft, stürmt die Geschichte auf den Betrachter ein: Hitlers Bunker, die Schreckenskammer der SS, das alte Reichstagsgebäude mit seiner turbulenten Geschichte in der ersten Hälfte des 20. Jahrhunderts, und, ganz in der Nähe, das Museum für Moderne Kunst am Hamburger Bahnhof, in dem während unseres Besuchs gerade eine Ausstellung mit kostbaren Exponaten aus so fernen Orten wie St. Petersburg und New York stattfand. Architektonische Monumentalität im Herzen von Berlin ist unausweichlich und angesichts des Ausmaßes des Wiederaufbaus auch unvermeidlich.

Das alte Rom war mit seinen vielen archäologischen Schichten für Sigmund Freud eine Metapher für die menschliche Psyche. Das zeitgenössische Berlin erschien uns mit all seinem Abreißen, dem Sichten der Trümmer, dem Zuschütten und Aufbauen wie eine Metapher für die moderne Geschichte.

. . .

Am folgenden Morgen fuhren wir drei mit der U-Bahn zum riesigen Alexanderplatz, dem größten Platz in Berlin, um dort unsere ostdeutsche Stadtführerin, Ursula Strozynski, zu treffen, die über sehr gute Kontakte zu der in Ostberlin florierenden Kolonie der alternativen Kunstszene verfügt.

Als wir aus unserem U-Bahnwagen stiegen, fragten wir zwei Polizisten in Uniform mit einem grimmig dreinschauenden Dobermann an der Leine, wie wir am besten zur Weltuhr, unserem Treffpunkt, kämen. Sie freuten sich, uns den Weg dorthin erklären zu können. Als wir auf dem zugigen Platz auftauchten, fragte ich Bernie, ob diese Polizisten in ihm Erinnerungen an andere deutsche Polizisten und andere Wachhunde geweckt hätten. Überhaupt nicht, antwortete er, mit der für ihn typischen Rationalität. Es bereitete ihm keinerlei Schwierigkeiten, in diesen heutigen deutschen Polizisten seine Beschützer zu sehen.

Wir gingen mit Ursula durch die nicht weit vom Alexanderplatz gelegenen Wohnbezirke der Arbeiter. Sie wußte gut Bescheid über die gegenwärtigen Debatten über die Darstellung der Vergangenheit im neuen Berlin und hielt stolz an ihrem sozialistischen Credo und an der moralischen Überzeugung fest, daß die Deutschen versuchen sollten, so intensiv wie möglich das Leid «nachzuvollziehen», das die Nazis ihren Opfern, insbesondere den Juden, zugefügt hätten. Obwohl wir in dem, was sie sagte, einige der vorgefertigten Slogans der sozialistischen Vergangenheit erkannten, waren wir doch von ihrem *goodwill* angetan, denn sie öffnete uns die Augen für manche der subtileren kulturellen Unterschiede zwischen den ehemaligen Stadthälften im Osten und im Westen.

Wir gingen durch Straßen mit rußigen Ziegelsteinfassaden, zerbrochenen Fensterscheiben und abblätterndem Farbanstrich, durch schmuddelige, abseits gelegene Gassen, durch Innenhöfe und unkrautüberwucherte Grundstücke, auf denen herrenloses Gerümpel herumlag. Die Künstlerin in unserer Stadtführerin sah in den vergammelten Dingen die Spuren menschlicher Tätigkeit und vergangener Zeiten, an die erinnert werden müsse. Für sie war diese Art von Respekt vor der Vergangenheit ein moralischer Imperativ.

Stolz berichtete sie vom Kampf der Kommunisten gegen die Nazis, der Anfang der dreißiger Jahre in diesen Straßen stattgefunden hatte.

Dann führte sie uns zum Beth Café in der Tucholskystraße, einem jüdischen Restaurant, das einfaches koscheres Essen anbot. Um Überfällen von Neonazis vorzubeugen, stand vor dem Eingang dieses bescheidenen Lokals ein deutscher Polizist Wache. Das Café war nur von wenigen Gästen besucht, vielleicht auch, weil das Essen mittelmäßig war und von einer mürrischen Kellnerin serviert wurde. Einige andere Gäste waren wahrscheinlich ebenfalls Touristen. Wir alle, vielleicht mit Ausnahme unserer deutschen Freundin, hätten lieber anderswo gegessen. Als wir vier weggingen, stand der Polizist nicht mehr direkt vor der Tür, sondern hatte sich an der Ecke, etwas weiter die Straße hinauf, postiert. Doch von diesem diskreten Aussichtspunkt aus hatte er nach wie vor ein wachsames Auge auf das Café. Das Beth Café schien einen jüdischen Lebensstil zu verkörpern, den es in Berlin nicht mehr gibt, und was wir aßen, erinnerte eher an das «virtuelle Essen» eines Zeitalters, das in Deutschland ausradiert worden war. Einige Dinge sind unwiderruflich verloren, und der gute Wille der Zurückgelassenen, sie wieder zu beleben, ist vergeblich.

Doch mit einem besonderen Anblick gelang es Ursula, eine Brücke zwischen uns und ihrer Sicht der Dinge zu schlagen. Sie führte uns zu einem gepflegten Spielplatz mit Sandkästen, Schaukeln und Rutschbahnen am Koppenplatz, einem ruhigen Platz in einem Wohngebiet. Unweit vom Spielplatz befindet sich ein Bronzedenkmal, das aus einem alten Küchentisch, einem am Tisch stehenden Stuhl und einem weiteren Stuhl besteht, der umgekippt daliegt. Diese überlebensgroßen Alltagsgegenstände laden den Besucher ein, sich auf sie zu setzen oder sich an sie anzulehnen, während er über ihre Bedeutung nachdenkt – eine einfache Szene, in die plötzlich die Gewalt einbrach. Ein Familienstreit? Ein Verhör? Eine Deportation? Wir vier erfanden Geschichten, die zu der vieldeutigen Skulptur paßten. Bernie meinte, seine Eltern hätten in ihrem Haus daheim in Tab auch einen solchen Tisch gehabt, und Ursula sagte uns, daß der Küchentisch in ihrer jetzigen Wohnung in Pankow von der gleichen Art sei. Hier fanden wir alle einen emotionalen Zugang zu einem namenlosen Akt der Gewalt.

Unsere ostdeutsche Freundin schilderte uns einige hitzige Debatten unter deutschen Intellektuellen, Politikern und Künstlern, die um die Errichtung von Gedenkstätten kreisten, insbesondere solche, die an den Holocaust erinnerten. Sie glaubte, daß diejenigen, die für pompöse, riesige Monumente plädierten, nur ihr Gewissen beruhigen wollten. Bernie pflichtete ihr bei und bemerkte, daß die einfache Darstellung der auseinandergesprengten Küchenszene ihn tief berührt habe. Er hatte das Gefühl, es sei ein beredteres Symbol der menschlichen Verwüstung, die durch den Naziterror herbeigeführt wurde, als ein monumentales Denkmal es je sein könnte. Monumentalität sollte, so sagte er, nicht unbedingt dazu dienen, das Ausmaß der Schuld derjenigen darzustellen, die ein bestimmtes Denkmal errichteten. Eine wachsende Anzahl von Deutschen war aus einem anderen Grund gegen den Bau eines großen Holocaust-Mahnmals im Zentrum von Berlin: Sie wollten im Herzen der Hauptstadt einfach kein Denkmal, das an das größte Verbrechen in der Geschichte des Landes erinnerte.

Am späten Nachmittag verabschiedeten wir uns von Ursula und nahmen eine Straßenbahn. Wir gingen nach hinten durch, während die Bahn an der Haltestelle anfuhr, und als wir aus dem Fenster blickten, sahen wir unsere Künstler-Freundin gerade mit Höchstgeschwindigkeit um die Ecke sausen. Warum hatte sie es so eilig? Um in ihrem Atelier eines ihrer Bilder von düsteren Stadtlandschaften zu vollenden? Um die Zukunft einzuholen, die die «Ost»-Deutschen für sich selbst immer noch anders definierten als die zynischeren «West»-Deutschen? Auf unserem Weg zurück zum Kurfürstendamm bemerkte Bernie, daß sich in den halbversteckten Ecken der östlichen Seite von Berlin ein schöpferischer Geist rege, der dem künftigen Deutschland zugute kommen werde. Zuerst war ich überrascht, dies aus dem Munde meines unerschütterlich kapitalistisch orientierten Freundes zu hören, aber schließlich hat er einen wachsamen Blick für Potentiale – unabhängig von ihrem jeweiligen politischen Kontext. Zu guter Letzt wandte er sich mit einem Schmunzeln auf dem Gesicht uns zu und sagte, daß er sich freue, erst unlängst Geld in den New Germany Mutual Fund investiert zu haben.

Mir war davor bange gewesen, Bernie mit Deutschland bekanntzumachen. Schließlich und endlich ging es bei dieser gemeinsamen Reise nach Deutschland um mehr als nur darum, unseren Besuch in Bernies ungarischem Heimatdorf Tab im Jahr 1990 zu erwidern. Er hatte um diesen Teil Europas jahrzehntelang einen Bogen gemacht, obwohl ihn seine häufigen Reisen in benachbarte Länder oft in die Nähe geführt hatten. Während unserer ganzen Reise konzentrierte sich Bernie auf das, was er sah und hörte, auch wenn er irgendwie mit sich selbst beschäftigt und nachdenklich war. Ich fragte mich, ob sein souveräner Umgang mit den Deutschen, denen er begegnete, zum Teil die erlernte Reaktion eines Menschen war, der gern entgegenkommend und darin geübt war, ein höflicher Gast zu sein. Ich wußte auch, daß er vor Konflikten zurückschreckte und daß seine Ausbildung und seine Persönlichkeit ihm eine Zurückhaltung auferlegten, die ihn daran hinderte, seine Gefühle spontan oder in übertriebener Weise zum Ausdruck zu bringen.

Anderthalb Jahre nach dieser Reise verdeutlichte Bernie seine Einstellung gegenüber Deutschland in einer Rede vor der Wirtschaftsgilde, einer deutschen Organisation von Geschäftsleuten, Akademikern, Regierungsvertretern und anderen Fachleuten, die seit über vierzig Jahren Meetings abhalten, um sich über die gesellschaftlichen und ethischen Implikationen der deutschen Marktwirtschaft nach dem Ende des Zweiten Weltkriegs auszutauschen. Man hatte uns gebeten, im Rahmen ihrer jährlichen Versammlung mitten im Winter Auszüge aus unseren Memoiren vorzulesen und darüber zu diskutieren, und zwar im Zusammenhang mit der andauernden Debatte über angemessene Formen des Erinnerns (und Gedenkens) an den Holocaust. In sorgfältig formulierten Sätzen und langsam sprechend, damit dieses weitgehend zweisprachige deutsche Publikum sein Englisch verstand, führte Bernie seine Argumente ins Feld: «Ich möchte so offen und direkt sein, wie ich nur kann ... Was ich von den Deutschen und Deutschland denke? Ich bin hundertprozentig gegen die Vorstellung von einer kollektiven oder einer nationalen Schuld ... Jeder, nicht nur jeder Deutsche, sollte auf die ersten Anzeichen einer in den Abgrund führenden Tendenz achten und sich dagegen auflehnen.»

Die Unterscheidung, die er zwischen Schuld und Verantwortung traf, ist zwar bekannt, doch was diesen Augenblick für alle Anwesenden so bedeutsam machte, war die Tatsache, daß sich unter den Zuhörern auch ehemalige Angehörige der Wehrmacht befanden. Bernie war der erste Überlebende von Konzentrationslagern, den die meisten von ihnen je zu Gesicht bekamen. Am Ende seines Vortrags saß das Publikum ergriffen und schweigend da und wußte nicht, ob es jetzt applaudieren dürfe oder nicht. Die brutale Tatsache der Verbrechen der Nazis war in Gestalt eines einzelnen Überlebenden zurückgekehrt, der vor ihnen stand und nicht als Ankläger auftrat, sondern als jemand, der mit einfachsten Worten ein Plädoyer für ein zivilisiertes Verhalten hielt, von dem wir uns alle leiten lassen sollten.

Selbst noch Tage nach unserer Veranstaltung kam man in Gesprächen mit Konferenzteilnehmern häufig auf Bernies Vortrag zurück. Ich war gerührt zu sehen, in welchem Ausmaß die Teilnehmer, die alle in ihrem Berufsleben sehr erfolgreich waren und von denen die meisten während der Wiederaufbaujahre Deutschlands ein eigenes Selbstwertgefühl entwickelt hatten, aufgeschlossen und bereit waren, über ihre Vergangenheit zu reden. Unsere Veranstaltung eröffnete vielen eine Möglichkeit, ihre persönliche Geschichte und die ihrer Familie zu erzählen. Ein Mann zwischen Sechzig und Siebzig fiel mir besonders auf. Sein Vater war ein hoher SS-Verwaltungsbeamter in Prag gewesen, der unter den Tschechen Zwangsarbeiter für die deutsche Kriegsmaschinerie aussuchte. Nach dem Krieg verurteilte ein tschechisches Gericht seinen Vater zu lebenslanger Haft ohne Bewährung. Der Sohn des Mannes, der die Geschichte erzählte (der Enkel des Verurteilten), engagiert sich heute aktiv in einer deutschen antifaschistischen Organisation. Während die Familiengeschichte dieses deutschen Geschäftsmanns extrem ist, teilten, in geringerem Ausmaß, viele Zuhörer das Schicksal, zwischen zwei völlig verschiedenen Zeiten und zwischen zwei Generationen mit völlig verschiedenen politischen Anschauungen gelebt zu haben. Als Katalysator des Brückenbauens und einer aufrichtigen Teilhabe an der Vergangenheit, verkörperte Bernie auf dieser Konferenz seinen so oft geäußerten Glauben an ein rationales, zivilisiertes Verhalten.

. . .

Schluß

Während wir unsere Geschichten niederschrieben, wurde Bernie und mir unser gemeinsamer Glaube an die euro-amerikanischen Kulturtraditionen immer bewußter, nicht nur als ein ganzes Spektrum statischer Prinzipien, sondern als etwas Lebendiges, das sich weiterentwickelt, mit eigenen moralischen und intellektuellen Ressourcen, die der Lösung von Problemen und dem Bauen von Brükken dienen. Diesem Credo war zu verdanken, daß wir eine kulturelle Spielwiese besaßen – weit entfernt von ethnischem Determinismus, moralistischem An-die-Brust-Schlagen oder psychologischen Täuschungsmanövern –, auf der wir die Vergangenheit des jeweils anderen, die Ähnlichkeiten und radikalen Unterschiede verstehen und damit umzugehen lernten.

Während unserer einwöchigen Reise durch Deutschland zeigte sich Bernie eines Abends ergriffen, als er die architektonische Schlichtheit von Thomas Jeffersons Wohnsitz Monticello, in der Nähe von Charlottesville in Virginia beschrieb – seine Bescheidenheit und sein Understatement, im Gegensatz zum verkrampften Bombast der Nazibauten.

Ich konnte leicht nachvollziehen, was diese Architektur der Aufklärung für ihn bedeutete. Vor vielen Jahren war ich auf der Akropolis in Athen von der Vollkommenheit des Parthenon, dieses architektonischen Wunders des klassischen Altertums, überwältigt. Diese beiden Monumente versinnbildlichen für uns beide ein Gefühl von dem, was uns in allen menschlichen Belangen leiten sollte – ein Geist der Rationalität.

Wir wissen, daß sowohl die Griechen als auch Thomas Jefferson Sklaven besaßen, und wir wissen auch, daß das Prinzip der Aufklärung, die Vernunft, instrumentalisiert worden ist, um Gewalt zu rechtfertigen und die Ideologien von Massenbewegungen ins Leben zu rufen. Aber diese Verzerrungen sind nur möglich gewesen, weil das Prinzip der Vernunft aus seinen universalistischen Verankerungen gerissen wurde. Unsere Lebensgeschichten implizieren, zumindest für Bernie und mich, eine einfache Bestätigung dessen, was für viele inzwischen abgedroschen klingt, nämlich einer universell gültigen Idee von einer *Humanitas*. Wer würde besser als Bernie und andere Überlebende wissen, daß die Vernichtungslager die größte Herausforderung für diese Idee bedeuteten? Das gibt uns um so mehr Anlaß, an diesen Prinzipien festzuhalten, auch wenn es fundamentalistisch klingen mag. Wir glauben, daß diese Grundsätze einen produktiven Kontext schaffen werden, in dem am Ende eine Aussöhnung zwischen Deutschen und Juden erreicht wird, die doch beim Aufbau der europäischen Zivilisation so vieles miteinander teilten, ehe Mitte des 20. Jahrhunderts der Absturz in die Barbarei erfolgte.

Kurz nachdem die Berliner Mauer und der Eiserne Vorhang zusammenbrachen, sah die Welt den Deutschen zu, wie sie das Ende ihrer Teilung feierten und der jüdisch-amerikanische Dirigent Leonard Bernstein unweit der Ruinen von Hitlers Bunker Beethovens *Neunte Sympho-*

nie dirigierte. Vielleicht war unsere Freude über diese Aufführung nicht mehr als ein kurz aufleuchtender Ausdruck des Vertrauens, ein flüchtiger *acte imaginaire,* dem wir uns dennoch hingaben. Doch ist eine solche Reaktion gerechtfertigt? Warum würde mir sonst ein früherer Augenblick in Bernies Geschichte – als die schrumpfende Gruppe von Überlebenden in Gunskirchen Leichen übereinander schichtete, um ihre Baracken in kleinere Räume aufzuteilen – im Kopf herumspuken?

Kurz bevor der Holocaust über Europa hereinbrach, beschrieb Freud in *Das Unbehagen in der Kultur* den Lebens- und den Todestrieb als gleich starke Kräfte. Hatte er recht? Oder können wir uns zur Untermauerung unseres Vertrauens statt dessen an Thomas Manns Diktum aus dem *Zauberberg* halten und dem Tod «um der Güte und Menschenliebe» willen keine Herrschaft über unsere Gedanken einräumen?

An unserem letzten Abend in Berlin besuchten wir in der Staatsoper an der großen Allee Unter den Linden im Herzen des früheren Ost-Berlin eine Aufführung von Mozarts *Zauberflöte.* Die Luft war erfüllt von Mozarts Musik, einem perfekten Symbol für Freiheit und Ordnung, und die Handlung der Oper entfaltete sich sowohl mit ihrer dunklen Nacht als auch mit ihrem erhellenden Weg, ihren Prüfungen und Siegen vor uns. Während dieser paar Stunden verspürten wir im magischen Zirkel der Musik die Kraft zur Verwandlung, die uns allen innewohnt, wenn wir nur den Mut und den Glauben aufbringen und das Glück haben, ihr Raum zu geben, damit sie uns leitet. Als wir das Opernhaus verließen, um uns von Berlin und Deutschland zu verabschieden, klangen Sarastros Worte noch in uns nach: «In diesen heil'gen Hallen kennt man die Rache nicht.»

. . .

Anmerkungen

I. Die Rückkehr der Vergangenheit

1 Hannah Arendt: *Rede am 28. September 1959 bei der Entgegennahme des Lessing-Preises der Freien und Hansestadt Hamburg*. Mit einem Essay von Ingeborg Nordmann, Hamburg: Europäische Verlags-Anstalt, 1999.

II. Zwei Dörfer in Europa

1 Leonard Nathan: «*In this dream …*» Erstmals publiziert von Herlinde Spahr, *Open Studio, Herlinde Spahr, Work from 1977–1997*, Orinda, Lithium Press, 1997, S. 70.

2 Gottlieb Wagner und Bernhard Holl: *Die Geschichte der jüdischen Gemeinde zu Kleinheubach*, hg. Markt Kleinheubach und Heimat- und Geschichtsverein Kleinheubach, Kleinheubach: Zehe-Druck, 1996, S. 165. Beim ersten Teil dieses Buches handelt es sich um eine Neuveröffentlichung von – ursprünglich 1934 publizierten – Archivstudien des evangelischen Dorfpfarrers Gottlieb Wagner; er deckt die frühe Geschichte der jüdischen Gemeinde ab. Ein alleinstehender Jude, «Sisle von Heubach», erscheint bereits 1326 in den Aufzeichnungen; aber ein einzelner Jude bildete natürlich keine «Gemeinde». Daß vor 1677 nicht mehr Juden in Kleinheubach auftauchten, wird mit den Hexenjagden erklärt und damit, daß in der dazwischenliegenden Zeit Judenverfolgungen stattfanden, die jüdische Siedler

abschreckten (S. 27 f.). Doch 1677 waren die Voraussetzungen für eine jüdische Gemeinde in Kleinheubach erfüllt, nämlich: zehn Juden männlichen Geschlechts, eine Synagoge, ein Rabbiner, ein Lehrer, eine Schule, eine *Mikwe* (ein rituelles Badehaus) und ein Friedhof (S. 126).
Im zweiten Teil dieses Buches aktualisiert Bernhard Holl, der Altbürgermeister von Kleinheubach, die Geschichte des jüdischen Lebens in Kleinheubach. Ich verdanke dem Werk dieser beiden aufrechten Bürger einen Großteil des historischen Materials über die jüdische Gemeinde in Kleinheubach.

3 Wagner und Holl, S. 76–90.

III. Der Verlust der Unschuld

1 Paul Celan: *Espenbaum*, in: *Gesammelte Werke in fünf Bänden*, hg. v. B. Allemann u. S. Reichert, Frankfurt a. M.: Suhrkamp, 1983.

2 Wagner und Holl, S. 188–191.

3 Bernhard Holls Werk erlaubt die Feststellung, daß es sich bei Frau Sichel entweder um Ida Sichel (geboren am 9. Mai 1886) oder Klara Sichel (geboren am 1. März 1888) handelte – zwei unverheiratete Schwestern, die ein Schuhgeschäft besaßen und in der Baugasse 20 wohnten. Nach ihrer Deportation aus Kleinheubach tauchten ihre Namen in einer Liste von Personen auf, die am 10. Mai 1942 nach Polen transportiert wurden. Über ihr weiteres Schicksal ist nichts bekannt. Wagner und Holl, S. 76.

4 Wagner und Holl, S. 193–207.

5 Wagner und Holl, S. 41, 134, 137.

6 Wagner und Holl, S. 81, 89, 163, 180.

7 Ein paar Juden aus Kleinheubach, die den Krieg überlebten, stellten später Anträge auf Wiedergutmachung, darunter Theodor Weil und eine Klara Sichel im Jahr 1959. Wagner und Holl, S. 78, 82.

IV. Der Mahlstrom: Nach Auschwitz und anderswohin

1 Paul Celan: *Todesfuge*. In: Gesammelte Werke in fünf Bänden, hg. v. B. Allemann u. S. Reichert, Frankfurt a. M.: Suhrkamp, 1983.

2 *Klagelieder* 1,1; Übersetzung: *Die vierundzwanzig Bücher der Heiligen Schrift,* übersetzt von Leopold Zunz, Basel: Victor Goldschmidt Verlag, 1980.

V. Westwärts

1 *Exodus* 23,20; Übersetzung: *Die vierundzwanzig Bücher der Heiligen Schrift,* übersetzt von Leopold Zunz, Basel: Victor Goldschmidt Verlag, 1980.
2 Zu Merrills Bericht über ihre Begegnung, siehe Charles Merrill: *The Journey: Massacre of Innocents,* Cambridge, Mass.: Kenet Media, 1996, S. 127 f.
3 William Shakespeare: *König Heinrich der Vierte. Erster Teil,* Erster Aufzug, 1. Szene, V. 1 ff., in: *Sämtliche Dramen*: Band II: Historien, übers. von August Wilhelm von Schlegel, München: Winkler, 1988, S. 161.
4 Walt Whitman: *Gesang von mir selbst, Nr. 33,* in: *Grashalme*. Nachdichtung von Hans Reisiger, Zürich: Diogenes, 1985, S. 84.

VI. Karrieren: Eine amerikanische Geschichte

1 W. Somerset Maugham: *Der Menschen Hörigkeit,* übers. v. Mimi Zoff u. Susanne Feigl, Zürich: Diogenes, 1996, S. 607.
2 Frederic C. Tubach: *Index Exemplorum: A Handbook of Medieval Religious Tales,* 2. Aufl., Helsinki: Academia Scientiarum Fennica, 1981.
3 Siehe auch: Frederic C. und Sally P. Tubach: *Michael Mann. Fragmente eines Lebens. Lebensbericht und Auswahl seiner Schriften,* München: Edition Spangenberg im Ellermann Verlag, 1983, 244 S.
4 Gerhart Hoffmeister und Frederic C. Tubach: *Germany, 2000 Years: From the Nazi Era to the Present,* Bd. 3, 2. Aufl. New York: Ungar, 1992.

VII. Deutschland: Fünfzig Jahre danach

1 William Shakespeare: *Ende gut, alles gut,* Vierter Aufzug, 3. Szene, in: *Sämtliche Dramen*: Band I: Komödien, übers. von Wolf Graf Baudissin, München: Winkler, 1988, S. 887.
2 Wagner und Holl, S. 111 f.
3 Wagner und Holl, S. 30–40.
4 Brigitte Oleschinski: *Plötzensee Memorial Center,* übers. v. John Grossman, Berlin-Charlottenburg: German Resistance Memorial Center, 1996, S. 5, 7. Natürlich verfolgten die Nazis weit mehr Menschen, als nur diejenigen, die zum Tode verurteilt wurden. Das Gesetz zur Schutzhaft sah die Festsetzung von

«Feinden des Staates und des Volkes» vor. Unter diesem Gesetz wurden nicht nur Deutsche, sondern zum Beispiel auch Polen verhaftet (nach Mai 1943), und die meisten wurden in Konzentrationslager geschickt. Nach 1943 finden sich auf Listen von Personen, die in «Schutzhaft» saßen, der erste Buchstabe des Familiennamens des Häftlings sowie eine Ziffer. Auf einer der letzten bekannten Listen stehen allein 34 591 Häftlinge, deren Nachname mit dem Buchstaben «M» anfing. Siehe *Topography of Terror: Guide to the Exhibit*, übers. v. Jerry Gerber, Berlin: Berliner Festspiele, 1987–96, S. 10.